Rainer Hörmann & Melanie Kopp (Hrsg.)

Einmal hin und quer!

Lesbisch-schwule Reiseberichte

Erste Auflage März 2004

Umschlag und grafische Realisierung von Sergio Vitale unter Verwendung einer Fotografie von Jason Dewey/getty images.

Druck und Weiterverarbeitung: Druckhaus Köthen
ISBN 3-89656-103-0
Printed in Germany

Bitte fordern Sie unser Gesamtverzeichnis an:
Querverlag GmbH, Akazienstraße 25, D-10823 Berlin
http://www.querverlag.de

Inhalt

Für die Reise

Die Reiseberichte der vorliegenden Anthologie führen an Orte unserer Welt, die es zu entdecken gilt. Manchmal ist es sicher auch ein Wieder-Entdecken einer Stadt, eines Landes durch die Augen und Worte eines anderen Menschen.

Die Reiseroute ist sprunghaft, „heute hier, morgen dort“ ist das Motto, niemand muss sich an die Abfolge der Berichte halten. Hauptsache „einmal hin und quer“ - denn selten kehren Reisende unverändert an den Ausgangsort zurück.

Adressenverzeichnis, Öffnungszeiten und die Schnäppchenpreise der Billigfluglinien sind im Buch nicht zu finden. Allzu schnell verdrängt das Nachschlagen der Telefonnummer des Cafés, des Hotels die Anekdoten und Geschichten, die sich um das Gebäude und die Menschen darin ranken. Darum haben wir auf einen „Serviceteil“ verzichtet. In dieser Anthologie sollten die persönlichen Wahrnehmungen und Erinnerungen der Autorinnen und Autoren das zentrale Moment sein. Lesben und Schwule erzählen ihre Erlebnisse und Endeckungen, die einen Ort für sie so besonders machen.

Koffer gepackt? Flugticket griffbereit? Wanderschuhe geschnürt? Den Tank gefüllt? Dann kann es losgehen. Wir wünschen eine angenehme Reise!

Rainer Hörmann
Melanie Kopp

Sevilla: Eine Liebeserklärung

Corinna Waffender

SEVILLA

Sevilla: Eine Liebeserklärung

Corinna Waffender

Der Hochgeschwindigkeitszug AVE hält quietschend in Santa Justa, wo langbeinige Hostessen am Ende des Gleises Erfrischungstücher reichen: Sevilla ist die heißeste Stadt, die ich kenne. Wenn ich in Berlin bei fast fünfundzwanzig Grad erzähle, dass man in Andalusien schon mal eine Nacht in der Badewanne verbringt und beständig kaltes Wasser nachlaufen lässt, weil die Hitze alles binnen Minuten wieder erwärmt, lächelt man mitleidig. Niemand glaubt das wirklich. Auch nicht, dass ich hier mitten in der Nacht zum Friseur gehe, weil ich mir nicht in schweißnassen Haaren herumfummeln lassen will. Trotz der Klimaanlagen, die eisige Kälte vorgaukeln. Weswegen ich niemandem rate, zwischen Mai und September leicht bekleidet ein Taxi zu nehmen, und empfehle, öffentliche Gebäude nur im Ausnahmefall zu betreten. Wer es nicht warm mag, ist hier gänzlich fehl am Platz, wer Lust auf einen wirklich hitzigen Sommer hat, kommt am besten im August: Diese Stadt ist etwas für Übertreiber, Extreme und andere Grenzgänger, die bei achtunddreißig Grad Durchschnittstemperatur Tee mit Milch bestellen, sich nicht an Häuserwänden im Schatten entlang schleichen und keine Angst vor dem Ozonloch haben. In Sevilla reicht es nicht, die Sonne, die erbarmungslos von morgens um sieben bis abends um zehn auf die weißen Mauern der Innenstadt herunterbrennt, zu mögen. Man muss sie geil finden. Wie meine Freundin Maria, die in den achtziger Jahren in Sevilla hängen blieb und nach Hause schrieb:

„In der Melancholie einer süßen Lüge versacken und in der Gewissheit schwelgen, dass sich kein Mensch für diesen Traum interessiert, dass es nur die eigenen Augen sind, die den Engeln in der Hitze folgen, auf der Jagd nach verbrannten Flügelspitzen. Hier treibst du in der Schwerelosigkeit eines aufgelösten Nachmittags, steckst erleichtert die Zunge in die Einbuchtung eines Eiswürfels, leckst einen Tropfen von der heißen Handfläche, endest dort, wo niemand wartet und alle sind. Die Schuhe ausziehen im Gras und die Beine ausstrecken am Fluss. Hinüberschauen zum anderen Ufer, zusehen, wie die Baukräne Mauern durch den Himmel schleppen. Irgendwo steigt Rauch auf, mitten im Feuer brennt es. Du rauchst. Unter der Mittagssonne schmilzt die Zeit, versenkt in der Haut die Farbe eines unvollendeten Tages, an dem es nichts mehr zu tun gibt. Dann und nur dann finden die Bilder statt, von denen du glaubst, dass es sie nur in schlechten Filmen gibt: Plötzlich steht da einer und singt mit rauchiger Stimme ein Lied, das nichts zu tun hat mit der Melodie, die seine schmutzigen Hände einer klapprigen Gitarre erpressen. Ein Lied, das sich an jener Stelle zwischen Halsschlagader und Magengrube festsetzt, wo unerwartet Tränen wachsen. Oder es trifft dich mitten auf der Brücke, wo die Dächer der Stadt vor deinen Augen in der Hitze flirren und dir der Schweiß den Rücken hinunterläuft, der Strahl aus der Wasserpistole eines kleinen Burschen in kurzen Hosen. Er rennt weg und schreit dir etwas nach, und du lachst, obwohl du spürst, er hat das ernst gemeint. Doch dich wird er niemals wirklich treffen, du bist hier eine Fremde. Und das Glück steigt in dir auf, darüber, dass du so frei bist, dich nicht Zuhause fühlen zu müssen. Du kommst dir vor wie der schwarze Pirat auf hoher See, dem man die Hände nicht in der Tür einklemmen kann, weil er statt Finger einen Eisenhaken trägt ...“

Maria saß nicht weit vom Hafen, an dem Herkules angelegt haben muss, der seinerzeit ausgerufen haben soll: *Isibillia! Hier bleibe ich*! Nach ihm ist beispielsweise die nicht uninteressante *Alameda de Hércules* benannt. Bis in die späten achtziger Jahre der klassische Nutten- und Drogenkiez, sind die Wohnungen rund um den länglichen Platz in den Neunzigern zum hippen Viertel geworden. Die Kneipen sind dieselben geblieben, sie haben bloß neue Namen: Manuel schenkt die *cerveza* nun im Café del Mar aus, Hasch und Kokain sind um einiges teurer geworden, doch wer freitags beklaut worden ist, tut noch immer gut daran, auf dem Flohmarkt am Sonntag nach seinem Rucksack zu suchen.

Heute ist Dienstag, ich bestelle einen *cortado* (pechschwarzer Kaffee mit einem kleinen Schuss Milch) und warte auf Angela.

„Du siehst großartig aus", ruft sie mir aus einer Duftwolke entgegen, und ich lobe auf der Stelle ihren Haarschnitt, ihre Figur und ihr neues Kleid.

„¡Guapísima!" ist der kleinste Superlativ, mit dem man eine *sevillana* bei einem Wiedersehen begrüßen sollte. Ein schwuler Don Juan freut sich im Übrigen darüber genauso, sofern er sich selbst als tuntig betrachtet. Ist man davon nicht überzeugt, sollte man das hierzulande vielgeliebte Kompliment - *el piropo* - vermännlichen, indem man die Endung ändert: „¡Guapísimo!", sagt mein Freund Wolfgang, kommt auch bei den Männern gut an.

Angela berichtet mir in ausschweifenden Worten von ihrer neuen Wohnung, ihrem Auto und ihrer Freundin. Jenseits der dreißig kauft man *un piso*, fährt *un coche* oder *una moto* (wer hier Fahrrad fährt, ist entweder verrückt oder deutsch). und hat eine *novia* oder einen *novio*. Die Wohnung hat man für immer, das Fahrzeug ein paar Jahre, Letztere wechselt man schon häufiger. Dabei werden die jeweiligen Namen so souverän ausgetauscht, dass man im Gespräch den Eindruck gewinnt, die Person schon lange zu kennen, ja sich an die Verflossenen gar nicht mehr erinnert. In Sevilla ist alles immer lange her und gerade eben erst passiert, weswegen Nicken als Gesprächsgrundlage grundsätzlich empfehlenswert ist. Ab einer gewissen Hitze kommt es dann auch weniger darauf an, was man sagt, als dass man überhaupt etwas sagt. Themen wie das Wetter oder das Wetter oder das Wetter sind daher äußerst beliebt, und es lassen sich auch mit geringem Wortschatz ergiebige Unterhaltungen führen:

„¡Qué calor!"

„¿Verdad?"

„¿A que sí?"

„¡Joder, qué calor!"

Wer nun glaubt, hier sei man oberflächlich, irrt sich gewaltig. Nirgendwo geht es schneller auf die Haut und darunter als in Sevilla.

¿Entiendes? ist nicht nur eine Bar für Schwule und Lesben, es ist auch eine Frage, auf die unsereins getrost mit *Si* antworten kann. Wörtlich heißt es: *Verstehst du?* und bedeutet soviel wie: *Bist du eine/r von uns?* Nicht wenige Sprachstudenten hatten nach einem unschuldigen braven Nicken zur vermeintlichen Abfrage ihrer Spanischkenntnisse kurz darauf ihr erstes homosexuelles Stelldichein. Denn nach dem ersten Check kann alles ganz schnell gehen. Klassische Schwulenbars mit und ohne Darkroom sollte man ohne Gummis lieber gar nicht betreten: Mann ist gerne geil, Ausländer sind Frischfleisch und Aids leider noch immer ein Tabu unter den Machos. Bei den Mädchen geht es nicht weniger zimperlich zu, wenngleich sich die deutsche Durchschnittslesbe darauf gefasst machen sollte, dass sie ihre Stereotypen überprüfen muss: Lange Haare, kurzer Rock, roter Lippenstift gehören hier zum festen Repertoire des Balzens im Dunkeln. Andalusische Lesben und Schwule sind selten *queer*, meist bleiben die Geschlechter unter sich. Wenige Bars für Frauen, deutlich mehr für Männer komplettieren die ohnehin ständig homoerotisierte Nightlifeszene, die man am besten von der Isibillia aus, in der Nähe des Flusses, entdecken sollte. Von hier lässt man sich einfach treiben: Sex ist in Sevilla so greifbar wie die Giralda, der maurische Turm, der von dem arabischen Einfluss auf die christliche Kultur zeugt, zu dem bekanntlich auch die Knabenliebe zählt. Der angeblich größte Phallus Andalusiens, der aus der Stadt herausragt wie ein erhobener Zeigefinger, ist übrig geblieben von der einst riesigen Moschee und heute eigentümliches Anhängsel einer gigantischen Kathedrale, in der Kolumbus begraben sein soll. Zu Lebzeiten war dieser von hier zu seiner Entdeckungsreise aufgebrochen, was Sevilla neben vielen anderen Schwierigkeiten zwei Weltausstellungen eingebracht hat. Von der ersten, Anfang des zwanzigsten Jahrhunderts, zeugen die Plaza de España, ein monumentaler Platz hispanischer Selbstgefälligkeit und eine Hand voll sehr schöner, jedoch weitgehend verfallener Pavillons, in deren Mitte el Parque María Luísa liegt. Hier lässt es sich gut anbandeln, flanieren und Kaffee trinken, immer mit der Hand auch auf dem eigenen Hintern, will man nach dem Spaziergang die Kreditkarten nicht sperren müssen. Wer intellektueller flirten will, macht einen

Abstecher zu Carmens Tabakfabrik, der Universität von Sevilla. In ihrer alten Bar-Cafetería ist es durchaus möglich, junge aufgeschlossene Menschen zu finden, die des Englischen mächtig sind, sofern man sich mit ihnen überhaupt und das nicht in der Landessprache unterhalten will.

An die *Expo 92*, überdimensioniertes und pünktlich zum fünfhundertsten Jahrestag des Überfalls auf Lateinamerika organisiertes Spektakel, erinnern noch ein paar Industrieruinen, ein langweiliger Vergnügungspark und ein riesiger, nicht abzutragender Schuldenberg. Immerhin wurde auf Kosten der Bürger auch das Ufer des Guadalquivir verlängert, verschönert und ausgebaut, so dass im Sommer dort eine Flaniermeile erster Güte entsteht. Sehen und gesehen werden ist hier das Wichtigste, der richtige Drink an der entsprechenden Bar entscheidend für den Verlauf des Abends, der übrigens unter Palmen frühestens um Mitternacht beginnt.

Wer oberhalb der Gürtellinie Lust auf Kultur hat, sollte die Nächte besser durchschlafen als durchtanzen und sich tagsüber eine Reiseleiterin leisten (Angela zum Beispiel!). Lieber einen Tag mit sachkundiger Begleitung durch die geschichtsträchtige Ansammlung von Steinen und Mosaiken streifen als drei Tage mit aufgeschlagenem Buch ohne Anekdoten Freiwild für die Straßendiebe zu sein.

Es ist zwölf Uhr, ich bestelle mir ein kleines Bier, *una caña* und *una tapa*, eine der typischen kulinarischen Kleinigkeiten, die gerade hier ihren Ursprung haben soll: Als die Uferwege des Guadalquivir noch nicht befestigt waren und die Pferdekutschen Staub vor den Bars aufwirbelten, legten die Wirte auf das Glas Sherry oder Wein ein Stück Brot. Damit dieses vom *Levante*, dem heftigen Wind des Südens, nicht weggeblasen wurde, legten sie ein Stück Käse oder Schinken darauf: einen Deckel, eine *tapa*.

Ich hingegen lege meine *pechuga bechamel* (Hühnerbrust paniert mit was auch immer) nicht auf meine *cerveza*, es ist vollkommen windstill, und die Straßen der Innenstadt sind inzwischen alle asphaltiert. Angela hat unterdessen ihren knallroten Lippenstift erneuert, ihre blonden Haare zurückgeworfen (Spanierinnen sind ganz anders als gemeinhin angenommen!) und sieht mich herausfordernd an. Ihretwegen würde ich immer wieder in die aufregendste aller Städte Andalusiens kommen. Immer wieder ein Doppelzimmer im Hotel Abril nehmen. Immer wieder gehen, um wieder und wieder zu kommen.

E-Mails aus dem Maus-Imperium

Baby Neumann

DISNEYLAND

E-Mails aus dem Maus-Imperium

Baby Neumann

von: baby@server.fuer.technisch.unbegabte.schwule.de
an: hengst30cmungelogen@karl.de
re: in 80 schritten um die welt

Mein Karlchen,

was für ein Tag, Darling! Lola und ich waren in Mexiko, China, Norwegen, Italien, Japan, Marokko, Frankreich, England und Kanada – an einem Nachmittag! Ich erklär dir gleich, wie wir zwei Hübschen das hingekriegt haben.

Aber erst mal: Zu blöd mit deinen gebrochenen Rippen! Ich hab dir ja immer gesagt, Sado-Maso-Spiele mit Herbert „the animal" Förster sind gefährlich. Der weiß auf diesen Prügel-Partys einfach nicht, wann man aufhören muss. Du Armer. Ins Krankenhaus eingeliefert zu werden in Harness, Stiefeln und sonst nichts, nur einen Bierdeckel greifbar, um deine Blöße zu bedecken ... und dein ältester (wenn er auch nicht so aussieht!!) Freund im fernen Amerika! Ich verspreche, dich mit E-Mails aufzuheitern, während du darbend darniederliegst, ein zerbrochenes Spielzeug, vom Schicksal und Herbert Förster gebeutelt und achtlos in die Ecke geschleudert, während Lola und ich im sonnigen Orlando das Leben genießen. Oder besser gesagt in Disneyworld, denn Orlando, Schätzchen, vergiss es. Sieht aus wie der feuchte Traum eines Parkhausarchitekten aus Duisburg. Während Disneyworld natürlich *mein* Traum ist, und schon immer war. Erinnere dich an meine erotische Fixierung auf den gut gebauten Aladdin aus dem gleichnamigen Zeichentrickfilm, an meine vollständige Sammlung von „Disney's lustigen Taschenbüchern" und an den Kredit, den ich aufnehmen musste, um die von Disney-Animator Marc Davis signierte Cruella-De-Vil-Zeichnung zu erwerben. Ach – und jetzt bin ich hier, und jeder Quadratzentimeter dieser Kunstwelt, dieses Gesamtkunstwerkes, atmet den Disney-Spirit: Niedlich sei die Maus, lustig und gut.

Disney-*World* heißt der Freizeitpark. Die unvollkommene Welt erschuf Gott, die volllkommene Onkel Walt. Er ließ sich auch länger Zeit als nur sieben Tage, nämlich von April 1969 bis Oktober 1971. Und seit der Eröffnung damals wird auch weiterhin alles vergrößert und verbessert und verschönert.

Der Teil von Disneyworld, den Lola und ich heute besucht haben, EPCOT Center genannt, wurde nach drei Jahren Bauzeit 1982 eröffnet und präsentiert die Welt à la Disney: Rund um einen künstlichen See sind die bei Amerikanern beliebtesten Länder der Erde aufgebaut, oder besser gesagt, die Edelkitschversionen dieser Länder. Vietnam, Korea und Irak kommen nicht vor. Jedes Land ist bunt und sauber, und das Wetter ist überall gleich: Sonnenschein bei durchschnittlich 25 Grad. Die „Eingeborenen" tragen zwar Landestrachten, sprechen aber alle Amerikanisch . (Es handelt sich größtenteils um Studenten und erfolglose Schauspieler, die nach der Schicht nach Hause gehen dürfen. Der Disney-Konzern hat keinen multinationalen Menschen-Zoo angelegt.) Und so bekommt man in „Norwegen" von lächelnden „Lappen" Landestypisches serviert, in „Mexiko" kann man bei buntbehosten Sombrero-Trägern Tortillas essen.

So stelle ich mir Weltreisen mit Stil vor: Alle sind nett zu einem, und China ist zehn Gehminuten von Kanada entfernt. Danke, Disney!

Wenn deine Rippen nicht gebrochen wären, würde ich schreiben: Fühle dich fest umarmt von deinem

Baby
PS: Morgen mehr aus dem Maus-Imperium!

von: lolarenntnie@frauenweb.de
an: hengst30cmungelogen@karl.de
re: gute besserung

Zuallererst, Karl, deine E-Mail-Adresse geht ja gar nicht! Ich hab dich schon duschen gesehen, und das ist nicht nur vulgär, sondern eben doch so was von gelogen. Ihr Schwulen mit eurer Schwanz- und Sex-Fixierung! Du siehst ja, was dir das eingebracht hat: gebrochene Rippen – unfassbar! Was sind denn das für Sexualpraktiken, fragt frau sich. Unser gemeinsamer Freund Baby ist auch nicht viel besser. Pass auf:

Heute waren wir im EPCOT Center, wo der Kulturimperialismus der Amerikaner schaurige Blüten treibt. Auch ein kleines Deutschland gibt es da. Sieht aus, als hätte Spitzweg Heidelberg und Freiburg gefressen und wieder ausgekotzt. In Dirndl oder Lederhosen als Deutsche verkleidete US-Studenten verkaufen Steifftiere, Nussknacker und Kuckucksuhren. Baby schmiss sich schamlos an einen der floridianischen Lederhosenträger ran und tätschelte dessen nacktes Knie. Nicht ohne Erfolg, muss ich leider sagen, denn der junge Deutschen-Darsteller steckte Baby seine Adresse zu. Der Typ wohnt in Orlandos Nachbarstadt Kissimmee! Du kannst dir vorstellen, wie Baby auf diese Adresse reagiert hat! Vor all den Touristen ... Gut, der Knabe war appetitlich, aber ihn hinter den Weißwurststadl zu zerren und ihm die Speiseröhre auszulecken?

Lassen wir das. Ich finde – abgesehen von diesem Legoland-ähnlichen World-Showcase – das EPCOT Center recht interessant. Es ist eine Art Wissenschafts-Kirmes für lerngestörte Kinder und Amerikaner. Man kann in aufwändig gestalteten Pavillons, deren Architektur sehr amüsant aufzeigt, was man bei der Parkeröffnung 1982 für „futuristischen Stil“ hielt, alles über die Themen „Unser Planet“, „Der Mensch“, „Das Meer“, „Das Land“ und „Die Imagination“ erfahren. Meist sind in den Pavillons Karussells oder interaktive Ausstellungen aufgebaut, die einem Europäer mit durchschnittlicher Schulbildung keinerlei zusätzliches Wissen vermitteln. Für Amerikaner ist ein Tag in EPCOT wahrscheinlich bildender als die gesamte Highschool, auch wenn viele mit der Überzeugung nach Hause gehen werden, dass Japan neben Marokko liegt und China neben Norwegen.

Aber ich wollte dir von The Universe of Energy erzählen, einem Pavillon, der dir bestimmt gefiele, wenn du nicht aufgrund sinnloser Sexspiele invalid zu Hause liegen, sondern mit uns Disneyworld bereisen würdest. Da wird erklärt, wo die Energie, also das Erdöl, herkommt. Na? Plattgedrückte Dinosaurier natürlich. Nach einem lustigen, von Amerikas berühmtester Lesbe Ellen DeGeneres moderiertem Filmchen, in dem auch die Lesben-Ikone Jamie Lee Curtis auftritt, kann der Besucher selbst in die Urzeit reisen. Die Bankreihen, in denen man sitzt, fahren plötzlich los, eine Wand tut sich auf, und dahinter taucht man ein in ein lebensgroßes prähistorisches Panorama mit wundervoll lebensechten, sich bewegenden und brüllenden Dinosauriern. Es riecht sogar nach Erde, Farngewächsen und Schwefel. Ich war begeistert, Karlchen! Mein alter Traum, einmal in einer Zeitmaschine zu reisen, wurde wahr.

Und ich war ganz nah dran an meiner geheimen Fantasie, Paläontologin zu sein – mit Dr. Ross Geller aus *Friends* Dino-Knochen ausgraben, und hinterher wilde Wissenschaftler-Leidenschaft neben den Fossilien ... ach!

Lach nicht, das ist besser als deine Knochenbrecher-Erotik!

Deine Lola
PS: Was haben Dinosaurier mit Lesben zu tun? Warum Ellen? Sind Lesben vom Aussterben bedroht? War Ross Geller nicht mal mit einer Lesbe verheiratet? Ach je, ich werde die ganze Nacht nicht schlafen können vor Grübeln ...

von: baby@server.fuer.technisch.unbegabte.schwule.de
an: hengst30cmungelogen@karl.de
re: Schneewittchen!!

Karlchen, Sweetie-Darling,

schön, dass es dir etwas besser geht. Dass Herbert „the animal“ Förster dir Blumen schickt, erscheint mir sehr bedenklich. Als hätte Stanley Kowalski für Blanche DuBois Kekse gebacken ...

Lola und ich waren heute im Magischen Königreich, dem Herzen von Disneyworld, das neben diesem Magic Kingdom und EPCOT Center (unserem gestrigen Ziel) noch aus den Disney MGM Studios und Disney's Animal Kingdom besteht. Das Magic Kingdom ist ein Traum für Kinder und alle Tunten, die sich mit Prinzessinnen und *evil queens* identifizieren. Ich kann nur sagen: Als ich das im Zentrum gelegene Märchenschloss betrat, eine Art Neuschwanstein auf Speed, war ich daheim. Überall im Magic Kingdom laufen als Disney-Figuren verkleidete Schauspieler herum, und ich hatte das Glück, im Schlosshof auf Schneewittchen persönlich zu treffen! Und ein paar Zwerge, die ich allerdings zu groß fand. Offenbar hat der Disney-Konzern ein Problem mit Kinderarbeit ... Ich hopste also auf und ab vor Begeisterung und wollte der Prinzessin mindestens den Saum, lieber aber die Hand küssen, als ich von einem Schrank von Mann sehr sanft und freundlich zurückgehalten wurde. Schneewittchen hat Bodyguards! Wie ein echter Star! Toll!

Ein Disneyworld-Mitarbeiter, den ich gestern im World Showcase kennen gelernt habe und der, egal, was Lola dir erzählt, nicht für die angeblichen Knutschflecken an meinem Hals verantwortlich ist (Ich habe mich nur am Türrahmen gestoßen! Ich schlafe doch nicht mit dem nächstbesten Lederhosenträger mit blondem Flaum auf den gebräunten Beinen ... seufz), hat mir dazu etwas sehr Interessantes erzählt: Kinder dürfen die Prinzessin anfassen und nach Herzenslust kuscheln, aber wenn erwachsene Männer den Disney-Figuren zu nahe kommen, passen die Leibwächter genau auf. Es sei schon vorgekommen, dass Minnie Mouse unter den Rock gefasst wurde! Die wird sich gefreut haben, da kann sie bei Mickey doch lange drauf warten ...

Während ich über die Main Street wandelte und bei sanfter Musik-Berieselung die malerischen Jahrhundertwende-Häuser, den altmodischen Bahnhof und die Bronze-Statue von Walter Elias Disney in einem kleinen Park mit in Form gestutzten Hecken bewunderte, dachte ich darüber nach, wie hier ein Mann seine ideale Welt selbst geschaffen hat – ein Parallel-Universum, in dem die glücklichen Momente aus seiner Kindheit im kleinstädtischen Missouri und die schönsten Szenen aus den Büchern und Träumen seiner Jugend Gestalt angenommen haben. Eine Welt ohne Schatten, in der wir alle staunende Kinder sein dürfen – für immer. Das ist es, was ich an Disneyworld trotz aller Kommerzialität und allem Kitsch so zauberhaft finde.

Lola wollte unbedingt sämtliche Attraktionen des Magic Kingdom abarbeiten – bei den Eintrittspreisen dürfe man sich nichts entgehen lassen, man habe ja für alles bezahlt. Sie schleppte mich ins Haunted Mansion, ein charmant abgetakeltes, viktorianisches Spukhaus, in dem per Holographie 99 Geister zum Leben erweckt werden und um die staunenden Besucher herumwirbeln.

Dann waren wir per Boot zu den „Piraten der Karibik" unterwegs, wo man zwischen Freibeuter-Fregatte und Hafen durch den Kanonenkugelregen schippert, ohne auch nur eine Schramme abzubekommen. Johnny Depp und Orlando Bloom, die die Hauptrollen in dem von dieser Attraktion inspirierten Film spielen, waren zwar nicht da, in meinem Gedanken aber sehr präsent. (Orlando Bloom ist eigentlich *imme*r sehr präsent in meinen Gedanken.)

Karlchen, ich kann dir gar nicht aufzählen, was es hier alles gibt an Achterbahnen – mal durchs Weltall (Space Mountain), mal durch den Wilden Westen (Big Thunder Mountain) – und Sehenswürdigkeiten: Die Illusion einer Teleportation durch Zeit und Raum wird geboten, oder eine Bootsfahrt, bei der nach jeder Kurve der Fluss wechselt (gerade noch Ganges, jetzt plötzlich Nil!), und an jeder Ecke stehen Geschäfte voller Leckereien, Spielzeug und all dem nutzlosem Kram, der das Leben schöner macht.

Ach, ich brauche jetzt ein wenig Ruhe, um all meine Eindrücke zu verarbeiten.

Dein Baby
PS: Ein gut gemeinter Rat: Wenn Herbert auch noch persönlich vorbeikommen sollte, pass bloß auf, dass er dich nicht anfasst!

von: lolarenntnie@frauenweb.de
an: hengst20cmungelogen@karl.de
re: im reich der fettleibigen

Lieber „Hengst“,

ich halte deine E-Mail-Adresse immer noch für übertrieben!

Baby hat mich heute wahnsinnig gemacht. Ich musste ihn mit allen Disney-Figuren, die uns über den Weg liefen, fotografieren (die armen Leute unter den Plüschkostümen! Bei floridianischer Luftfeuchtigkeit möchte *ich* mir kein Goofy-Kostüm anziehen!). Zu Schneewittchen sagte Baby, er habe auch schon mal mit sieben Männern gleichzeitig ... – auf einer Privatparty in Berlin –, die seien allerdings größer gewesen, überall. Die Prinzessin lächelte nur gequält. A-Hörnchen fragte er, ob es sich immer noch mit B-Hörnchen ein Astloch teilen würde, und Donald Duck erzählte er, er habe den Eindruck, sein Cousin Gustav Gans sei schwul, man müsse sich nur dessen Dauerwelle anschauen.

Ich war ohnehin mit den Nerven runter, denn in Disneyworld herrscht Rauchverbot, und wenn frau nach Nikotin gelüstet, muss sie sich in eine Raucherecke begeben, wo sie, von strafenden Blicken der Vorbeiflanierenden bedacht, sich fühlt, als wäre sie eine schlimmere Bösewichtin als Madame Medusa und Maleficent zusammen. Die rauchen wenigstens nicht. Manche Mütter hielten ihren Kindern, die in meine Richtung schauten, die Augen zu.

Dann wollte Baby einkaufen. Er stattete sich mit Micky-Maus-Ohren aus, die er den ganzen Tag nicht mehr absetzte. Nichts mit Disney-Figuren Bedrucktes war vor ihm sicher – und im Magic Kingdom ist *alles* mit Disney-Figuren bedruckt. Er kaufte eine Dumbo-Uhr, eine Sonnenbrille mit Dalmatinerpunkten, Nachbildungen seiner Lieblings-Disney-Figuren in Plastik, Plüsch und Scholokade, CDs mit der Musik aus sämtlichen Disney-Filmen, einen Rucksack in Form der Kürbiskutsche aus *Cinderella*, ein Sweatshirt mit dem Aufdruck *„Wicked!“* unter dem Konterfei der Hexe aus *Schneewittchen* und ein T-Shirt, auf dem Cruella DeVil für einen Schönheitssalon wirbt: *„Don't let your looks go to the dogs, Dahling!“*

Während er Geld ausgab wie Imelda Marcos im Schuhladen, saß ich vor den Geschäften und schaute mir die Besucher des Magic

Kingdom an. Nie zuvor habe ich eine derartige Ansammlung von Fettleibigen erlebt. Ich sah Kinder, deren Körpergewicht dem eines indischen Elefanten entspricht, Frauen, die ihre wogenden Massen mit letzter Kraft auf an den Knien schon nach außen abgeknickten Beinen vorwärts wuchteten, Männer, die – eine Portion Eiskrem in der Größe von Luxemburg fressend – ihre Tonnage auf den nächsten Hamburger-Stand zusteuerten. Ich spürte die Erde beben.

Walt Disney, das wird dir jede postfeministische Akademikerin bestätigen, hatte eine kranke Fantasie – er hat Bambis Mutter abgeschlachtet, Frauen nur als Hexen oder Prinzessinnen dargestellt, Zungenküsse zwischen Hunden (*Susi und Strolch*) propagiert, Mowgli einer schwulen Schlange ausgeliefert und dem gesamten Duck-Clan Kleidung unterhalb der Gürtellinie verweigert – aber diese Parade von Amerikas dicksten Touristen (wo kommen die bloß alle her?) übertraf alles, was Disney sich je ausgedacht hat. Außer vielleicht das Nilpferd-Ballett in *Fantasia*.

Ich hatte danach jedenfalls die Nase voll vom Magic Kingdom, obwohl mir die Attraktionen dort wirklich gut gefielen, besonders die Hall of Presidents, in der sämtliche US-Präsidenten als Roboter präsentiert werden, was ich sehr realistisch finde.

Deine Lola

von: baby@server.fuer.technisch.unbegabte.schwule.de
an: hengst20cmungelogen@karl.de
re: friends of dorothy!!

Liebes Karlchen,

ich finde, du bist selbst schuld an deinem ausgerenkten Handgelenk. Du hättest Herbert einfach nicht in deine Wohnung lassen dürfen. Seiner Art von Liebesbezeugung bist du nicht gewachsen. Und dass er dir hinterher einen Ring geschenkt und dir die Registrierung versprochen hat, macht es meiner Meinung nach nicht besser.

Ich habe heute auch jede Menge Tiere gesehen, denn wir waren in Disney's Animal Kingdom, dem jüngsten Komplex von Disneyworld (1998 eröffnet). Das ist so eine Art Freiluft-Zoo, in dem man geführte „Safaris" machen kann. Nett, aber nicht so schräg wie die anderen Parks. Lola war aus dem Dinoland, einem Teil des Animal Kingdom, in dem es künstliche Fossilien und eine Saurier-Achterbahn gibt, nicht mehr wegzubekommen. Ich begreife nicht, was sie an den ollen Echsen findet, aber ich fürchte, es ist etwas Sexuelles – und deshalb denke ich lieber nicht weiter drüber nach. Während Lola sich bei der Dinobahn immer von neuem anstellte, sah ich mir das 30-Minuten-Musical „Tarzan Rocks" an, mit grauenvoller „Musik" von Phil Collins, aber mit einem fast nackten Tarzan, der sich sein Geld auch als Calvin-Klein-Model verdienen könnte, und muskulösen, als Affen kostümierten Tänzern. Ich bin mir nicht sicher, aber ich glaube, einer der Schimpansen hat mir mehrfach zugezwinkert.

Nach dem Lunch waren wir in den Disney MGM Studios. Hier herrscht das Flair des alten Hollywood. Der nachgebaute Sunset Boulevard mit Grauman's Chinese Theatre, Brown Derby-Restaurant und Geschäften im Art-Deco-Stil ist – im Gegensatz zum Original in L.A. – glanzvoll und blitzblank. Es gibt die Möglichkeit, den Disney-Animatoren bei der Arbeit an Zeichentrickfilmen zuzusehen, man kann in einem *Krieg-der-Sterne*-Raumschiff durch die Galaxien sausen oder ins Muppets-Theatre gehen (Miss Piggy live – ein Traum!).

Aber, Karlchen, das Größte war: Oz! Ich habe Dorothy getroffen! Und den Blechmann, den ängstlichen Löwen, die Vogelscheuche! Die gute Glinda und die böse Hexe des Westens, grüngesichtig und von gelbem Rauch umwabert. Es war grandios. Der Trip ins „zauberhafte Land" ist Teil des Great Movie Ride, einer Bimmelbahnfahrt, die durch alle möglichen Hollywoodfilme führt, *Singing in the Rain, Mary Poppins, Casablanca, Alien, Indiana Jones* – und eben *Der Zauberer von Oz.*

Jetzt habe ich wirklich ALLES gesehen und kann befriedigt nach Hause fliegen und deine Wunden lecken. Letzteres meine ich figurativ, natürlich. (Bäh!)

Dein Baby

von: lolarenntnie@frauenweb.de
an: pony14komma98cm@karl.de
re: Babysitting

Liebes „Pony“,

gute neue E-Mail-Adresse! Ehrlich währt am längsten. Auch wenn es kürzer ist. Haha!

Ich habe Entsetzliches hinter mir. Deine zweite Nacht mit Herbert „the animal“ Förster ist nichts dagegen. (Das mit deinem Handgelenk tut mir Leid, und ich finde es nur gerecht, dass Herbert auf dem ausgelaufenen Gleitgel ausgerutscht ist und sich an deinem Bettpfosten die Nase gebrochen hat.)

Karlchen, du kannst dir nicht vorstellen, was Baby heute wieder angestellt hat. Wir waren zunächst in Disney's Animal Kingdom, wo es unter anderem Dinosaurier – ganz ohne Lesben – zu sehen gibt. Ich machte den Fehler, allein das Dinoland zu besuchen (um von Dr. Geller zu träumen ...) und Baby ohne Aufsicht bei der Bühnenshow *Tarzan Rocks* zu lassen. Unser Freund versuchte, Tarzan unter den Lendenschurz zu linsen, als dieser sich gerade an einer Liane über das Publikum schwang. Baby verlor die Balance, kippte von seiner Bank auf die darunter und einer der voluminösen, permanent essenden Amerikanerinnen, die ich dir gestern beschrieben habe, direkt in den Nacken. Die Dame wurde mit dem Gesicht in ihre Eiskremwaffel gedrückt, die sie daraufhin erzürnt nach Baby warf. Sie traf leider einen französischen Touristen neben ihm (in den Schritt), der daraufhin der Verachtung seiner großen Nation gegenüber den Vereinigten Staaten in unmissverständlichen, wenn auch französischen, Worten Ausdruck verlieh.

Ich war ja bei den Dinosauriern und musste das Drama bis hierhin nicht miterleben. Als ich dazukam, wischte Baby gerade an der Hose des Franzosen herum und machte in grauenhaftem Schulfranzösisch Witze darüber, dass es sich ja um Eiskrem handle und er die ja auch ablecken könne, haha, und ob das dem Herrn wohl gefallen würde. Es gefiel ihm nicht.

Wir verließen also (ziemlich fluchtartig) das Animal Kingdom und gingen in die Disney MGM Studios, einen Kino-Themenpark, dessen Hauptattraktion The Great Movie Ride ist. Hätte ich gewusst, dass diese Fahrt auch nach Oz führt, hätte ich Baby niemals einsteigen lassen. Du weißt ja, dass seine Begeisterung für Judy Garland als Dorothy an Wahnsinn grenzt. Als unsere Bahn in die wunderhübsche Oz-Kulisse, mit einem Regenbogen und Blumen entlang des berühmten gelb gepflasterten Weges, einfuhr, war Baby starr vor Ehrfurcht. Doch dann zischte die lebensgroße vollautomatische Hexe-des-Westens-Figur der vollautomatischen Dorothy-Figur (komplett mit vollautomatischem Hund Toto im Henkelkorb) zu: *„I'll get you! And your little dog, too!"*

„Das denkst du vielleicht, du Schlampe", schrie Baby und schwang sich aus dem Wagen. „Ich wollte dir schon immer mal zeigen, was ich von dir halte!"

Ach, Karlchen, lass mich gnädiges Schweigen breiten über die nächsten, sicherlich hysterischsten Minuten, die The Great Movie Ride je erlebt hat.

Begeisterte Kinder haben wohl schon mal versucht, in Oz auszusteigen und Toto zu streicheln. Aber dies war das erste Mal, dass ein erwachsener Mann davon abgehalten werden musste, einer vollautomatischen, grünhäutigen Hexe Gewalt anzutun. Ich konnte, gemeinsam mit dem Tourguide, Baby wieder auf seinen Platz zerren, ohne dass sie bleibende Schäden davontrug. Traumatisiert wurde nur ich ...

Ich freu mich auf Zuhause. Dorothy hat Recht: *There's no place like home.*

Bis bald!

Lola

Wo der Papst im Graben zuckelt

Leonie Wild

MEXIKO

Wo der Papst im Graben zuckelt

Leonie Wild

Das Ohr des Toreros

Ziel: der Aeropuerto Benito Juárez, erster Boden unter den Füßen nach zwölfstündigem Flug. Juárez, mexikanischer Präsident im neunzehnten Jahrhundert, hat für den mittelamerikanischen Patriotismus den Stellenwert, der hierzulande einem pathetischen Mix aus Adenauer, Bismarck und Ebert gebühren würde. Als Namensgeber ziert er alles, was nicht niet- und nagelfest ist. So geschieht es dem Passagier gerade recht, vom ersten Schritt an auf ihn zu stoßen.

Ehe erleichterter Applaus das Aufsetzen auf der Landebahn von Benito Juárez feiert, müssen die Anreisenden den ersten von etlichen grausam-schönen Tests in Sachen Nervenstärke bestehen, den das Ziel Mexiko mit sich bringt. Aus den Luken der Maschine könnte im Anflug ein mit nur wenig Muskelkraft geworfener Apfel reichen, um den Torero, etwa den aktuellen Star El Zapata, in der weltgrößten Stierkampfarena Plaza Mexico vom Kampf abzulenken. Wegen der geringen Distanz wäre ein gezielter Wurf aus dem Jet auf den Stierschwanz oder jedwedes Körperteil des Toreros eine machbare Sache. So nahe kreuzen die Passagiermaschinen auf ihren letzten Kilometern im Anflug auf Benito Juárez über das Stadtzentrum, dass der Jubel der *aficionados*, der begeisterten Anhänger des Stierkampfs, im Detail zu sehen ist: Nach einer Parade des Toreros fliegen die Arme von 50.000 Menschen unter dem tosenden Lärm des Jets in die Luft, als würden sie ihn näher an die Landebahn schieben wollen.

Mexiko-Stadt, oder als Bundesdistrikt offiziell Mexico D.F., stellt sich aus der Luft betrachtet als staubgraue Anhäufung von

Reklametafeln und Abermillionen von Wellblechschnipseln dar. Wohlige Entschlossenheit macht sich breit, die Zeit in der mit zwanzig Millionen Einwohnern bevölkerungsreichsten Stadt des Globus unbeschadet zu überstehen. Wer die Warnungen in der Heimat überhört, muss mit erstaunlicher Widerstandsfähigkeit gegen die Schreckgespenster der laut tönenden Reiseliteratur gesegnet sein, die den Eindruck erweckt, es habe kein Gast ohne mindestens einen gepflegten, im Massenauflauf ausgeübten Diebstahl die mexikanische Hauptstadt je verlassen. Bei so vielen Geboten zur Vorsicht erscheint der einfache Verlust von Körperorganen geradezu anheimelnd – es könnte schlimmer sein, orakeln die Reiseführer. Fälle von auf Reisen verloren gegangenen Nieren oder Gliedmaßen gehören, ein Schwur an dieser Stelle, dennoch dem Reich der Märchen an. Landen wir also auf 2.200 Meter Höhe, schultern das Gepäck, tauschen Pesos, treffen die Wahl zwischen komfortablen, illegalen oder offiziellen Taxen und riechen zum ersten Mal den Duft von Schokoladen-Chili-Sauce, die an Imbissbuden klebrig über Hühnchen tropft. Wer im Taxi auf den Sicherheitsriegel für die dreizehn Kilometer ins Zentrum verzichtet, hat gute Chancen, das charmante Chaos von Mexico D.F. zu genießen. Keine Sorge. *Bienvenido.*

Nahverkehr

Wo belächelt wird, wer mit bundesdeutscher Genauigkeit auf Werte wie Pünktlichkeit setzt, da ist der hohe Stellenwert von Selbsthilfe kein Wunder: In den U-Bahn-Stationen der Hauptstadt spielen die prächtigen Zeichnungen an den Wänden der Bahnhöfe eine weitaus größere Rolle als die schnöden Schilder, die den Namen der Haltestellen anzeigen. Meterhohe Motive, aus den einfahrenden Zügen heraus unübersehbar, weisen per Bildsprache den Weg durch die Metropole. An der Station Zoológico, dem Zoo, skizzieren Elefanten das Etappenziel. Botánico, der Botanische Garten, findet seine künstlerische Entsprechung in Schlingpflanzen. Die Station Niños Héroes ist benannt nach sechs „Heldenkindern", deren Namen zum Grundstock mexikanischen Kulturguts gehören und voll Stolz über die Lippen kommen, schneller als die der Regierung. Die Bahnhofsfassade erinnert an den aussichtslosen Kampf der Jungen – im Jahr 1847 fielen sie nach erbittertem Widerstand dem US-amerikanischen General Winfield Scott und seinen Truppen beim Sturm auf die Hauptstadt zum Opfer.

Steckt der hauptstädtische Nahverkehrsbetrieb STC voller kunstbegeisterter Mäzene? Mitnichten geht es um Kunst, sondern um Orientierungshilfe für die dreizehn Prozent Analphabeten unter der Bevölkerung, die auf ihrem Weg durch das Gewirr der Metropole Hilfestellung erhalten – Service im „Schwellenland"! Kalter Perfektionismus hat keine Chance und weicht hoher Motiviertheit zur Selbstorganisation und tiefem Glauben an das soziale Netz. Wer nicht liest, erkennt Bilder. Nichts einfacher als das.

Rushhour an der Station Zócalo. In einem quasi rituellen Akt trennen sich die Geschlechter voneinander. Uniformierte *guardias* lotsen Hunderte Passagierinnen zu den vorderen Waggons des einfahrenden Zuges, während Männer sich in der hinteren Hälfte drängeln. Was wirkt wie aus dem „Lehrbuch Koedukation", sorgt für Geschlechtertrennung auf Zeit zum Schutz der weiblichen Fahrgäste vor Übergriffen. Täglich aufs Neue glückt ein logistisches Meisterwerk, das ohne aggressiven Körpereinsatz der Ordnungshüter oder Groll hektischer Reisender auskommt. Nicht zu vergleichen mit dem inoffiziellen New Yorker Trend, Waggons etwa für Singles oder Lesben zu etablieren. Das Wiedersehen mit dem anderen Geschlecht im U-Bahn-Tunnel erfolgt in Mexico D.F. nach achtzehn Uhr, und Anfang und Ende der Spaltung gehen so leicht von der Hand, das staunt, wer gewohnt ist, für eine Monatskarte im Berliner Nahverkehr eine Viertelstunde anzustehen.

„Gott so nah, den USA so fern"

Zu den dankbaren Vergnügen, die europäischen Touristen in ganz Mexiko widerfahren können, gehört der Moment, in dem Einheimische erkennen, dass ihr lang trainierter Argwohn gegenüber Fremden fehl am Platze ist: Könnte es sich beim offensichtlich fremdländischen Passanten nicht um einen US-Amerikaner handeln? Oder wie sie im Volksmund heißen: um einen *Gringo*, wahlweise entstanden aus *Greens, go home!*, dem wütenden Schlachtruf, der den grün uniformierten US-Soldaten im neunzehnten Jahrhundert beim Verlust der Bundesstaaten Texas, Kalifornien, Arizona und New Mexico an die USA galt, oder dem spanischen *griego*, dem Fremden mit unbekannter Sprache. Eine abfällige, aus tiefstem Herzen kommende Bezeichnung für (nicht selten rüpelhafte) Gäste aus den Vereinigten Staaten, die zu Tausenden zu Wochenendausflügen eintrudeln oder Villen an den Küsten von Golf, Karibik und Pazifik besitzen. Diesseits der bestbewachten Grenze der Erde haftet ihnen der Ruf gefräßiger, verschwenderischer Besatzer mit Allmachtsfantasien an, den so manch ein US-amerikanischer Gast mit Capri-Hemd, Bäuchlein und Imperialgrinsen bestätigt. Was kein Ausflug in die Tiefen des Antiamerikanismus ist, sondern ein Phänomen speziell der Beziehungen zwischen den USA und ihrem südlichen Nachbarland, das über die Jahrhunderte eine ausgeprägte „Gringo-Phobie" kultiviert hat. Aus gutem Grund schickt die deutsche Bundeswehr ihre Wehrdienstleistenden mitunter zu militärischen Trainingszwecken in die US-amerikanischen Südstaaten. An der 2.600 Kilometer langen Grenze trennt sich die „erste" Welt dermaßen deutlich von der „dritten", dass ein geflügeltes Wort lautet: „Gott so nah, den USA so fern".

Der sexuelle Moloch

Heute, sechs Jahre nach dem ersten Mexiko-Trip, bestückt unverdrossen das Bild von Antonio Muñoz die häusliche Bildergalerie: Typ Johnny Depp, Ende zwanzig, mit rebellisch zerzauster Mähne, Drei-Tage-Bart und vor Kichern auf einem Felsvorsprung in seinem Gleichgewicht gefährdet. Für die Masse mexikanischer Rechtschaffener stellt Antonio Muñoz aus bizarren Gründen den Inbegriff von Verwerflichkeit dar. Der Gastfamilie einer deutschen Studentin diente er als Argument für den häufigen Besuch religiöser Veranstaltungen, um nicht seinem schlechten Einfluss zu verfallen. Worin bestanden seine „1000 Sünden", die einen undankbaren Status im Sozialgefüge garantieren? Allein sein Beruf schreit auf der mexikanischen Werteskala nach Mobbing: Sozialarbeiter.

Beruflicher Umgang mit – Schluckbeschwerden und fahle Haut breiten sich in der Gastfamilie aus – Prostituierten. Keine Verlobte hat er, obwohl mit durchschnittlich vierundzwanzig Jahren die Ehe ruft? Gesprächsstoff mit anderen Sozialarbeitern, Freizeitprogramm abseits von kirchlichen und familiären Großveranstaltungen? Solche Verruchtheit schreit nach Schlimmerem: Antonio Muñoz könnte womöglich ein – das Atmen fällt zusehends schwer – Homosexueller sein. Beim Frühstück in der Gastfamilie kommen die Bohnen plötzlich kälter auf den Tisch, die Eier in geringerer Zahl, und die pubertierende Gastschwester flüstert in den Telefonhörer: „Sie hat einen gefährlichen Kontakt." Und wie könnte es anders sein: Antonio zeigt Gästen jene illegalen schwul-lesbischen Clubs in Kellern und Garagen der nordmexikanischen Millionenstadt Monterrey, die Reiseführer tunlichst verschweigen. *Tenemos miedo*, wir haben Angst um dich, bekundet der Gastbruder. Und während deutsche Junglesbe und schwuler Sozialarbeiter binationalen Sex feiern, diskutiert Gastfamilie Treviño über Kontaktsperre oder das Einschalten des Deutschen Akademischen Austauschdienstes. Sie ahnt nicht, dass sich ihr jüngster Sohn zwei Jahre später outen wird.

Alleinstehende und andere Minderheiten

Mit erstaunlichem Vergnügen kommentierte die mexikanische Presse den Hauptstadt-Besuch des Regierenden Bürgermeisters von Berlin, Klaus Wowereit, im Oktober 2003. Sein Auftritt in der Talkshow El Mañanero, in der Star-Moderator Brozo im Clownskostüm Erkundungen über die „Ostalgie" einholte, sorgte allein wegen der Ankündigung eines schwulen Politikers für höhere Einschaltquoten.

Was für ein seltenes Glückserlebnis für den schwulen Sohn der Gastfamilie, Emmanuel, Mitte zwanzig, seit drei Jahren liiert und voll schlechten Gewissens vor allem gegenüber der weiblichen Verwandtschaft, die sich wegen der „Veranlagung gegen Gott" die Augen ausweint. Mit einer Partnerschaftszeremonie im engsten Freundeskreis hat sich das Paar aus dem Familienleben hinauskatapultiert, trägt silberne Ringe mit eingravierten Namen:

Emmanuel & Alejandro. Dem Juwelier machten sie weis, in der Großelterngeneration hätten sich nach Jahrzehnten der Trennung zwei Schulfreunde wiedergefunden. Zum ersten CSD in Monterrey im Jahr 2000, bei zweiundvierzig Grad im Schatten, erschienen sie wie die meisten der rund fünfhundert Teilnehmer mit breitkrempigen Hüten. Kein trüber Fleck sollte auf das Ansehen der Familien fallen.

Wie den Nachbarn, Geschwistern, Arbeitskollegen erklären, warum der Junge noch nicht unter der Haube ist? Hochzeitsfeiern à la Mexiko kommen selten unter zweihundert Gästen aus. Für ihre Finanzierung verkaufen die Eltern des Bräutigams mitunter ihre Elektrogeräte, Autos oder Werkstätten, nehmen Kredite auf. Kein noch so entfernter Bekannter fehlt, und wer die Ohren aufhält, schafft den allwöchentlichen Besuch von Hochzeiten. Jener Hochzeitstourismus grassiert auf dem Land genauso wie in den Städten.

Angesichts „Gott und Familie“ auf den oberen Plätzen der Agenda gieren Mexikos Lesben und Schwule nach prominenten Fürsprecherinnen wie der parteilosen Abgeordneten Enoé Uranga Muñoz. Trotz ihres Stempels, die einzige offen lesbische Abgeordnete Lateinamerikas zu sein, weist sie eine Vorreiterrolle von sich. Fortschritte verbuchte sie mit Gesetzesanträgen zur Anti-Diskriminierung dennoch: Zumindest auf dem Papier genießen Homosexuelle, Behinderte und Prostituierte seit 2002 in den Grenzen des Bundesstaats Mexico D.F. Schutz vor Diskriminierung. Viel über das mexikanische Familienleben sagt die vierte schützenswerte Minderheit, die im selben Atemzug genannt wird: Alleinstehende.

Gretchenfrage

Kennenlernen auf Mexikanisch: „Glaubst du an Gott?“ Eine der ersten Fragen, von ähnlicher Bedeutsamkeit wie die nach dem Beruf der Eltern. Abhängig vom Gemüt der Fragenden sorgt die zögerliche Beantwortung in Richtung Verneinung für umgehend tränennasse Augen oder entrüstetes Stirnrunzeln. Und zieht nach einem „Nein“ jene alles entscheidende Frage nach sich, deren

Beantwortung quasi die letzte Chance ist, den Kopf aus der unchristlichen Schlinge zu ziehen: „Warum lebst du dann?" Keine Frage, die als Startpunkt für produktive Diskussionen taugt, eher ein Liebeskiller.

Als Karol Wojtyla im Jahr 1990 seinen Antrittsbesuch als Papst Johannes Paul II. in Monterrey absolvierte, legte die Stadt ihm zu Ehren ihren Fluss trocken. Und das, obwohl die Industriestadt inmitten der Sierra Madre Oriental, zweihundert Kilometer von der US-Grenze entfernt, von Wasserarmut geplagt ist. Bei dem Fluss handelte es sich um eine der wenigen Quellen, die im schroffen Norden der Wasserversorgung dienten. Die Stadtoberen setzten ihr Ansinnen in die Tat um: Karol Wojtyla sollte, Strategie sei Dank, mit seinem gemächlich rollenden „Papamobile" das trockengelegte Flussbett befahren, um aus dem Graben den Hunderttausenden von Gläubigen zuzuwinken. Seine heilenden Fahrspuren würden den Pegel über kurz oder lang wieder ansteigen lassen, plante die städtische Verwaltung. Oder zumindest die Kosten für seine Wiedernutzbarmachung senken. An irgendeinem Punkt hatte der Plan einen Haken. Mitten in Monterrey zeugt noch heute das leere Flussbett vom umjubelten Besuch. Gläubige Christen verteilen auch vierzehn Jahre später noch Blumenbouquets an der Fahrtroute, und die Wasserbetriebe reglementieren den Verbrauch pro Person. Was die Frage „Glaubst du an Gott?" in das richtige Licht rückt. Wer sie verneint, ist glatt imstande, sich über Päpste auf dem Trockenen zu wundern.

Überhaupt, der Herrgott in Mexiko. Ohne den schriftlichen Hinweis des Stellenbewerbers auf religiösen Eifer landet kaum ein Lebenslauf bei potenziellen Arbeitgebern auf dem Tisch. Gefolgt von der pathetischen Bekundung, an die Familie, den Betrieb und den Staat zu glauben. Ein Unterrichtsfach Ethik oder die Debatte um christliche Kreuze in bayrischen Schulen wecken in Mexiko Irritationen, die höchstens durch mehrstündige Tequila-Verköstigungen wieder besänftigt werden können. Selbst katholischen Gästen kommt die Gottesfurcht exotisch vor, wie auch die Verehrung der Nationalheiligen, der Jungfrau von Guadalupe, die in keinem Haushalt, Betrieb, Schulranzen fehlen darf. Seit ihrem fünfmaligen Erscheinen auf dem Tepeyac-Hügel, das sie 1531 dem zum Christentum konvertierten Indio Cuauhtlatohuac gegönnt haben soll, gehört ihr der Dank für die Unabhängigkeit von Spanien oder für rettende Wetterumschwünge. Keinem Mandatsträger, der Wert auf die Fortsetzung seiner Karriere legt, entgeht ihr Festtag am 12. Dezember. Die Jungfrau, ein Petitionsausschuss auf Mexikanisch.

Lipgloss für den kessen Vater

Wo es während der Olympischen Spiele 1968 in Mexico D.F. zu Atembeschwerden unter den internationalen Gästen wegen der Höhenluft kam, in der Silberstadt Taxco im zentralen Hochland, auf halber Strecke zwischen Hauptstadt und Pazifik, widerfahren der lesbischen Besucherin bestaunenswerte Persönlichkeitsveränderungen. Im heimischen Yves Rocher schiebt sie sich mit leichter Röte auf Wangen und Stirn an farbigen Kosmetikartikeln vorbei, tiefen Dekolletés schenkt sie allenfalls ein säuerliches Lächeln und vollzieht in Sichtnähe käuflicher Damendessous scharfe Wendungen, um von eventuellen Zeuginnen keinen ansatzweise femininen Stempel aufgedrückt zu bekommen. Taxco aber wirkt Wunder in Sachen „Weiblichkeit". Silberverarbeitendes Handwerk im großen Stil macht seit den 1930er Jahren den Lebensunterhalt der meisten Einwohner aus. Mit bahnbrechenden Konsequenzen für das Körpergefühl: Creolen, groß genug für einen Buttplug! Ein mit Papageien bestickter Wickelrock! Boxershorts werden in Tasco für kurze Zeit in die Pause geschickt, und vom kessen Vater bis zum Drag King greifen wir tief in die Börse, um für den Rest der Verweildauer zu fühlen, was Lipgloss und Spitze der Femme ums Eck bedeuten mögen.

Cousinen-WG sucht Cousine

Missverständnisse rund um Händchen haltende Frauen auf Reisen in aller Welt: „*Mère et fils*! Mutter und Sohn! Kommen Sie her!", lockt der Marktverkäufer in der tunesischen Wüstenstadt ein Frauenpaar. Familiäre Bande wittert auch der Schmuckkünstler in Taxco, wählt jedoch eine andere Stoßrichtung: „So schöne Cousinen! Warum habt ihr noch keinen Mann?" Zwei kühne Interpretationen der

Wahlverwandtschaft: blind, aber herzlich. Was gilt es also zu tun, wollen Homos in Mexiko den Wohnraum teilen? Sie sind Cousins.

Wer den Schritt raus aus dem elterlichen Zuhause macht, ohne wie die Mehrzahl der Altersgenossen ein zumeist bescheidenes Quartier unter Eheleuten aufzuschlagen – aus Kostengründen meist nur in Außenbezirken der Städte, die an ihren Rändern stets ausfransen –, dem steht nicht im Sinn, Kleinanzeigen für die Suche nach fremden Mitbewohnern aufzugeben: vom Wesen hiesiger WGs keine Spur. Im Verwandtenkreis finden sich garantiert Cousins und Cousinen oder Neffen und Nichten, die zum Unverständnis ihrer Angehörigen ein Leben näher an der Uni oder Arbeitsstätte bevorzugen. Nicht um Freiraum geht es bei den Familien-WGs, sondern um praktischen Nutzen. Trotzdem stellen sie einen Hauch von Provokation dar und bringen Eltern in Erklärungsnot. Knifflig wird die Lage für jene, die weder bei Verwandten unterkommen, noch dem Ehelockruf folgen. José, Ende dreißig, logiert seit seiner Geburt bei seinen Eltern über siebzig in Coyoacán, dem beschaulichen Künstlerstadtteil von Mexico D.F., wo die Türen der kolonialzeitlichen Herrenhäuser tagsüber unverschlossen bleiben. Wenn schon zum Befremden der Nachbarschaft unverheiratet, so wenigstens bei den Lieben. Der Single-Trend hat sich an Mexiko weitgehend vorbeigeschlichen. Josés Altersgenossinnen stecken seit Jahren unter der Haube, und wenn die Rede einmal auf ihn kommt, wundern sie sich. Seinen Spitznamen in den angrenzenden Cafés seiner Wohngegend, wo er mit rastenden Touristinnen über Fotografie schwadroniert, teilt er mit manch anderem Junggesellen: Er heißt *abuelito*, der „kleine Opa".

Die Ruhe weg

Stelle man sich vor, auf dem Kölner Heumarkt, den Stadtplan unterm Arm, mit Verwirrung im Gesicht, schnurstracks auf einen Passanten zuzugehen und in gebrochenem Deutsch zu fragen: „Wo geht's zu Fuß nach Bonn?" Wer sich als Tourist im äußeren Süden der mexikanischen Hauptstadt befindet, peilt mit hoher Wahrscheinlichkeit eine unvermeidliche Touristenattraktion an: den Besuch bei den zweitausend Stocherkähnen von Xochimilco, die sich unter Geigenklängen von Mariachis ihren Weg durch die Schwimmenden Gärten der Azteken bahnen. Um Kontakte zu schließen, reicht eine unernste Frage nach getaner Bootsfahrt: die nach dem Fußweg in die Innenstadt. In vierzig Kilometer Entfernung liegt der Zócalo, das grandiose Zentrum nicht nur der Hauptstadt, sondern - symbolisch - des ganzes Landes. Und siehe da, die Gastfreundschaft speziell gegenüber Gästen vom europäischen Kontinent (deren Minderheitenstatus wahre Wunder wirkt), lässt schnell eine Traube von Passanten entstehen, die voller Ernst eine lange Linie über den Stadtplan ziehen. Von einem Siegerlächeln quittiert, endet sie in der Innenstadt.

Macht Mexico D.F. aus Touristen multiple Persönlichkeiten, die im Minutentakt wechselweise hohe Anziehung und Abscheu für die Metropole fühlen? Manchem Gast scheint die Hauptstadt der hassenswerte Großstadtsumpf schlechthin, urbaner Alptraum, der stets verlangt, auf der Hut zu sein. Was nicht übel zu nehmen ist, denn es gibt wenige Orte, die Erholung dermaßen torpedieren wie Mexico D.F. Und nahtlos schließt sich die Liebeserklärung an: Die Metropole bezaubert durch ihren bei aller Hektik gelassenen Lauf der Dinge. Mensch tritt auf die Bremse. Wo unangenehm auffällt, wer unter einer Viertelstunde zu spät kommt, wo Linienbusse pausieren, um dem Fahrer ein kurzes Hallo am Straßenrand zu ermöglichen, wo Piloten von Aeroméxico auf Anfrage ängstliche Passagiere im Cockpit befördern, wundert sich niemand über skurrile, zeitraubende Fragen, erst recht in Kombination mit einem Akzent, dem das rollende „r“ nie so recht gelingen will. Inmitten der letzten Gebäudeskelette vom gewaltigen Erdbeben 1985 mit zehntausend Toten, einer Quote von vierzig Prozent der Bevölkerung unter der Armutsgrenze und dem Zuzug von jährlich rund einer Million Menschen, verströmen die *capitalinos*, die Hauptstädter, ein geruhsames Motto: „Nichts läuft weg.“

Rex Gildo sei Dank

Naturgewalt vor der Rückreise: Eine Autostunde vom äußeren Rand der Hauptstadt entfernt, thront mit über 5.400 Metern der legendäre Vulkan Popocatépetl, ein Wort, das auszusprechen wärmstens empfohlen sei. Seine Bedeutung: der Rauchende Berg. Wie der benachbarte Vulkan Iztaccíhuatl, die Schlafende Frau, ist er bei klarer Sicht mit bloßem Auge von Mexico D.F. aus zu erkennen. Bei seinem letzten Ausbruch im Jahr 2000 schaffte er es wegen Rauchschwaden bis in acht Kilometer Höhe sogar in die europäische Presse. Wer den Kitzel des Vulkans aus nächster Nähe braucht, macht sich auf in die Studentenstadt Puebla, die auf mexikanischem Terrain verkörpert, was von fast weltfremder Idylle geprägte Städte wie Heidelberg für Gäste aus aller Welt darstellen: Keramikkacheln zieren Haus um Haus, die örtliche Polizei geht im schwarzen VW-Käfer auf Streife.

Pierce Brosnan, in seiner Eigenschaft als Schönling, Held und Womanizer in einer Person ein ideales lesbisches Rollenvorbild, turnt im Katastrophenfilm *Dante's Peak* als Vulkanologe Harry Dalton Vulkan hoch, Vulkan runter. Die Großmutter muss im Lavastrom sterben, etliche Haus- und Feldtiere verglimmen kläglich. Der Streifen, der auf Leinwänden im Spreewald, Rheinland oder der norddeutschen Tiefebene kaum Nervenkitzel erzeugt, sorgt in Fahrradnähe zum Popocatépetl kurzfristig für grimmige Entschlossenheit, eilends den Heimflug anzutreten, ehe die Lava rollt. Aber Obacht vor vorschnellen Entscheidungen. Bei der Rückkehr nach Deutschland bliebe einzig Rex Gildos *Fiesta Mexicana* als Trost. Oder der Geschmack von Maggi in „Tex-Mex"-Fertigprodukten. Was aller Lava zum Trotz doch den nächsten Anflug über die Stierkampfarena hinweg zum Ziel Benito Juárez garantiert.

Story of Another Chinese Ghost

Axel Krämer

HONGKONG

Story of Another Chinese Ghost

Axel Krämer

Noch haben Lei Kam On und ich kein Wort miteinander gewechselt. Aber er verfolgt mich schon seit einer Viertelstunde auf meinem Bummel durch die Straßen Hongkongs. Bis gerade eben dachte ich noch, wir hätten vielleicht nur zufällig denselben Weg. Doch jetzt bin ich mir sicher, dass er hinter mir her ist.

Ich bleibe vor einem Calvin-Klein-Laden stehen, will ihn abpassen und nach etwas ganz Harmlosem fragen. Zum Beispiel nach dem Weg zur Bank of China, einem imposanten Hochhaus aus Stahl und Glas, das manche spöttisch „Deng Xiao Pings letzte Erektion“ nennen.

Da sehe ich sein Spiegelbild im Schaufenster, er kommt um die Ecke. Auf ihn!

Doch was soll das denn? Als ich einen Schritt auf ihn zugehe und dazu ansetze, ihn anzusprechen, macht er eine ausweichende Bewegung und eilt achtlos an mir vorbei.

Verblüfft schaue ich ihm noch ein paar Sekunden nach und denke: „Schade, das war es dann wohl.“ Im letzten Moment fällt mir auf, dass er wieder ein langsameres Tempo einlegt, den Kopf dreht und mir einen eindeutig auffordernden, ja fast schon provozierenden Blick zuwirft. Schüchtern ist was anderes.

Aha. Ein Spiel. „Katz und Maus“ nennt man das wohl, was er mit mir treibt. Wie umständlich. Also gut, dann spiel ich eben mit. Vielleicht ist das ja hier so Sitte unter Schwulen.

Ich folge ihm zur nächsten Shopping-Mall. Dort setzt er sich auf eine Bank und zündet sich eine Zigarette an. Auf ein Neues!

Ich setze mich neben ihn, doch in diesem Moment steht er wie von der Tarantel gestochen auf und läuft weiter. Ich bin noch total perplex, da dreht er nach ein paar Schritten erneut den Kopf nach mir um.

Das kann doch nicht wahr sein!

So ähnlich geht das also eine ganze Zeit lang weiter. Fast eine Stunde. Es wundert mich selbst, woher ich die Geduld nehme. Immer wieder denk ich: „Lass gut sein, das bringt doch nichts." Aber andererseits sagt eine Stimme in mir: Irgendetwas knistert gewaltig. Find heraus, was es ist!

Nein, eine *Rice Queen* muss man nicht sein, um ihn attraktiv zu finden. *Rice Queens* – so werden in den USA jene Schwulen genannt, die speziell auf asiatische und zumeist grazile, feminine Jungs aus sind. Aber Lei entspricht schon allein wegen seiner Größe und den breiten Schultern nicht dem Klischee. Er hat einen sportlich federnden Gang, der meine Aufmerksamkeit zuerst erregte.

Oder waren es die hundertneunzig Zentimeter Körpergröße? Vielleicht misst er auch nicht ganz so viel, jedenfalls erschien er mir auf den ersten Blick wie ein Riese, wie er da auf einmal aus der wuselnden Menschenmenge herausragte. Der größte aller Hongkong-Chinesen, den ich bis dahin zu Gesicht bekommen hatte!

Zugegeben, das hört sich jetzt dick aufgetragen an, zumal erst wenige Stunden seit meiner Ankunft vergangen sind. Aber das reicht bereits aus, um mich auf das Denken in Superlativen und Zuspitzungen zu programmieren. Eigentlich bleibt einem ja auch kaum etwas anderes übrig, wenn man sich auf das Lebensgefühl der offiziellen Slogans einlässt, die einem als Besucher von allen Seiten um die Ohren gehauen werden.

Es ist wie eine subtile Form von Gehirnwäsche, die bereits bei der Anreise mit Cathay Pacific beginnt. Auf den Monitoren im Flieger flimmert ein Film über Hongkong, in der die Stadt von einer weiblichen Suggestivstimme blumig als „Perle des Orients" beschrieben wird. Ein Ort mit mehr Shopping-Malls als jede andere Metropole auf dem Planeten Erde. Mit der größten Buddha-Statue, der höchsten Bevölkerungsdichte und gleichzeitig der geringsten Kriminalitätsrate der Welt, höre ich die Stimme eindringlich sagen. Und dem besten Hotelstandard, den zu übertreffen bislang keine andere Mega-City geschafft habe. Allein die Rekorde, die in wenigen Minuten aufgezählt werden, müssten schon ausreichen, um ein Guinness-Buch zur Hälfte zu füllen. Es verfehlt seinen Zweck nicht: Irgendwie fühle ich mich schon vor Ankunft eingeschüchtert und berauscht von all den Höchstleistungen, die mich da erwarten. Das legt sich allerdings schlagartig beim Anflug auf den alten Flughafen Kai Tak in der Innenstadt.

Weil unzählige Gebäude unter der Anflugschneise bedrohlich weit in die Höhe ragen und sich gerade ein Taifun zusammenbraut, gerät das Landemanöver zum Abenteuer. Ein Schlingerkurs am oberen Rande der Straßenschluchten, fast wie im Showdown eines James-Bond-Films. Nervöse Passagiere wie ich werden allerdings von den freundlichen Stewardessen mit dem Hinweis beruhigt, dass die Piloten der Hongkonger Airlines selbstverständlich die bestausgebildetsten der Welt seien.

Später erwische ich einen Taxifahrer, der mir stolz von der größten Hängebrücke der Welt erzählt, die gerade in Bau sei und zum neuen Flughafen in Lantau führe. Dieser werde nach Fertigstellung der weltweit größte sein, sagt er. Zumindest mit den meisten Passagieren im Jahr. Er dreht während der Fahrt ständig seinen Kopf zu mir, hebt beim Sprechen belehrend den Zeigefinger und nickt kurz zweimal hintereinander, wenn er einen Satz beendet hat. Wie ein Hypnotiseur.

„Renn nicht gleich wieder weg, ich will mich mit dir unterhalten!"

Meine Geduld ist inzwischen ein wenig überfordert. Gerade eben hab ich mich neben Lei gesetzt, und schon macht er wieder Anstalten, weiterzumarschieren. Diesmal hab ich Glück: Nachdem er gerade aufgestanden ist, bleibt er stehen, schielt vorsichtig zu mir rüber und setzt sich wieder neben mich. Wir schweigen uns ein paar Sekunden lang an.

Ich weiß nicht mal, ob wir immer im Kreis gelaufen sind oder ob der gesamte Citybezirk von Shopping-Malls durchzogen ist. Jedenfalls scheinen alle Gebäude miteinander über klimatisierte Fußgängerbrücken verbunden zu sein. Von da aus lassen sich die Straßen aus der Vogelperspektive beobachten. Kein Passant zu sehen dort unten. Nur Autos im Schritttempo. Unter ihnen viele Luxuslimousinen. Später wird Lei mir erzählen, dass hier die höchste Rolls-Royce-Dichte der Welt herrscht. Weiter oben schlängeln sich die Rampen der Highways durch die Stadt, Busse und Straßenbahnen fahren auf separaten Spuren. Das Zentrum von Hongkong ist eine einzige Trennung und Schichtung unterschiedlicher Verkehrsströme, eingebettet zwischen gigantischen Häuserschluchten, in denen mehr Leuchtreklame blinkt als in Las Vegas und Manhattan zusammen. Ein Bild wie aus einem Science-Fiction-Film.

„Wo kommst du her?", erkundigt sich Lei. Er scheint danach mehr aus Höflichkeit denn aus Interesse zu fragen.

Was ich bislang von Hongkong gesehen habe, möchte er wissen.

„Den Flughafen!"

Ich merke, dass das ein gutes Stichwort ist.

„Weißt du, dass wir gerade einen neuen auf einer künstlichen Insel mitten im Meer bauen?", fragt er nicht ohne Stolz. Dafür schütte man gerade Millionen von Tonnen Erde auf. Er zählt ein paar Touristenattraktionen auf. Während meines Aufenthalts dürfe ich auf keinen Fall die längste Rolltreppe der Welt verpassen. Sie führt von der dicht bebauten City ein Stück weit den Berg hoch, den die englischsprachige Bevölkerung knapp „The Peak" nennt. Von seinem fünfhundert Meter hohen Gipfel hat man einen Blick auf, wenn schon nicht die höchsten, dann doch aber die meisten Wolkenkratzer der Welt.

Und, tatsächlich, es ist eine wirklich sensationelle, eine überwältigende und gleichzeitig auch beunruhigende Perspektive, die sich von hier oben eröffnet. Man bekommt eine Ahnung von der wirtschaftlichen Dynamik und der Zukunftseuphorie des fernen Ostens. Kein Haus zeugt noch von den Anfängen der britischen Kronkolonie, kein Gebäude scheint älter als ein paar läppische Jahrzehnte zu sein, auch wenn manche von ihnen in erbärmlichem Zustand sind. Jede Erinnerung aus Stein ist hinweggefegt und mit durchschnittlich dreißig Etagen aus Glas und Stahlbeton überbaut worden. Überall wachsen neue Türme mit Baugerüsten aus Bambus empor. Von Geschichte keine Spur. Dagegen sieht selbst das neue Europa steinalt aus.

Und die Dynamik der schwul-lesbischen Subkultur? Auf einer einschlägigen Internetseite heißt es beschönigend, Hongkong habe die jüngste Homobewegung der Welt. Das klingt nach Schwung,

Elan und Jugendlichkeit . Doch gemeint ist damit vielmehr, dass sich in dieser Hinsicht bis vor kurzem so gut wie gar nichts bewegt hat. Inzwischen gibt es eine Organisation, die sich gegen gesellschaftliche Diskriminierung zur Wehr setzt. Doch, ehrlich gesagt, „Chinesische Gesellschaft zur Erforschung sexueller Minderheiten" hört sich beinahe so unbestimmt und distanziert an wie „Wissenschaftlich-humanitäres Komitee". Eben wie Europa vor über hundert Jahren. Die Emanzipation der Schwulen und Lesben steckt tatsächlich noch in den Kinderschuhen.

In der ganzen Flut des neonglitzernden Nachtlebens von Wan Chai – so heißt das durch die Geschichte der ehrbaren Hure Suzie Wong berühmt gewordene Rotlichtviertel – soll es auch eine Hand voll einschlägiger Bars, Clubs und Kneipen für Schwule geben. Allerdings haben sie einen schlechten Ruf. Auch unter denen, die eigentlich zum Zielpublikum gehören. Wie zum Beispiel Lei Kam On.

„Mit dieser Szene hab ich nichts zu tun", sagt er in einem Tonfall, dessen Strenge mir zu verstehen geben soll, bloß nicht weiter in diese Richtung zu bohren.

Wir sitzen nun seit einer Weile in der Croissanterie einer Shopping-Mall und unterhalten uns über Restaurants in Hongkong. Mit der Frage nach den schwulen Treffpunkten wollte ich ihm ein wenig näher kommen. Das war offenbar ein Fettnäpfchen. Auf einmal sieht sein Gesicht wie eingefroren aus. Er macht ohnehin schon die ganze Zeit über einen eher unterkühlten Eindruck.

Dann schlägt er vor, mich durch die Stadt zu führen. Prima Idee, finde ich. Er zeigt mir Aussichtspunkte und Plätze, die nicht im Reiseführer stehen. Märkte, die auch als Schlachthäuser dienen und an den Ständen glacierte und gebratene Kreaturen feilbieten, von denen man nicht immer wissen möchte, zu welcher Gattung sie eigentlich gehören. Auf dem Rundgang erfahre ich nebenbei auch ein paar persönliche Dinge über Lei, der gerade achtundzwanzig Jahre alt geworden ist.

Wir kommen an dem imposanten Bürohochhaus vorbei, in dem er als China-Vertreter für eine italienische Handelsfirma arbeitet. Und an seiner alten englischen Schule, wo er auf den Namen Bob getauft wurde. Alle Schüler bekamen dort einen englischen Namen. Damit sich die britischen Lehrer nicht die Zunge abbrechen mussten, sagt Lei. Und bietet mir schüchtern lächelnd an, ihn Bob nennen zu dürfen, wenn ich wolle. Als wäre Lei schwierig auszusprechen oder im Gedächtnis zu behalten!

Dass der Brauch an seiner Schule mit Kolonialgeist zu tun hatte, glaubt Lei jedoch nicht. Ohnehin gehört er zu jenen Hongkong-Chinesen, die sich auch nach der Rückabwicklung der britischen Besetzung immer noch begeistert zum Westen bekennen. Auch wenn man ihm das nicht auf den ersten Blick ansieht – im Unterschied zu einigen Einheimischen aller Generationen, die sich Schildmützen mit Micky-Maus- oder Pluto-Ohren aufsetzen und so durch die Straßen rennen, weil das offenbar als cool gilt. Von ihnen gibt es alleine im Citybezirk Victoria mehr als in Disney World.

Nein, Lei ist wie ein Businessman gekleidet, mit Krawatte und Anzug. Aber das liegt daran, dass er vorhin noch im Büro war. Gleich ist er zum Basketballtraining verabredet. Er schreibt die Telefonnummer meines Hotelzimmers auf und verspricht, sich am anderen Tag zu melden. Ein Lächeln bekomme ich zum Abschied aber nicht.

Von dem höre ich wahrscheinlich nie wieder, schießt es mir durch den Kopf.

Ein Irrtum.

Drei Tage lang trifft sich Lei nach Feierabend mit mir und zeigt mir die Stadt. Ruhige Oasen, in denen vorwiegend ältere Einwohner ungestört ihren Tai-Chi-Übungen nachgehen; der berüchtigte Stadtteil Mong Kok, in dem man für wenig Geld ein umgittertes Etagenbett in heruntergekommenen Hochhäusern mieten kann; das berühmte Apartmenthaus in der Repulse Bay, in dessen Mitte ein großes rechteckiges Loch klafft, damit nach alter Feng-Shui-Regel der Berggeist hindurchfegen kann.

Lei gibt sich sehr viel Mühe mit mir, bleibt letztlich aber immer distanziert, das Gesicht in der Regel eine Maske. Stets verabschiedet er sich nach ein paar Stunden und kehrt zurück in die Wohnung, in der er mit seinen Eltern lebt. Am letzten Abend vor meinem Abflug gehen wir in ein Shanghai-Restaurant essen. Er führt mich hin, weil dort eine jahrtausendealte Pasta-Spezialität zubereitet wird, deren Rezeptur Marco Polo angeblich nicht in Europa verbreitete. Wenn Lei mit seiner Behauptung richtig liegt, dann muss die Nudel wohl zu einem späteren Zeitpunkt von einem Schwaben exportiert worden sein. Mir ist die Sorte nämlich unter dem Begriff „Spätzle" bekannt.

Nach einem Bummel an der Promenade von Tsim Sha Tsui, gegenüber der City-Skyline von Victoria, will ich mich von ihm verabschieden.

„Warum lädst du mich nicht in dein Hotel ein?", fragt er ganz formal und ohne Anzeichen irgendeiner Emotion. Es klingt nicht wie eine Verführung, sondern wie eine höfliche Frage unter Geschäftsleuten: Warum prüfen Sie nicht einmal ganz unverbindlich unsere Hoteloption?

Trotzdem ist die Frage unverblümt, und das verblüfft mich. So einen direkten Schritt hätte ich ihm nicht zugetraut. Damit hat Lei meine Neugier nach mehr geweckt. Die innere Stimme in mir meldet sich wieder zu Wort und behauptet, dass man sich Männer, die für Überraschungen gut sind, auf keinen Fall durch die Lappen gehen lassen sollte.

An der Rezeption im Hotel wechselt Lei mit der Empfangsdame ein paar Worte auf Chinesisch. Eigentlich darf ich um diese Zeit keinen Besuch mehr mit aufs Zimmer nehmen, aber Lei dreht es natürlich so hin, als ginge es um etwas Geschäftliches. Nicht eine Sekunde fürchte ich, dass man ihm sexuelle Absichten unterstellen könnte.

Dann gehen wir nach oben.

Kaum, dass die Tür meines Zimmers ins Schloss fällt, ist Lei wie eine andere Person. Oder zumindest wie jemand, der erst jetzt sein wahres Gesicht zeigt. Seine Körperhaltung entspannt sich, die Augen beginnen zu strahlen, er lächelt, albert herum, kommt mir näher, fängt an, mich zu kitzeln und zu küssen, fragt mich neugierig nach Dingen, die ihn zuvor scheinbar nicht interessiert hatten, und offenbart auf einmal eine Herzlichkeit, wie ich sie bei ihm nicht vermutet hätte. Von Verklemmung, Schamhaftigkeit oder gar Selbsthass keine Spur!

Die Begegnung erlebe ich in den folgenden Stunden sehr viel intimer als alle vergleichbaren One-Night-Stands, die ich bislang hatte.

Und ich bin mir nicht sicher, ob die Intensität des Gefühls, die mich an diesem Abend überwältigt, alleine der Überraschung durch das Unerwartete entspringt. Vielleicht ist es auch die seltene Erfahrung, mit jemandem gemeinsam eine Grenze zu überschreiten – die Grenze zwischen einer öffentlichen und einer intimen Sphäre, die in westlichen Ländern längst der Vergangenheit angehört. Eine Grenze, die in unserer Kultur vom Drang zur Selbstentblößung unwiederbringlich hinweggespült wurde.

Wien
Ein Lesbentraum

Karin Rick

WIEN

Wien
Ein Lesbentraum

Karin Rick

Lesben sind immer und überall. Dieser Slogan sollte, als Werbung auf Straßenbahnen montiert, ganz Wien beglücken, was die damit beauftragte Plakatfirma trotz gerichtlicher Entscheidungen bis heute hartnäckig verhindert hat. Ebenso hartnäckig jedoch infiltrieren Lesben das Stadtleben, den öffentlichen Raum. In Wiens Straßen, Gassen, Cafés und Geschäften sind immer mehr Händchen haltende, einander küssende Frauen zu finden. Am sichtbarsten wurde dieses Phänomen bei den wöchentlichen Donnerstagsdemonstrationen gegen die schwarz-blaue Regierung im Jahr 2000. Seit damals hat es sich nur noch verstärkt.

Ich bin eine fanatische Wienliebhaberin.

Woanders leben könnte ich höchstens auf Zeit. Der Arbeitstrott mit vierzig Wochenstunden in einem Büro ist nur in Wien keine Folter, denn die Möglichkeiten, am Nachmittag noch in die Wälder oder auf Wiesen zu verschwinden, sind unzählig. Und schnell hast du die Stadt hinter dir gelassen. Auch ohne Auto. Fast jede Straßenbahnlinie Richtung Norden hat ihre Endstation am Hang des Wienerwaldes. Auf beschilderten Wegen kommst du in ein Aussichtsrestaurant mit Blick über die Stadt. Mehr als zwanzig Minuten Fahrzeit vom Zentrum brauchst du dafür nicht.

Trotz dieser Durchdringung mit Natur ist Wien seit Jahrhunderten Großstadt und prägt damit den lesbischen Lebensstil. Eine kleine Metropole zwar, die sich erst in den letzten Jahren nur widerwillig mit Menschen und Verkehr füllt, aber dennoch. Das imperiale Wien ist mit seinen Prachtbauten und großzügigen Plätzen überall präsent, in der Ästhetik einer alten Residenzstadt höchstens noch mit Paris vergleichbar. Die Innenstadt stellt das größte homogen erhaltene barocke Bauensemble der Welt dar. Man stolpert also von einem traditionsbehafteten Gebäude zum nächsten. Am 24. Dezember treffe ich meine Freundinnen päckchenbeladen beim Meinl am Graben, dem Wiener Gourmettempel, um vor der stressigen Bescherung mit der Familie schnell noch einen Prosecco zu trinken.

Die Besucherin aus Berlin oder Madrid möchte in die k.u.k. Hofbäckerei Demel am Kohlmarkt oder in die Sacherbar, Ecke Kärntnerstrasse ausgeführt werden. Zu Fasching öffnen fast alle Stadtpalais ihre Pforten zum Tanz. Auch der lesbisch-schwule Regenbogenball spielt sich jährlich in einem illustren Fin-de-Siècle-Ambiente des Hotel Hübner beim Schloss Schönbrunn ab. Eine Freundin von mir, die extra aus Schottland angereist kam, hatte sich für diese Festivität eigens einen Frack nähen lassen.

Jede Jahreszeit in dieser Stadt bringt Lesben Sinneslust. Wenn im Prater wieder einmal die Bäume blühn, wie das Wienerlied so treffend formuliert, dann joggen lesbische Freizeitsportlerinnen die so besungene, mit weißen und rosa Kastanienkerzen gesäumte Prater-Hauptallee zum „Lusthaus“, und weiter zu den Auen mit ihren verborgenen, unbeweglichen, blütenübersäten Gewässern, wo nur hie und da ein umgestürzter modriger Stamm das flotte Tempo der Läuferin behindert. Noch schöner aber ist der Sankt Marxer Friedhof, wo frau vor lauter duftenden Fliederbüschen die Gräber nicht mehr sieht und schnell mal in lasziver Umarmung mit der Geliebten verweilen kann, da sich nur wenige Besucher dorthin verirren.

Der Sommer: Meer haben wir in Wien leider keines, dafür aber Strände in Hülle und Fülle. Da ist zuerst einmal die Neue Donau, wie die in den Siebzigern gegen Hochwasser angelegte Entlastungsrinne genannt wird. Pures Grundwasser auf zwanzig Kilometer Länge parallel zur richtigen Donau; die Uferböschungen werden von der Stadtbevölkerung als Strand genutzt – im Sommer von dreihunderttausend Menschen, deren Zahl sich in der Weite des Gebietes verliert.

Natürlich wird auch nackt gebadet. Wiens Freikörperkulturtradition geht auf den Beginn des zwanzigsten Jahrhunderts zurück, und daher gibt es ein Nudistengebiet an der Neuen Donau. Gerade dort ist der Lesbentreffpunkt angesiedelt. Unter Pappeln, am Beginn des FKK-Bereiches oder auf den Bänken der Kantine Uferhaus kann frau täglich Frauen aus der Szene antreffen und sich von ihren Reizen überzeugen, bevor sie sie am Abend in der Disco wieder sieht. Weitaus schwieriger ist es, sich in der nahe liegenden Aulandschaft der Lobau mit ihren alten Donauarmen und Tümpeln zurechtzufinden. Schon gar nicht sollte frau sich dort verabreden und dann versuchen, die Angebetete unter den nackt an wogenden Weidenbäumen hingegossenen Frauenkörpern auszumachen. Das ist chancenlos und könnte als dreister Voyeurismus gedeutet werden.

Wenn einer die Entlastungsrinne zu geradlinig und die Lobau zu wild ist, kann sie sich an die Alte Donau begeben, der größte noch erhaltene, alte Seitenarm der Donau. Das Strandbad Gänsehäufel, eine Errungenschaft des „Roten Wiens" der zwanziger Jahre, nimmt eine ganze Insel in der Mitte des Gewässers ein und ist für eine öffentliche Freizeiteinrichtung erstaunlich weitläufig. Auch an den heißesten Tagen und insbesondere unter der Woche sind auf den Liegewiesen ruhige Plätze zu finden. Im FKK-Bereich trifft sich die linke Kultur- und Politszene, sowohl hetero als auch lesbisch, schwul, bi und trans. Im Gänsehäufel gibt es auch die so genannten Ganzjahreskabinen, die von Generation zu Generation weitervererbt werden, ein Wiener Unikum. Es ist wert zu beobachten, wie sich deren Besitzerinnen und Besitzer täglich dort einrichten, als säßen sie vor ihren Luxusvillen.

Menschenscheue Frauen wie ich gehen nicht oft in ein öffentliches Bad, sondern mieten sich mit der Partnerin ein Tretboot, schon deshalb, weil darauf erotische Spiele unbeobachtet vonstatten gehen können. Sollte eines der zahlreichen Segelboote zu dicht vorbeigleiten, genügt ein Handtuch, um das Treiben der flinken Finger an erogenen Zonen vor neugierigen Blicken zu verbergen.

Der Bootsverleih liegt direkt neben der U-Bahn-Station Alte Donau, zehn Minuten vom Stadtzentrum entfernt. Zu empfehlen insbesondere am Freitagnachmittag: Wenn alle anderen mit dem Auto die Stadt ins Wochenende verlassen, gleitest du geruhsam dahin und kannst in der Ferne den Stau auf der Südosttangente beobachten. Die Alte Donau ist ein anachronistisches Stückchen Wien, und niemand weiß, wie sie weitere Neuerungen der Stadtgestaltung unbeschadet überleben wird. Die Badehüttchen mit ihrem winzigen Stück Seegrund, einst belächelt, jetzt aber Millionen wert, ducken sich ans Wasser, dahinter die mächtige Skyline der UNO-City und die Hochhäuser, die in den letzten Jahren bei der Überplattung der Donau-Uferautobahn entstanden sind. Gartenidylle neben Bauwahnsinn.

Wenn ich in der Ufertaverne Hofbauer auf einem Holzsteg direkt am Wasser sitze, einen Bootsspieß esse und zuschaue, wie der Himmel langsam weniger durchsichtig, dafür aber konsistenter nachtblau wird und das Wasser in einträchtiger Spiegelung des Horizontes sich ebenfalls dunkel färbt, könnte ich glauben, dass ich an einem See in Kärnten oder in der Steiermark bin, und nicht in der Millionenstadt Wien. Nur die U-Bahn, die hier überirdisch über eine Brücke geführt wird, holt mich in die Realität zurück. Periodisch ist ein leichtes Donnern zu vernehmen, und wenn ich den Kopf hebe, sehe ich, wie die Lichterketten ihrer Fenster über das Wasser streifen.

Manchmal aber rückt mir die Stadt doch zu sehr zu Leibe, und ich muss sie schnell verlassen. Ich packe Proviant, Badesachen und den Surfanzug ins Auto, schnappe meine Freundin, und wir fahren an den Neusiedlersee. Die Fahrt geht über die Flughafenautobahn, an flachem, glattem Land, an gelben Feldern vorbei. Die Pappeln und Birken am Straßenrand sind windgeschüttelt, sie zeigen die silberweiße Unterseite ihrer Blätter und machen das Sommergefühl intensiver. Bald wird der See erreicht sein, er ist ja nur fünfzig Kilometer von Wien entfernt. So nahe, dass sein Schilfgeruch manchmal sogar in der Stadt zu spüren ist. Oder bilde ich mir das nur ein, weil mein Verlangen, dort zu sein, so heftig ist?

In der dampfigen Hitze des Wagens, der über keine Klimaanlage verfügt, werden wir übermütig. Sie zieht mir das T-Shirt über die Brüste hoch, um diese gleich darauf mit den Händen vor dem Fahrtwind zu schützen – oder ihre Finger an meiner schweißnassen Haut abzukühlen, je nachdem. Die Fernlastfahrer sitzen zu hoch oben, die Mercedeslenker fahren zu schnell an uns vorbei, um auch nur eine Ahnung von dieser Szene zu haben. Das finden wir noch vergnüglicher.

Wir sind nicht die Einzigen, wie es scheint, die gerade auf dieser Autobahn zu solchen Spielen verführt werden.

„auf der fahrt zum flughafen
deine linke hand
wieder zwischen meinen beinen.

ich jedoch lenke mit beiden händen,
obwohl diesmal kein seitenwind bläst.

meine beine aber mache ich breit.
den linken fuß weitab vom kupplungspedal
lasse ich dich gewähren."

Dieses Gedicht von Helga Pankratz aus *long distance* schildert die beiläufige Selbstverständlichkeit sexueller Handlungen, wenn im Austausch zweier Liebender Intimität nur eine Sprache von vielen ist.

Der Neusiedlersee ist ein Steppensee an der Grenze zu Ungarn. Dreihundert Sonnentage im Jahr, so die Plakatwerbung. An seinen schilfgesäumten Ufern ist für mich unendliche Weite erfahrbar. Und entweder du fetzt auf dem Surfboard mitten in die goldene Sonnenbahn hinein, die bei Starkwind aufgeraut gleißend die Augen blendet, oder du ruderst bei Windstille in den See hinaus und beoachtest die Schwärme von Schwalben, Störchen und Staren, die ihr Nachtquartier suchen, während die Sonnenbahn zu einem glühenden Faden auf der spiegelglatten Seeoberfläche wird. Ich erinnere mich an einen Augustabend, an dem der Steg der Surfschule, die unerwartet früh schloss, für mich und meine Freundin zum Liebesnest unter Sternen wurde. Eine Stunde vorher standen noch alle mit der Bierflasche in der Hand neben den Brettern und Segeln, plötzlich waren wir allein, und außerdem war es unser zehnter Monatstag, das heißt, wir fickten einander in den dreihundertfünften Tag unseres jungen Verliebtseins hinein.

Der Herbst in Wien kann quasi nur in den Weinbergen auf den Flanken des Kahlenberges oder auf den Hügeln über den ehemaligen, jetzt eingemeindeten Winzervororten Grinzing und Sievering verbracht werden. Eine überdurchschnittlich hohe Anzahl an Lesben wurde bei Wanderungen auch auf der Rax gesichtet. Das ist der Hausberg der Stadt, eine Stunde mit dem Auto entfernt, ein zweitausend Meter hoher Plateauberg mit Hochgebirgscharakter.

Und Lesben scheinen dort lieber zu verkehren als auf Golfplätzen oder in Wellnesshotels. Da wird auf Hütten übernachtet oder in Alpengasthöfen, wo der Anteil an Lesben im Abendrestaurant bis zu fünfzig Prozent betragen kann, da wird das Kurtheater in Reichenau am Fuße der Rax besucht, wo frauenliebende Schauspielerinnen Hauptrollen spielen.

Lesbischer Winter. Die Möglichkeiten des Outdoorsex in Wien sind wegen der Temperaturen beschränkt, obwohl ein kälteresistentes Pärchen angeblich am siebenten November 2002 beim Denkmal der Kaiserin Elisabeth im Volksgarten gesichtet wurde, als es sich knapp vor der Ankunft einer japanischen Touristengruppe im Stehen einen Quickie erlaubte.

Ansonsten wird frau gesellig und treibt sich in Caféhäusern, den verlängerten Wohnzimmern der Wienerinnen herum. Mein Stammcafé ist, beruflich bedingt, das Eiles. Es liegt in der Josefstadt, einem bürgerlichen Wiener Bezirk in Rathausnähe, wo ich arbeite. Etwas heruntergekommen, weil die Renovierung, die dem Lokal hässliche, braungefärbte Zwischenbögen am Plafond beschert hat, nun auch schon zwanzig Jahre zurückliegt. Der Kaffee im Eiles ist scheußlich, schmeckt nach nichts und verursacht trotzdem tagelang Sodbrennen. Von Modernitäten wie Café Latte oder Café Macchiato keine Spur. Das Mittagsmenü ist seit der Euroeinführung um zehn Prozent teurer geworden, dafür ist weniger auf dem Teller. Aber ich kriege Spezialitäten, die mich an meine Kindheit der fünfziger Jahre, an die cholesterinreiche Kost meiner Oma erinnern, die just zwei Gassen weiter für mich gekocht hat. Zum Beispiel richtig fette, würzige Augsburger mit Kochsalat und Grösti. Kochsalat – eine Gemüsevariante, die möglicherweise von den Trümmerfrauen erfunden worden ist. Der Tafelspitz im Eiles ist fast so gut wie im Sacher, und der Kellner reserviert mir täglich einen Fensterplatz. Er trägt einen schwarzen Smoking, begrüßt mich mit Handschlag und kriegt feuchte Augen, wenn ich mal vierzehn Tage nicht komme, weil ich in den Urlaub fahre. Das Eiles ist die Hochburg weibweiblicher Herumtreibereien in der Josefstadt, ohne dass es von außen den Anschein hat. Außer mir und mir nahe stehenden lesbischen Nachwuchsphilosophinnen trifft sich hier auch das legendäre Cabinet 9, eine Künstlerinnengruppe, zu der die Chansonsängerin Si.Si, Kaiserin von Europa, die Cartoonistin

Gabriele Szekatsch und die Filmemacherin Mara Mattuschka gehören. Das Cabinet 9 treibt die Vertreter der Wiener Hochkultur durch gezielte Demontage kultureller Formen zur Weißglut. Ihre Performances parodieren Opern genauso wie alle anderen Symbole und Insignien heterosexueller Großbürgerlichkeit. Im Café Eiles werden die Drehbücher dazu geschrieben, die Ausstellungen ausgetüftelt. Ein klassischer Caféhausbesuch braucht schon deshalb so lang, weil ich von Tisch zu Tisch gehend aus dem Grüßen nicht herauskomme.

Das Café Willendorf hingegen weckt in mir nostalgische Erinnerungen an die Zeiten meines Coming-out. Es gehört zur Rosa Lila Villa. Ehemals besetzt, dann, nach hartnäckigem Ringen mit der Stadtverwaltung mit öffentlichen Förderungen restauriert, ist es das einzige Lesben- und Schwulenhaus weltweit, auf dessen Fassade in großen Lettern draufsteht, was drin ist. Und da es an einer Hauptverkehrsader gelegen ist, kommt jeder, der vom Westen ins Zentrum fährt, daran vorbei und weiß sofort, was in Wien Sache ist. Die legendären „Villafeste", in denen meist ein Jubiläum irgendwelcher Art gefeiert wird, sind so gut besucht, dass ich sie erst nach vier Uhr früh aufsuche, vorher droht Erdrückungsgefahr.

Gleich ums Eck nistet das Orlando, und ich mag es, weil es den Charakter eines typischen Wiener Beisls trotz lebhafter Renovierung (lachsfarbene Wände, metallisch spiegelnde Bar, Videoscreen) weitgehend beibehalten hat. Wirklich legendär sind jedoch die Jahresfeste des Orlandoteams. Sie finden allerdings nicht im Orlando selbst, sondern an anderen exquisiten Orten statt, wo die Lesbenszene sich sonst nicht trifft: im plüschigen Ambiente des Striplokals Moulin Rouge, im Jugendstilfestsaal des Sanatoriums Steinhof, in der Meierei Stadtpark, ansonsten beliebter Treffpunkt der Wiener Clubbingszene.

Nostalgie weckt auch das Frauencafé. Ein kleiner Raum mit Wohnzimmeratmosphäre, der je nach Betreiberin unglaubliche stilistische Mutationen erlebte. Für mich, als frisch Geoutete, war das Betreten des Frauencafés damals, vor vierzehn Jahren, die erste Mutprobe meines Lesbenlebens, so unmittelbar steht frau beim Öffnen der Tür *in medias res*, sprich ohne Vorwarnung, gleich mitten im Raum und wird von den taxierenden Blicken der Stammkundinnen verfolgt. Ich war drauf und dran, vor lauter Schreck lieber wieder auf die Straße und in ein harmloseres Heteroleben zurückzutaumeln.

Immer wieder versuche ich mein Glück im sogenannten FZ-Beisl, und immer wieder denke ich nachher, das war jetzt endgültig das letzte Mal. Die Musik ist grauenhaft, die Luft zum Schneiden, und jeden Moment kann eine übereifrige Aktivistin die Samstagabend-Disco mit einer politischen Aktion unterbrechen. Am Tresen kommt es schon mal vor, dass eine Lippenstift-Lesbe für eine voyeuristische, vergnügungsgeile Hetera gehalten und Ziel anlassiger Sprüche wird.

Das FZ-Beisl liegt im Souterrain des WUK (Wiener Werkstätten- und Kulturhaus). Das ist nicht bloß Europas größtes autonom geführtes Kulturzentrum, sondern auch die einzige Institution dieser Art, in deren Gebäudeflanken ein hart erkämpfter, festungsartiger, efeuumrankter Frauenturm prangt, in den Männer nicht hineindürfen. Achtung: ebenso wenig Transgender-Personen und Trany Boys, sprich Testosteron-Lesben. Die einen waren ja einmal Männer, die anderen sind jetzt so etwas wie. Vergangenes, gegenwärtiges und zukünftiges Geschlecht werden also genauestens unter die Lupe genommen und die „TrägerInnen“ entsprechend aussortiert.

„Mein Lieblingslied muss ein Walzer sein.“ Ohne dieses Motto aus der Kult-Operette *Im weißen Rössl am Wolfgangsee* kommt wohl keine Lesbe in Wien länger als ein Jahr aus, denn spätestens zu Silvester, wenn die Sektkorken knallen und die Glocke des Stephansdoms, die „Pummerin“, das neue Jahr einläutet, muss sie miterleben, dass auf jedem Frauenfest in dieser Stadt der Donauwalzer zu spielen anfängt. Dann wird im Dreivierteltakt herumgewirbelt, ob im Schnee oder auf spiegelglattem Parkett, ob in der Disco oder zu Hause. Und je länger du in Wien lebst, desto geschickter wirst du in der Kunst dieses Tanzes, der bei seiner Entstehung noch als obszön verurteilt wurde, weil sowohl die Klänge als auch die Nähe der Tanzenden zueinander als gefährlich berauschend angesehen wurden. Die Behörden überlegten gar, diesen Tanz zu verbieten. Der Siegeszug des Walzers war jedoch nicht aufzuhalten. Und das Gleiche gilt für die sapphische Liebe in Wien.

Kopfüber im All

Carsten Heider

QUEENSLAND

Kopfüber im All

Carsten Heider

Selbstbetrug

Über Paul gibt es nicht viel zu sagen. Er ist die typische Reisebekanntschaft, wie man sie in einer Berliner Sauna oder auf dem Kölner CSD jederzeit treffen kann. Paul ist groß, blond, hat breite Schultern und schmale Hüften – nichts Besonderes. Er ist der Typ Mann, bei dem man sich freut, wenn man ihm zufällig noch einmal über den Weg läuft.

„Sehen wir uns mal wieder?"

„Hm – klar ..."

„Ich schick 'ne Mail."

„Okay, mach's gut!"

„Du auch ..."

Der Name ist übrigens kein Klischee – Paul heißt wirklich so – und wenn man ihn erst einmal englisch ausspricht, klingt das schon lange nicht mehr so altbacken. Eher nach *Pol*, unbekannt, rau und ziemlich männlich. So wortkarg wie ein Eisbär. Paul, das wurde mir schon bei unserer ersten Begegnung klar, findet es überflüssig, mehr als das Notwendigste mitzuteilen.

Die wenigen Sätze, die wir bisher gewechselt hatten, haben sich tief in mein Gedächtnis eingegraben. Sie klammern sich wie zäher, brauner Rost an meine Assoziationsketten und poppen ab und zu in meinem Bewusstsein auf, wie jene unerwünschten Spiegel-Online-Werbefenster im Internet.

„Bist du aus Berlin?"

„Ja. Und du?"

„Kuranda."

„Oh."

Wo liegt Kuranda? England, Amerika? Eher nicht. Dafür klingt es zu kolonial. Also Afrika? Schon möglich. In einer Quizshow mit Multiple-Choice-Verfahren und vier möglichen Antworten wäre „Uganda" mit Sicherheit eine der Wahlmöglichkeiten. Paul ließ noch ein paar Worte über das angenehme Klima fallen, und Uganda sank auf einen Rangplatz mit niedriger Wahrscheinlichkeit. Er plauderte über die schönen Stunden, die er bereits in der weltweit größten schwulen Ferienanlage verbracht hatte, und ich strich in Gedanken das kleine afrikanische Land aus der Liste der möglichen Lösungen.

Paul, die kleine Sau, ignorierte meine fragenden Blicke und gab sich nicht die geringste Mühe, mir zu signalisieren, dass man nicht unbedingt wissen müsse, wo Kuranda liegt.

Unverkehrte Welt

Drei Wochen, zwei Tage und siebzehn Stunden später weckte mich am frühen Abend eine sonore Stimme: „Guten Morgen. Würden Sie bitte die Rücklehne in eine senkrechte Position bringen!" Schöner Mist: Frühstück verschlafen. „Und schnallen Sie sich bitte gut an. Wir landen down under." Sehr komisch! Nach sechsunddreißig Stunden in verschiedenen Flugzeugen und -häfen, nach Sars-Kontrollen und Terrorangst, haut mich diese Art von Humor nicht gerade vom Foltersessel. Denn Australier hängen nicht mit den Füßen an der Erde und baumeln kopfüber im All.

Und auch Flugreisende würden mit großer Wahrscheinlichkeit nicht beim Aufsetzen der Maschine an die Kabinendecke klatschen, wenn sie nicht angeschnallt wären. Obwohl mich die Vorstellung belustigte. Mich, sieben weitere anschnallmüde Touristen und zwei übergewichtige Banker aus der Business-Class zöge es Magneten gleich in die Rundung. Das Muster der groben Plastikverschalung presste sich in unsere grotesk verzerrten Gesichter. Peinlicherweise würde die blonde Stewardess mit ihrer Gucci-Nagelfeile unser Schicksal teilen. Sie hätte es doch besser wissen müssen. Und währenddessen säße meine Sitznachbarin aus Amsterdam vorbildlich angeschnallt auf ihrem Polster und grinste schadenfroh in ihr Taschentuch.

Aber wir setzten einfach nur auf und rollten aus. *Down under* ist eine Lüge, wahrscheinlich nur erfunden, um die lange Anreise zu rechtfertigen.

Verkehrte Welt

„Und was mache ich dann?"

„Vom Flughafen fährst du eine halbe Stunde nach Norden."

„Okay."

„Und dann folgst du der Beschilderung."

„Kein Problem."

Auf meinen Orientierungssinn bin ich stolz. Einer Küstenstraße nach Norden zu folgen, wenn das Meer den Kontinent in gerader Linie von Nord nach Süd begrenzt, das konnte nicht so schwer sein. Wenn es jedoch etwas gibt, auf das ich nicht besonders stolz sein kann, so ist es meine Angst, mich zu blamieren.

Besonders Paul und seinem Sahnehintern gegenüber fand ich es unangebracht, durch weiteres Nachfragen meine Unsicherheit zu demonstrieren. Denn da war er wieder, der zähe Rost, die mürbe Patina vergangener Satzfetzen, die meine Erinnerung in Gedanken entgleisen ließ.

„Meine Herren! Hart wie Marmor."

„Was?"

„Deine Oberschenkel."

„Dankeschön."

„Und rund wie ein Reithelm ..."

Meine Beine sind nicht ganz so hart wie Marmor und mein Hintern auch leider nicht halb so rund wie ein Reithelm. Das konnte auch Paul nicht entgangen sein. Ich befürchtete wohl, eine weitere Blamage könnte sein Interesse an mir bis zur Unkenntlichkeit schrumpfen lassen.

Die richtige Straße zu finden, war deutlich leichter, als ich befürchtet hatte. Cairns, die Urlaubsmetropole im australischen Bundesstaat Queensland, ist wie ein Schachbrett angelegt. Nord-Süd-Achsen, mit dem parallel dazu verlaufenden Meer, und kreuzende Ost-West-Verbindungen. Zur Mittagszeit müsste ich also nur die Sonne im Nacken haben, um exakt nach Norden zu fahren. Dachte ich.

Eine halbe Stunde später hatte ich den tropischen Regenwald hinter mir gelassen. Ein etwas zu großes Schild am Straßenrand verabschiedete mich aus den *Wet Tropics* – *„See you later"*. So hatte ich mir das nicht vorgestellt, und so hatte es Paul auch nicht beschrieben. Nach weiteren anderthalb Stunden fand ich endlich einen Münzfernsprecher und einen Australier, der bereit war, meine unverschämt großen, frisch erworbenen Banknoten in kleinere Scheine und Münzen für das Telefon zu wechseln.

„Wieso Mission Beach?"

„Das fragst du mich?"

„Du bist in die falsche Richtung gefahren!"

„Das kann gar nicht sein!"

„Du bist in die falsche Richtung gefahren!"

„Aber ich ..."

Das kann ich ja leiden wie Sauerbier. Ich stelle eine mittelmäßig existenzielle Frage. Antwort nicht verstanden! Dann wiederholt mein Gegenüber seinen Satz; selber Wortlaut aber etwas lauter. Australier sind übrigens nicht die einzigen, die das so machen.

Zum Glück war mein Münzgeld inzwischen verbraucht. Ob ich noch mehr wolle, fragte der Wirt, und in seinen Augen rotierten Australische-Pfund-Zeichen. Er ist am Umsatz beteiligt, dachte ich und winkte dankend ab. Was hätte Paul mir noch sagen können? Dass ich in die falsche Richtung gefahren sei? Diskutiere nie mit einem Eisbären. Ich war also in die falsche Richtung gefahren – und ich brauchte eine Landkarte. Oder zumindest eine Idee, wieso die Sonne in den letzten zwei Stunden kontinuierlich in die falsche Richtung gewandert war.

Da mir beides verwehrt blieb, drehte ich einfach um. Ich ließ die Sonne machen, was sie wollte, kämpfte mich im Feierabendverkehr ein zweites Mal durch Cairns und fand eine halbe Stunde später auch den angekündigten Wegweiser nach Kuranda.

Das offene Haus

Als Paul von seinem *open house* erzählt hatte, dachte ich sofort an ein zwei Meter breites Wasserbett, an eine schwule Gemeinde wie auf der US-amerikanischen Ferieninsel Key West, und an

Türen, die gut aussehenden Nachbarn stets offen stehen. Ein reges Sexleben.

„Holla, die Waldfee – das war echt klasse!“

„Danke.“

„Wo lernt man so was?“

„Also – wir leben da unten nicht hinter dem Mond.“

Aber es gab hier praktisch keine Nachbarn. In Pauls Haus gab es nicht mal einen ordentlichen Fußboden. Zwischen den einfachen Dielen konnte man durch schmale Ritzen auf das Erdreich blicken, über dem das Gebäude auf etwa ein Meter hohen Pfählen ruhte. Auf vernünftige Fenster hatte man ebenfalls verzichtet. Der Wind zog auf der einen Seite ungehindert durch offene Lamellen in die Wohnräume und auf der anderen Seite wieder hinaus. Mit ihm kamen etwas welkes Laub, farblose Insekten oder kleine Vögel mit grellem Kopfschmuck.

„Und manchmal auch Schlangen.“

„Oh.“

Das System sei besser als jede Klimaanlage, meinte Paul, koste keine Energie und sei so herrlich unamerikanisch. Im Gegensatz zu Pauls Küche. Doris Day hätte ihre Freude an dem zwei Meter großen Kühlschrank mit Eiswürfelbereiter und dem knapp einen halben Meter breiten Toaster gehabt. Und sie hätte wahrscheinlich ein ähnliches Geräusch wie ich von sich gegeben, als anstelle des Toasts ein bunter Gecko panisch aus dem Schlitz flüchtete. An den folgenden Tagen verzichtete ich vorsichtshalber ganz auf geröstetes Brot. Milch und Müsli erschienen mir sicherer; auch im Interesse kleinerer Lebewesen.

Der Eisbär im Skilift

„Wollen wir nicht noch mal?“

„Keine Chance!“

„Aber ich kann nicht einschlafen.“

„Wie spät ist es denn jetzt in Deutschland?“

„Moment, das muss ich nachrechnen.“

Aber Paul war bereits eingeschlafen. Ich hasse es, wenn Menschen das einfach so können, wann immer sie wollen. Vor allem, wenn ich nicht müde bin und mich noch endlos von einer Seite auf die andere wälze.

Wir waren noch „in die Stadt“, nach Cairns, gefahren und hatten eine kleine Runde durch die Szene gedreht. Eine Bar, in die immer wieder Rucksacktouristen mit ihren Freundinnen schwappten, und eine Disco mit Türsteher, der die Freundinnen aussortierte. Das schwule Leben, lernte ich, spiele sich hauptsächlich am Strand und in den einschlägigen Guesthouses ab. Aber nicht mehr um diese Uhrzeit. Deshalb machten wir uns schon kurz nach Mitternacht wieder auf den Heimweg. Auch nicht schlecht. Wir wussten uns zu beschäftigen.

Gegen vier Uhr morgens sackte ich endlich in einen maroden Halbschlaf. Gerade rechtzeitig, um von einem dumpfen Knall aus dem Wohnzimmer wieder in die Höhe zu fahren.

„Das ist nur Fred – schlaf weiter.“

„Dein Freund?“

„Mein Frosch – schlaf weiter.“

„Wieso hast du einen Frosch?“

„Jeder hat hier Frösche. Fred wohnt im Schlafzimmer.“

„Aha.“

„Hast du die Tür offen gelassen?“

Hatte ich nicht. Rumms. Fred war das auch bereits aufgefallen. Biologisch gesehen war er eine Kröte. So groß wie ein Tischstaubsauger und so fleckig und verbeult wie ein alter Spülschwamm. Da er nicht sonderlich geschickt war oder im Dunkeln nicht wirklich gut sehen konnte, warf er alles um, was ihm im Weg stand. Nachdem ich ihn ins Schlafzimmer gelassen hatte, rammte er noch en passant meine Wasserflasche und kroch die Wand hinauf zu seinem Schlafplatz über den Deckenbalken. Er kam immer um diese Zeit von seinen nächtlichen Streifzügen zurück. Kurz bevor die Sonne mit stoischer Regelmäßigkeit auf der falschen Seite aufging und etwa eine Stunde, bevor der Skilift vor dem Fenster seinen Betrieb aufnahm.

„Liegt hier Schnee?“

„Niemals.“

„Und in den Bergen?“

„Das hier sind die Berge.“

„Wozu braucht man dann eine Gondelbahn?“

Gegen zehn war endlich auch mein Gastgeber erwacht. Aus Angst, er würde sonst nie aus den Federn kommen, hatte ich etwas nachgeholfen und mich mit seinen unwillkürlichen Reaktionen südlich der Gürtellinie beschäftigt. Und da dämmerte es mir: von wegen „südlich". Die Sonne läuft, je nach Jahreszeit, mehr oder weniger auf der Höhe des Äquators. Befindet man sich jenseits davon, also auf der Südhalbkugel, dann zieht sie ihre Bahnen im Norden. Folglich wandert sie nicht von links nach rechts, sondern umgedreht. Und Pauls Morgenlatte spielte sich nördlich der Gürtellinie ab. *Down under* – womöglich doch nicht nur eine PR-Lüge.

Aber in die Sache mit dem fehlenden Schnee brachte diese Erkenntnis kein Licht. Die Gondelbahn führe nicht auf einen Berg, erklärte Paul, sondern über ihn hinweg. Und sie sei auch kein Verkehrsmittel im eigentlichen Sinn, denn man benutze sie um des Fahrens willen.

„Verstehe ich nicht."

„Man fährt hin und wieder zurück."

„Aber wieso?"

„Um sich den Regenwald von oben anzusehen."

Für Paul schien es das Natürlichste der Welt. Welchen anderen Grund könnte man haben, sich in einen Skilift zu setzen? Er meinte, wir könnten ja mal fahren, es sei sowieso an der Zeit, sich von Fred zu trennen.

Dann holte er eine Leiter und fischte die schläfrige Kröte aus dem Gebälk über dem Bett. Er sperrte sie in einen Korb, wie man ihn für den Transport von Katzen verwendet, gab mir ein stummes Zeichen und machte sich auf den Weg aus dem Haus.

Der beste Freund des Menschen

Es war nicht weit bis zur Station der Gondelbahn. Und wegen des leichten Regens waren wir Teil einer nur sehr kleinen Besucherschar. Paul ließ sie links liegen, wie die Kasse, und zog mich an mehreren Aufsehern und Fahrkartenkontrolleuren in beigem Dschungel-Outfit direkt in eine der langsam vorbeirasselnden Gondeln. Man kannte sich offensichtlich, denn nicht nur Paul, auch seine Kröte wurde mehrfach namentlich gegrüßt.

„Mit Skiern wäre es noch schöner."

„So'n Quatsch!"

„War nur 'n Witz. Wieso nehmen wir Fred mit?"

„Wir setzen ihn aus."

Das war jetzt kein Spaß. Man müsse eine Kröte mindestens zwölf Kilometer von Zuhause aussetzen, erklärte Paul, wenn man nicht wolle, dass sie den Weg wieder zurückfindet. Nahe einer Straße wolle er Fred nicht die Freiheit schenken, also fahre er ihn stets mit der Gondelbahn in den Nationalpark.

„Das sollen mehr als zwölf Kilometer gewesen sein?"

„Nein – nur acht."

„Aber dann bringt es doch nichts."

„Ich kann ohne Fred nicht schlafen."

„Aha."

Wir saßen auf einem hölzernen Laufsteg, der an der Mittelstation behindertengerecht eine kleine Runde durch den Urwald schlug. Unsere Beine baumelten über dornigem Gestrüpp, und neben uns veranstalteten bunte Vögel einen Völkermord auf einer belebten Ameisenstraße. Auf der anderen Seite schlug sich Fred ins Unterholz und verschwand schon nach wenigen Schritten aus unserem Sichtfeld.

Paul hatte Angst, seine Kröte könnte sich verpflichtet fühlen, bei ihm zu bleiben. Deshalb schenkte er dem besten Freund des Menschen ein- bis zweimal pro Monat symbolisch die Freiheit. Süß, oder? Von mir gab es dafür jedenfalls einen ausgiebigen Kuss.

Unglaublich

Am Nachmittag wollte sich Paul dem Trennungsschmerz hingeben und etwas am Computer arbeiten. Mir stand nach Strand der Sinn.

„Direkt an der Küstenstraße."

„Okay."

„Nördlich von Cairns."

„Das kriege ich inzwischen hin."

„Und dann in der Kurve rechts, in der kein Schild steht."

„Klingt leicht."

Das war eine Lüge. Ich fand nicht im Geringsten, dass das einfach klang. Aber ich wollte mich nicht gleich wieder blamieren. Also fuhr ich die Küstenstraße einmal in die eine Richtung und dann wieder zurück. Sie bestand praktisch nur aus Kurven, in denen kein Schild stand.

Das liege daran, dass man im Nationalpark Wet Tropics, durch den die Straße führte, keine Werbung aufstellen dürfe, erklärte mir die Rezeptionistin eines Hotels, in dem ich schließlich um Hilfe bat. Turtle Cove, die Bucht, und das schwule Guesthouse, das ich suchte, seien aber in der Tat sehr hübsch. Ich sollte einfach links abbiegen, riet sie, und zwar in der Kurve, in der kein Schild stünde.

„Gleich gefunden?"

„Klar. Kein Problem."

„Hübsche Kerle hier?"

„Nö."

Ich war mit deutscher Gründlichkeit in jede Straße und jeden Feldweg eingebogen, der entlang der Küstenstraße in einer Kurve links abzweigte und hatte das Guesthouse letztlich auch gefunden. Aber das musste Paul ja nicht unbedingt wissen. Die Gewissheit, an diesem Strand auf athletische Australier zu treffen, hatte meine Ausdauer gestärkt.

Ich neige dazu, den Bildern in Reiseberichten deutscher Szene-Magazine blind zu vertrauen. Prinzip Hoffnung. Denn wenn es um Australien geht, lümmelt sich dort stets ein unglaublich multikulturelles, unglaublich gut aussehendes und unglaublich fröhliches Völkchen in unglaublich sexy Badeshorts. Sie stehen, sitzen und liegen vor dieser Oper, die aussieht wie ein Unfall mit einer aufgeschnittenen Cremetorte. Da müsse auch etwas für meines Vaters Erstgeborenen dabei sein, sagte ich mir, und das würde ich heute Nachmittag kennen lernen.

Australier lesen unsere Magazine jedoch leider auch. Denn alle unglaublich multikulturellen, unglaublich gut aussehenden und unglaublich fröhlichen Männer in unglaublich sexy Badeshorts bleiben in Sydney. Zumindest waren keine hier. Außer Paul, der sich nach zwei Stunden zu mir an den Strand legte und seinen Reithelmhintern in die Höhe streckte.

„Dann bleiben wir heute Nacht eben unter uns."

„Klasse."

Der beste Freund des Menschen – Teil II

Rumms.

„Du hast die Tür zugemacht."

„Ich dachte nicht, dass es so schnell geht."

„Lässt du ihn bitte trotzdem rein."

„Klar."

Acht Kilometer in sechzehn Stunden. Nicht schlecht für eine Kröte. Ich hob die Wasserflasche an, um Fred die letzten Meter zu erleichtern.

„Wir könnten ihn doch morgen mit an den Strand nehmen."

„Du spinnst."

„Wieso?"

„Normalerweise schläft er tagsüber."

„Ach so."

„Außerdem gehen wir ins Liberty."

„Wohin?"

„Schlaf weiter."

In Wirklichkeit hatte Paul wohl Angst, Fred würde sich nach zwei Rausschmissen im Gebälk womöglich unwillkommen fühlen und sich ein neues Zuhause suchen. Außerdem könnten sich der Besitzer des Liberty Resorts und die Kröte eh nicht leiden, entschuldigte sich Paul am nächsten Morgen beim Frühstück.

Diesmal fuhren wir gemeinsam, was mein Gastgeber wahrscheinlich tat, um mich zu demütigen. Denn das Hotel war äußerst leicht zu finden. Schon wegen der Größe kam man kaum daran vorbei. Es sei die weltweit größte Ferienanlage für schwule Männer, schwärmte Paul, und in der Hauptsaison das reinste Sündenbabel. Hauptsaison? Das sei die Weihnachtszeit und die jeweils eine Woche vor und nach dem Mardi Gras in Sydney.

Die restliche Zeit liegt der riesige Komplex in einem beschaulichen Dornröschenschlaf. Schade eigentlich, denn das Konzept ist brillant. Freistehende Luxusvillen locken zahlungskräftiges Publikum und finanzieren die riesige Pool-Landschaft, die Saunen und Sportanlagen. Einfache Unterkünfte sorgen für junges Publikum, das wiederum Anreiz für die betuchten Gäste ist.

„Die beiden kennen wir doch von gestern."

„Sind Tagesgäste."

„Kostet das was?“

„Nö, an den Pool darf man umsonst.“

Das machen fast alle Hotels in der Umgebung von Cairns so. Man darf kommen, gucken, baden, sich an den Strand legen – kostenlos – und dann entscheiden, ob man nicht für ein paar Tage hierher ziehen möchte. Deshalb buchen viele Australier auch nicht gleich ihren gesamten Urlaub, sondern nur zwei bis drei Nächte. Dann sehen sie sich das Angebot in den anderen Anlagen an und bleiben dort, wo sich die schönsten Männer niedergelassen haben. Auf die Gefahr hin, dass die am nächsten Tag schon wieder woanders wohnen. Das wilde Durcheinander-Übernachten ist zum Ersatz für die nächtlichen Streifzüge durch eine kaum vorhandene Szene geworden.

„Gibt's hier eigentlich noch 'ne Disco?“

„Nö. Wieso?“

„Na – vielleicht willst du ja mal woanders hin?“

„Nö. Wieso?“

Eine klassische Szene, wie man sie in europäischen Großstädten aber auch im australischen Brisbane, Melbourne oder Sydney findet, fand Paul einfach überflüssig. Nach einer Nacht im Club stänke man nach Bier und Rauch. Und Fred würde es verunsichern, wenn um vier Uhr morgens niemand Zuhause wäre.

Außerdem zwängen die bescheidenen Ausgehmöglichkeiten Touristen und Einheimische dazu, sich am Strand und in den Guesthouses blicken zu lassen. Und in der Sonne sei die Männerjagd ohnehin am schönsten.

„Stimmt eigentlich.“

„Siehste!“

„Geh'n wir morgen an den Strand?“

„Was sonst!“

Selbstbetrug – Teil II

Ob ich nicht auch schon mal an eine neue Bleibe gedacht hätte, fragte mich Paul nach meiner dritten Woche in Kuranda. Besuch ist wie Camembert, schoss es mir durch den Kopf, nach einer Woche beginnt er zu stinken. Wahrscheinlich war es an der Zeit, meinem Gastgeber endlich wieder die Freiheit zu schenken.

„Das Haus ist schließlich groß genug."

„Wie bitte?"

„Und eine Arbeitserlaubnis bekommst du leicht."

„Du meinst, ich könnte ..."

Das verschlug mir die Sprache. In Australien leben? Mit meinem wortkargen Eisbären, mit seinen Schenkeln aus Marmor, seinen niedlichen Angewohnheiten und Fred, dem besten Freund des Menschen. Was war aus meiner „typischen Reisebekanntschaft" geworden? Es war nicht leicht gewesen, meine keimenden Gefühle Paul gegenüber stets wieder unterzupflügen. Aber die Angst vor einer Beziehung über die Hemisphären hinweg machte es möglich. Wäre es klug, mich jetzt nicht mehr zu bremsen?

Könnte ich mir vorstellen, meine Zelte in Deutschland abzubrechen? Australier fahren auf der falschen Seite. Sie essen Känguru und bauen merkwürdige Opernhäuser. Sie leben mit Kröten und sind eigentlich viel zu wenige für einen ganzen Kontinent. Wo es wichtig wäre, dürfen sie keine Schilder aufstellen, und ihre Sonne ist irgendwie falsch gepolt. Daran könnte ich mich nie gewöhnen. Ich weiß nicht, wen meine Antwort mehr enttäuschte, ihn oder mich. Meiner letzten Urlaubswoche in Queensland tat sie jedenfalls nicht gut.

„Das Land welcher Königin eigentlich?"

„Keine Ahnung. Irgendeine englische, nehme ich an."

„Ach."

Paul wurde noch etwas wortkarger, Fred ignorierte fortan meine Wasserflasche, und am Strand bemerkte ich in den letzten Tagen plötzlich doch eine ganze Menge unglaublich gut aussehender und unglaublich fröhlicher Männer in sexy Badeshorts.

Am Flughafen gab es einen kleinen Koala-Bären aus Plüsch für mich. Paul hängte ihn an meinen Rucksack. Von mir bekam er einen Berliner Bären mit Plastikkrone zum Abschied. Und einen Stoffeisbären hatte ich ihm vor unserer Abfahrt noch unter dem Kissen versteckt.

„Sehen wir uns mal wieder?"

„Hm – klar ..."

„Ich schick 'ne Mail."

„Okay, mach's gut!"

„Du auch ..."

Weihnachten unter Palmen

Marion Hölczl

L A   P A L M A

Weihnachten unter Palmen

Marion Hölczl

Ohne meine Freundin wäre ich wahrscheinlich gar nie nach La Palma gekommen. Waren mir bis dahin eigentlich alle Kanarischen Inseln doch eher suspekt. In meinem Kopf malte ich mir Horden von Rentnern und Schwulen aus, die wie Heuschrecken in die Inseln einfallen – insbesondere zur Weihnachtszeit. Und konnte es nur ein Zufall sein, dass „die Schwulen" sich als „ihre" liebste kanarische Insel ausgerechnet jene auserkoren haben, die den tuntigsten Namen von allen Inseln trägt: Gran Canaria? Nein, da wollte ich zunächst wirklich nicht hin – keine der Inseln lockte mich: weder Teneriffa, Lanzarote, Fuerteventura, El Hierro, La Gomera, Gran Canaria, noch La Palma. Sollten doch die anderen Millionen deutschen Touris alljährlich dorthin fliegen – ohne mich! Aber Silvana, meine Freundin, ließ nicht locker. Schließlich wusste sie, als profunde Kennerin der Insel, wovon sie schwärmte: von zerklüfteten Bergen, tiefen Schluchten, dichten Urwäldern, lieblichen Pinienwäldern, heißen Vulkanen und geronnenen Lavaströmen, blauem Meer – und von unendlicher Ruhe. Statt Ruhe konnte ich mir lärmende Touristenmassen vorstellen, bis mich Silvana aufklärte. La Palma sei ganz anders, überhaupt nicht touristisch, es gebe ganz viele stille Flecken; auch sei die Insel voller Pflanzen und überhaupt nicht karg. Meine Freundin kann sehr beharrlich sein! Schließlich packten wir im Sommer 1996 unsere Koffer, um erstmals gemeinsam nach La Palma zu fliegen.

Die folgenden vierzehn Tage auf der Insel sollten bei mir alle Vorurteile dahinschwinden lassen. Die Insel liegt, um ein wenig mit geografischen Daten aufzuwarten, im Atlantischen Ozean, nur wenige hundert Kilometer von der nordafrikanischen Küste entfernt. Sie ist siebenundvierzig Kilometer lang, neunundzwanzig Kilometer breit und hat eine Grundfläche von siebenhundertachtundzwanzig Quadratkilometern. Im Vergleich dazu: Nur La Gomera und El Hierro sind noch kleiner als La Palma. Zirka fünf Flugstunden braucht es von München aus, um im Direktflug in der Hauptstadt Santa Cruz zu landen.

Wer allerdings auf der Insel ein Meer von Regenbogenflaggen erwartet, wird bitterlich enttäuscht werden. *Gay and lesbian pride?* Fehlanzeige. Ebenso wie einschlägige Cafés, Bars, Restaurants, Geschäfte oder Discotheken. Eine lesbisch-schwule Szene blüht – wenn überhaupt – ganz geheim und nur im Verborgenen. Doch zumindest ein paar Lesben und Schwule muss es ja schon allein aus statistischen Gründen auf der spanischen Insel geben – schließlich leben hier rund 90.000 Menschen, und davon sind zehn Prozent ausländischer, meist deutscher Herkunft. So ist es also nicht ausgeschlossen, dass auf La Palma in den nächsten hundert Jahren vielleicht doch noch ein lesbischer Beachvolleyballverein oder eine schwule Wandergruppe gegründet wird – und in weiteren hundert Jahren der erste Christopher Street Day stattfindet, fünfzig Jahre später die ersten Euro Games und wir alle gemeinsam in fünfhundert Jahren schließlich das Großereignis schlechthin feiern: die Gay Games auf La Palma. Dafür müsste allerdings nicht nur eine lesbisch-schwule Gemeinde aktiv, sondern überhaupt erst die ganz gewöhnliche Infrastruktur für Veranstaltungen dieser Dimension geschaffen werden. Und davon kann derzeit nun überhaupt nicht die Rede sein. Immerhin ist in Spanien – und damit auch auf La Palma – die Homosexualität seit 1975 straffrei. Die Registrierung von gleichgeschlechtlichen Partnerschaften ist – allerdings nur in Teilen von Spanien – seit 1998 möglich, seit 1999 auch die so genannte Stiefkindadoption. In Sachen Homorechte zeigt sich die Iberische Halbinsel also durchaus fortschrittlicher als Deutschland, zumindest auf dem Papier.

Von solchen gesellschaftlichen Umwälzungen ist auf der kleinen Insel La Palma wenig spürbar. Doch sollte dies die Reisefreude für Lesben und Schwule nicht über Gebühr trüben. Jedenfalls kann ich in einem zweiwöchigen Urlaub getrost auf das Eintauchen in „einschlägige“ Orte verzichten. Schließlich lassen sich die Früchte der lesbisch-schwulen Emanzipation das ganze Jahr über in Hülle und Fülle im heimischen München genießen – ganz zu schweigen von den vielen anderen Orten auf dieser Welt. In La Palma gehen die Uhren eben in vielerlei Hinsicht anders.

La Palma ist in der Tat eine ruhige, beschauliche Insel, die allerdings sehr gewaltig anmutet: Der höchste Berg, der Roque de los Muchachos, erreicht eine Höhe von 2.426 Metern. Untergebracht in einem kanarischen Haus, umgeben von einem hübschen Garten, haben wir die Tage mit den uns angenehmsten Dingen verbracht, wozu Kochen, Lesen und – auf La Palma ein Muss – Wandern gehören.

In Erinnerung blieb mir von den vielen Touren eine ganz besonders: Die achtstündige Wanderung durch die Caldera de Taburiente, ein riesiger, bis zu neun Kilometer breiter Kessel mit fast 2.500 Meter hohen Felswänden. *Nomen est omen:* Über die „Schlucht der Ängste – Barranco de las Angustias“ haben wir diese Mammuttour begonnen und auch wieder beendet. Dazwischen lagen viele Gefühlsschwankungen, und von einem beschaulichen Wandertag konnte keine Rede sein. Zeitweise verließ uns die Orientierung völlig, was an der damals mangelhaften Beschilderung lag – und wir mussten mehr robbend als gehend wieder den rechten Pfad suchen. Als dann auch noch ein Hubschrauber über uns kreiste, war neben der Orientierung auch unsere Fassung völlig verloren. Aber irgendwie haben wir Licht am Ende des Tunnels erblickt – und auch wieder aus der Caldera hinausgefunden. All unsere anderen Touren waren dagegen reinste Spaziergänge. Am Ende der Urlaubstage hatte ich La Palma in mein Herz geschlossen – und konnte die Begeisterung meiner Freundin nur zu gut verstehen. Doch es sollte vier Jahre dauern, bis wir wieder gemeinsam dorthin flogen. Diesmal nicht alleine, sondern mit Großfamilie inklusive Kind und Kegel.

Doch zunächst sammelten Silvana und ich weitere Erfahrungen mit anderen kanarischen Inseln. El Hierro lockte uns 1998 als kleinste der sieben Kanareninseln, verschreckte uns trotz schöner Eindrücke allerdings nachhaltig durch eine unfassbare Kakerlakenansammlung rund um unseren Bungalow. Eine tägliche Jagd auf diese possierlichen Tierchen sorgt zwar für eine gewisse Aufregung und genügend Gesprächsstoff, doch letztlich hätten wir darauf gut und gerne verzichtet. Außerdem erschien uns El Hierro auch etwas zu ruhig – so viel Stille kann sogar für ein Lesbengemüt zu viel werden. Die anschließende Flucht nach La Gomera entpuppte sich nicht wirklich als Rettungsanker, denn auch mit dieser Insel konnten wir uns nicht richtig anfreunden. Wahrscheinlich lag es vor allem daran, dass wir dort ausgerechnet in der Touristenfalle Valle Gran Rey gelandet sind. Seither habe ich eine tiefe Aversion gegen am Strand trommelnde Aussteiger und Althippies.

Silvana flog bereits 1999 wieder nach La Palma. Im Gegensatz zu mir entfloh sie konsequent dem heimischen Weihnachtsrummel, um sich mit ihrer Zwillingsschwester samt deren Familie ganz entspannt in der Sonne zu erholen. Derweil saß ich noch mit Mama, Papa, Onkel und Bruder nebst Freundin unterm Weihnachtsbaum – und das in einem Lebensalter, das meinen Onkel in seinem charmanten Schwäbisch zu der Aussage animierte: „Bisch ja au nemmer die Jüngscht." Da hat er wohl Recht, dachte ich mir, irgendwie wäre es schon an der Zeit, sich von Zuhause an Weihnachten abzunabeln. Warum sollte ich nicht dem guten Beispiel meiner Freundin folgen, die mir von einem unkonventionellen, warmen Weihnachten auf La Palma vorschwärmte? Warum sollte ich nicht mal mit meiner Freundin Weihnachten feiern – und das fern der Heimat auf einer grünen, sonnigen Insel?

Silvana nahm meine neuen Weihnachts- und Urlaubspläne begeistert auf. Für sie war sowieso klar, wieder gemeinsam mit ihrer Schwester und deren Familie zumindest über Weihnachten nach La Palma zu fliegen. Und warum sollten wir auf zusätzlichen Familienanschluss verzichten? Wir könnten doch auch mal in lesbischschwuler Paarkonstellation verreisen? Zumal unsere Freunde auch eine gewisse Vorliebe für kleine Inseln und gemütliche Ferienhäuser haben.

So kam es, dass wir 2000 erstmals mit Thomas und Heinz zum zweiwöchigen Urlaub nach La Palma flogen. Wir hatten ein freistehendes kanarisches Haus, eine so genannte Finca, auf der sonnigeren Westseite der Insel in El Paso gemietet. Das Haus war geräumig und gemütlich eingerichtet, so dass es genügend Platz für uns alle gab. Was die Interessen anbelangte, entpuppten sich die des schwulen Paares als nicht besonders weit entfernt von denen des lesbischen Paares. Unsere vier Reisekoffer waren alle vollgepackt mit Büchern. Die gemeinsame Leseleidenschaft hat uns Abend für

Abend nach dem Essen am offenen Kamin vereint. Nicht dass wir tagsüber getrennt unterwegs gewesen wären – ganz im Gegenteil. Im Quartett wurde fast alles gemeinsam geplant und erlebt. Das fing mit dem Frühstück auf der Terrasse an, ging weiter mit den Tagesausflügen, sei es an den Strand oder in die Berge, und endete am Abend mit Kochen. Streitigkeiten um das gemeinsame Auto, das auf La Palma sehr hilfreich und auf das nur mit viel Idealismus zu verzichten ist? Fehlanzeige!

Allerdings hat es uns – das Lesbenpaar – dann schon auch überrascht, dass unsere Freunde gar so häuslich sind – vor allem am Abend. Denn läuft der gemeine schwule Mann nicht bekanntlich da zur Höchstform auf?

Dass es auf La Palma keine Szene gibt, habe ich ja bereits erwähnt. Dennoch sind Schwule und Lesben keine Seltenheit. Das bedeutete: Wir waren beileibe nicht die einzigen Homosexuellen. Als heimlicher Treffpunkt – zumindest auf der Westseite der Insel – darf der örtliche, riesige Supermarkt in El Paso gelten. Da tauchen sämtliche touristische Lesben und Schwule im Laufe ihrer Urlaubszeit immer wieder auf, um Lebensmittelvorräte zu horten. Unserem geschulten Auge entgeht das selbstverständlich nicht. Denn alle Frau-Frau- und Mann-Mann-Paare, die im Supermarkt oder sonst wo auf der Insel unterwegs sind, werden von uns routinemäßig in Augenschein genommen und durchlaufen in Sekundenschnelle das jahrzehntelang eintrainierte „Homoerkennungsmerkmalraster". Wenn also Lesben und Schwule ihre reich gefüllten Einkaufswagen als Paar (häufig anzutreffen), Gruppe (selten anzutreffen) oder Single (so gut wie nie anzutreffen) durch die Gänge schieben, sind sie leicht vom Rest der Bevölkerung zu unterscheiden. Kein Kunststück! Da sich bekanntlich gerade zur Weihnachts- und Neujahrszeit die Menschen gerne im Kreise ihrer Familie bewegen und sich mit irdischen Genüssen verwöhnen, wird der Supermarkt zum gesellschaftlichen Treffpunkt schlechthin. Ganz eindeutig herrscht zwischen den Regalen das konventionelle Familienmodell von Vater-Mutter-Kind (oder Kinder) vor. Lesbe und Schwuler offenbaren sich also, abgesehen von meist untrüglichen äußerlichen Merkmalen, durch mindestens zwei Kriterien: Sie oder er hat einen gleichgeschlechtlichen Menschen an der Seite – und kein Kind an der Hand. Letzteres wird sich sicherlich – auch auf La Palma – bald ändern, denn die Regenbogenfamilien erfreuen sich ja wachsender Beliebtheit. Aber selbst dann trauen wir uns künftig eine sichere Identifikation zu.

Eine Auffälligkeit bietet La Palma – ganz im Gegensatz zu anderen kanarischen Inseln, allen voran das benachbarte Schwuleneldorado Gran Canaria: Mit Vorliebe wird es in trauter Zweisamkeit bereist. Paare aller Art tummeln sich auf der Insel. Dort wird offensichtlich, dass sich lesbische oder schwule Lebensweisen nicht besonders von denen der Heterosexuellen unterscheiden. Alle sitzen mit Begeisterung vor oder in ihren Ferienhäusern; weit vor Mitternacht ist Nachtruhe angesagt. Wer es spießig nennen mag – nur zu. Und es macht Spaß!

Aber zurück zur überraschenden Häuslichkeit unserer schwulen Freunde. Ganz offensichtlich schätzen auch sie die Ruhe auf La Palma. Und geben sich gerne der Zwei- beziehungsweise Viersamkeit hin – ganz im Gegensatz zu Münchner Gewohnheiten. In heimischen Gefilden wird – von Thomas offensiver, von Heinz defensiver – geguckt, geflirtet und gejagt, was das Zeug hält. Die Objekte der Begierde dürfen dabei gerne fünfundzwanzig Jahre jünger sein, denn es gibt die Gleichung: Je jünger die Männer, desto höher der Testosteronspiegel. Aber ganz emanzipatorisch aufgeklärt ist bei den schwulen Eheleuten Thomas und Heinz an sexueller Freiheit alles erlaubt. Einzige Bedingung: immer vor Morgengrauen nach Hause zu kommen. Diese Vereinbarung hat auch nach der von den beiden 2001 beschlossenen Homoehe weiterhin ihre Gültigkeit, auch wenn Thomas' Mama nach dem Gelöbnis es nicht versäumt hat, den Sohn eindringlich auf seine ehelichen Pflichten hinzuweisen: „Jetzt bisch fei verheirat, jetzt kannsch di aber nimmer so rumtreiba."

Silvana und ich, die wir das monogame Beziehungsmodell präferieren, kennen jedenfalls eine Menge Jagdberichte unserer Freunde, in denen vom schnellen Sex im Maisfeld am Feldmochinger Weiher oder dem flotten heimischen Frühstücksdreier mit mehr und weniger potenten Betthupferln die Rede ist – Homoehe zum Trotz.

Aber siehe da: Auf La Palma kehrt häusliche Ruhe ein. Hier wird die schönste Sache der Welt in trauter Monogamie zelebriert – vorzugsweise gut ausgeruht nach einem ausgiebigen Mittagsschläfchen. Dieser temporäre Treueschwur wird aber nicht nur wegen der im Urlaub geltenden Spielregeln eingehalten. Frau und vor allem Mann wird eben auch älter und genießt es, beispielsweise, durch schöne Landschaften zu wandern. Dieses Mal war unsere spektakulärste Tour die Vulkanroute, die an verschiedenen Vulkankegeln vorbeiführt und wunderbare Blicke auf die Nachbarinseln Teneriffa, La Gomera und El Hierro bietet. Mittlerweile ist sie so perfekt ausgeschildert, dass wir gut orientiert nach sechsstündiger Wegstrecke im Süden der Insel in Fuencaliente angekommen sind.

Aber um keinen falschen Anschein aufkommen zu lassen – unsere allerliebste Beschäftigung waren die gemeinsamen Strandbesuche. Nun ist La Palma nicht gerade gesegnet mit vielen Stränden, da die Insel überwiegend aus Steilküste besteht. Dies ist übrigens einer der Gründe, warum die Insel vom Massentourismus bislang verschont blieb. Trotzdem gibt es ein paar nette Strände, wo sich das Gedränge auch in Grenzen hält. Der von uns bevorzugte befindet sich in dem Hafenstädtchen Tazacorte. Es ist sehr angenehm, zum Jahresausklang bei Temperaturen um fünfundzwanzig Grad auf das Meer zu blicken und in die Sonne zu blinzeln. Und an diesem Ort haben wir dann auch immer wieder Silvanas Familie getroffen: Claudia und Bernd mit ihren beiden Töchtern Saskia und Clara. Nein, das Haus haben wir uns nicht geteilt, das wäre dann vielleicht der Nähe zu viel gewesen. Gesehen haben wir uns in der Großfamilie aber trotzdem fast jeden Tag und natürlich auch Silvester gemeinsam gefeiert. Das lesbisch-schwule Quartett hat gemeinschaftlich Menü gekocht – oder sagen wir mal so, alle haben je nach Fähigkeiten zum kulinarischen Gelingen beigetragen. Später am Abend sind die beiden Kinder in unsere Betten gesunken und die Erwachsenen haben sich mit Trivial Pursuit bei Laune gehalten. Das Leben in Großfamilie kann zumindest vierzehn Tage lang viel Spaß machen!

Am Jahresende 2003 haben wir zum dritten Mal in lesbisch-schwuler Paarkonstellation Weihnachten und Silvester auf La Palma verbracht. Fern von München, Weihnachtsbaum und Szene haben wir uns erneut von der grandiosen Natur und der erholsamen Ruhe verzaubern lassen. Wieder waren die Koffer mit Büchern voll gepackt; wieder hatten wir unsere Jogging- und Wanderschuhe dabei; wieder haben wir Trivial Pursuit in der Tragetüte mitgeschleppt; wieder waren wir gespannt, wie diesmal unser Haus aussähe, denn jedes Mal wohnen wir an einem anderen Ort; wieder war Thomas der Erste, der morgens um sieben Uhr aus dem Bett kroch, um Tagebuch zu schreiben; wieder hat Heinz sich überlegt, ob er nicht doch mal ein kanarisches Kaninchen in die Pfanne haut; wieder hat Silvana mit großer Begeisterung mehrmals die Woche Wäsche gewaschen, und wieder habe ich abends liebend gern den Kamin eingeheizt. So viel Gewohnheit und Gemütlichkeit darf unter Homopaaren schon sein. Und wenn uns nach anderen Lesben und Schwulen zumute war, wussten wir ja, wo wir sie garantiert finden: im Supermarkt von El Paso.

It's so New York!

Nikolas Feireiß

NEW YORK

It's so New York!

Nikolas Feireiß

1.

In New York war ich das erste Mal nur auf Durchreise. Auf dem Weg nach Mexiko mit meinem Vater. Am John F. Kennedy Airport beeindruckten mich die lange Schlange am Emigration Counter, Mutter und Tochter von oben bis unten in teuersten Kenzo-Strick gehüllt. Im schmuddeligen Berlin der achtziger Jahre gab es das nicht.

Wir wohnten zwei Tage in einem Hotel ganz in der Nähe des Timesquare. Brooke Shields trug überlebensgroß nichts zwischen sich und ihren *Calvins,* und ich war von der Höhe der Häuser und der Größe des Plakats schwer beeindruckt. Ging man den Broadway ein Stückchen weiter Richtung Downtown und bog womöglich noch einmal rechts ab, hatte man sofort das Gefühl, in Gefahr zu sein. Dunkle Gestalten kamen einem entgegen, und jeder Blick war eine Provokation mit ungewissem Ausgang. New York war damals gefährlich. Junkies im Delirium und Gangster mit Waffen, jedes Klischee schien wahr zu sein. Aus den Gullys dampfte es, und die Penner lagen direkt vor dem Rockefeller Center mit seiner weihnachtlich geschmückten Eisbahn. New York beunruhigte mich, ohne wirklich mein Interesse zu erwecken. Vielleicht überforderte es mich einfach. Es muss ungefähr die Zeit gewesen sein, als Madonna ihre ersten Demobänder in den Clubs anbot und manchmal nicht wusste, wo sie die nächste Nacht schlafen würde. Etwas mehr Mumm, und ich hätte meinen Vater alleine weiter fahren lassen und wäre in New York geblieben. Ich machte aber Urlaub in Mexiko, und Madonna wurde Superstar. So unterschiedlich verlaufen Biografien.

2.

Das nächste Mal in New York war ich verliebt. In Jorge, ein Deutsch-Nicaraguaner. Wir hatten uns in Berlin kennen gelernt, eine Nacht miteinander verbracht, und dann war er auch schon abgereist, und ich blieb weinend zurück. Es folgten viele Briefe – E-Mails gab es noch nicht – und astronomische Telefonrechnungen. Jorge studierte in Buffalo im Bundesstaat New York, wo man nur hinfährt, um die Niagarafälle zu besichtigen. In diesem Sommer machte er ein Praktikum in New York City und lud mich ein. Ich war glücklich und packte meinen Koffer für zwei Monate. New York war immer noch gefährlich. Crack beherrschte die Drogenszene, und das East Village war nicht der schicke Ort von heute. Am Broadway trug jetzt Marky Mark überlebensgroß nichts außer seinen *Calvins* und gefiel mir noch besser als Brooke Shields.

Ich lernte das Spanisch sprechende New York kennen. Was ich beim ersten Mal nicht bemerkt hatte, sprang mich jetzt an jeder Ecke an. Überall zweisprachige Plakate. New York ist eine lateinamerikanische Stadt.

Es war Juli und kochendheiß. Keine optimale Zeit, um New York zu besuchen. Die Kleider klebten am Körper, und die kleine Wohnung, die Jorge mit zwei Freunden teilte, wäre ohne Ventilator unerträglich gewesen. Mein Kulturschock war, dass man in anderthalb Zimmern, ohne asozial zu sein, ganz selbstverständlich zu dritt und – wenn Besuch da war – auch zu fünft wohnen konnte. Jorge führte mich auf das Dach dieses Stadthauses im East Village, und dort war waren wir allein. Wir beobachteten den Sonnenuntergang und die ständig über der Stadt kreisenden Flugzeuge. Mit dem Dunkelwerden knipst sich New York förmlich an. Der Blick über die funkelnde Stadtkulisse ist atemberaubend. Ich fühlte mich so klein und unbedeutend und hatte gleichzeitig das Gefühl, alles sei möglich. „*If you can make it there, you'll make it anywhere*", so abgedroschen der Song ist, so verständlich ist sein Erfolg: Er spricht aus, was einem New York vermittelt. New York macht euphorisch – oder verzweifelt.

Wir verbrachten in den warmen Nächten Stunden auf dem Dach. Vor der großartigen Stadtkulisse unter den kreisenden Flugzeugen. Großstadtromantik. Ich war etwas beunruhigt, ob uns die Passagiere in den Jumbos, die über uns herflogen, wohl beobachten konnten.

New York im Sommer bedeutet auch Open-Air-Konzerte im Central Park. Eintritt frei. Ich erinnere mich an *Lucia di Lammermoor* und an Mercedes Sosa. Tausende Latinos jubelten ihrem *Gracias al la vida* zu. Dieses Konzert werde ich nie vergessen. Es war ein Heimspiel der argentinischen Sängerin in New York.

Mir schien es, als sei ich der einzige nicht-lateinamerikanische Zuhörer, und ich bekam das erste Mal eine Ahnung von der Melancholie des Exils. New York ist ein guter Ort, um zu spüren, wie fragil die eigene Sicherheit ist und wie schön es ist, ein Zuhause zu haben. Natürlich erinnert einen New York auch schnell daran, dass es nicht lange her ist, dass Deutsche hierher flohen, um zu überleben. Manchmal gerade dann, wenn man überhaupt nicht damit rechnet.

Im Central Park war aber auch die erste Cruising Area, die ich, ein wenig naiv und schwer erstaunt, bewusst erlebt habe. Worauf warteten die ganzen Männer?

Picknick auf dem Rasen. *Nannies* mit Park-Avenue-Babys und Scharen von Rollerskatern. Mit ein bisschen Glück kommt einem Dustin Hofman entgegen. Jorge und ich schockierten zwei Teenager, weil wir uns küssten. Sie liefen schreiend davon.

New York war immer noch gefährlich. Niemals in den letzten U-Bahn-Waggon einsteigen war eine Warnung, die man wirklich ernst nehmen musste. Im Palladium tanzten Go-go-Boys, und alles schien mir so groß und großartig, neu und unheimlich. Die Boy-Bar im Village, eine schwule New Wave Kneipe. Sie erinnerte fast an Berlin. Immer erwartete ich, auf der Straße ausgeraubt zu werden, und hatte deswegen nur Kleingeld dabei.

Natürlich gestaltete sich die Beziehung zwischen mir und Jorge schwierig. Er war als Künstler dauernd mit dem Zeichenblock unterwegs, manisch am Arbeiten und immer mit sich selbst beschäftigt. Ich fühlte mich vernachlässigt.

New York ist keine Stadt, in der man mit Selbstmitleid weiterkommt.

Was geblieben ist von dieser New-York-Reise? Ein Einblick in die Seele Lateinamerikas, die Erinnerung an die Salat Bars der Koreaner, bei denen man auch nach Mitternacht noch frischen Obstsalat bekommt, die Sirenen der Polizeiautos, Jackson Pollok und James Rosenquist im Whitney Museum, eine Ausstellung über die Architektur Frank Lloyd Wrights. Die Bekanntschaft mit Shaker Design, das Gefühl, in der Menge der Menschen zu schwimmen, der Schwindel beim Blick hinab vom World Trade Center. Auf dem Rückflug habe ich die ganze Zeit geweint.

Jorge habe ich noch in San Jose in Costa Rica, in Nicaraguas Hauptstadt Managua und ein letztes Mal in Miami getroffen. Dann hatten wir uns nichts mehr zu sagen. Keine dieser anderen Städte hat mich berührt wie New York. Trotzdem bin ich fast ein Jahrzehnt nach diesem zweiten Besuch nicht mehr dort gewesen. Ich hatte Angst, eine wunderbare Erinnerung zu verlieren.

3.

Ende der Neunziger war es soweit. Ich traute mich. Wir hatten über eine Mitwohnzentrale ein Apartment im East Village gemietet. New York hatte sich verändert. Es war nicht mehr der gefährliche Ort von damals. Weniger Penner, keine Crack-Dealer. East Village ein fast gepflegtes Viertel. Dem Berliner Stadtteil Schöneberg vergleichbar. Als neu und aufregend galt jetzt der Meat District, das Fleischer-Viertel. Hier hatten die neuen, interessanten Galerien aufgemacht. Aber auch dieser Bezirk war auf seine Art schon arriviert und nur ein paar Blöcke vom modisch-schwulen Stadtteil Chelsea entfernt. Essen mit der japanischen Designerin Yeholee im Fressen, ein Name passend zum Schlachterviertel. Das Restaurant *sophisticated.* Viele schicke Galerien, der Comme-des-Garçons-Laden. Jeder Pullover ausgestellt wie nebenan die Lichtskulpturen von Dan Flavin.

Ausgehen in Chelsea, Drinks im Barracuda. Viele schöne Männer, und es ist kein Problem, ins Gespräch zu kommen. Kein cooles Rumstehen. Aber das ist wohl typisch amerikanisch, nicht typisch New York. Was mir besonders gefiel: die Männer zwischen Mitte dreißig und fünfzig und wie gut sie aussehen – gepflegt, männlich, erwachsen. Die wünschte ich mir in Berlin. Ich entdeckte New York noch einmal: die Museen, die Clubs, den Central Park, Washington Square Garden. Alles kam mir so ordentlich vor. So sicher. Ich war fast enttäuscht. Es fehlte ein wenig der Thrill meiner ersten Besuche. Bürgermeister Guillani hatte ganze Arbeit geleistet.

Auf dem Weg zur Frick Collection in der Upper East Side merke ich, dass ich unseren Hausschlüssel verloren habe. Es war ein einzelner Schlüssel, und wir hatten nur diesen einen. Er findet sich in wirklich keiner Tasche. Panik! Unsere Vermieterin war übers Wochenende in Washington. Es gab unzählige Möglichkeiten, wo ich ihn verloren haben konnte, und eine Chance: Das Whitney Museum war unsere letzte Station, bevor wir weitergelaufen sind. Zwei Stunden später kam es mir fast albern vor zu fragen, aber tatsächlich bekomme ich von einer strengen Dame meinen einzelnen Schlüssel überreicht. Es ist wie ein Traum, jemand hatte ihn im Foyer gefunden. *I love New York.*

Ein letzter Blick vom World Trade Center über die Stadt. Glück gehabt. Danach ins Century 21, ein Designer-Outlet-Center. Ramschpreise und keine Umkleidekabinen. Die Vivien-Westwood-Jeans bekommt später meine Freundin Andrea. Für sie war sie perfekt, für mich weniger. Gut gekauft.

4.

New York zum Vierten. Diesmal bin ich Single, und das World Trade Center ist zerstört. New York ist wohl doch ein gefährlicher Ort. Ich wohne diesmal bei meiner Freundin Gisela in Harlem, U-Bahn Central Park North. Ich fahre mit Stefan, einem Freund. Er wohnt bei Barry, mitten im West Village. Fifth Avenue No. 11, direkt am Washington Square Garden. Die Stadt machte keinen depressiven Eindruck auf mich, kommt mir nur noch sauberer vor, noch ungefährlicher. Irgendwie angenehm, aber vielleicht auch langweilig? Nein, New York ist nicht langweilig. In Harlem bleibt sogar noch ein Stück des Restgrusels, den ich von meiner ersten Reise kenne. Aber auch Harlem ist auf dem besten Weg, sich zu etablieren.

Gisela sagt mir, dass sie, als sie vor vier Jahren als weiße Frau nach Harlem zog, für geistesgestört erklärt wurde. Inzwischen hat sich das geändert. Die Gegend wird entdeckt und saniert. Auch für Berliner Verhältnisse hat Gisela eine schöne und großzügige Wohnung. Für New Yorker Verhältnisse zu einem Spottpreis. Das hat den Ausschlag gegeben. Ein Schuhkarton Uptown zum doppelten Preis oder eine Wohnung mit Auslauf zum Leben in Harlem. Mit der U-Bahn sind es zwanzig Minuten nach Soho, und der Central Park ist über die Straße. Die New Yorker sind ignorant in Wohnungsfragen, sagt Gisela. Ihre Central-Park-North-Adresse sei für sie so, als ob man in Berlin Mitte-Bewohnern sagen müsse, man lebe in Lichtenberg. Deshalb erklärt sie neuen Bekannten, sie lebe in der Columbia University Area. Diese Gegend ist halbwegs akzeptabel, und es ist nicht ganz gelogen. Barrys Appartement liegt in einem eleganten Fünfziger-Jahre-Hochhaus, 14. Stock, mit Doorman und allem Drum und Dran. Barry ist Psychoanalytiker und Jude und schwul. *„He is so New York"*, sagt Stefan.

Barry schleppt uns von einem teuren Restaurant ins nächste, und wir müssen ständig Steak essen. Zum Beispiel im Balthazar in Soho, ein New Yorker Klassiker. Mir bleibt vor allen Dingen die Auswahl an Martinis in Erinnerung: Vanilla-, Lemon-, Champagne- und und und. Eine unglaublich lange Liste mit Martini-Cocktails. In der Lower East Side sitzen im Cafe Charbon in der Orchard Street Helen Hunt und John Tarturo gleich neben uns.

Das Roxy mit seinen Muskelmännern lassen wir aus. Dafür erfreut uns einer in der Bar The Urge. Er strippt auf dem Tresen und muss Viagra genommen haben. Anders ist die Dauerschwellung nicht zu erklären. Oder ist es so erregend, Geld in den Slip gesteckt zu bekommen?

Im Starlight improvisiert ein Flötist live zu Bass and Drum. Gisela ist mit dabei und wirkt gelangweilt. Sie ist die einzige Frau im ganzen Laden. Plötzlich steht sie auf, wir denken, sie geht entnervt, aber sie läuft zum Musiker und beginnt, ekstatisch zu tanzen. Der beendet seine Einlage und macht mit. Sie fragt mich später, ob er schwul sein müsse, weil er in einem schwulen Club spielt. Ich sage, ich denke schon. Aber wer weiß?

Gisela hat gerade einen Top-Job bei einer der größten Privatbanken in den USA bekommen. Sie kommt aus Frankfurt, und *„she is so New York"*, sagt Barry. Ich denke das langsam auch, besonders, wenn sie ins Telefon flötet: *„Thank you soooo much. You are so sweeeeet."* Gisela hat einen Kurs besucht, um die perfekte New Yorker Aussprache zu lernen. Und sie betreibt ständig *networking.* Anders kommst du hier nicht weiter, sagt sie.

Sushi bei Dean & Delucca. Dann schnell rüber zu Reem Koolhaas' neuem Prada-Laden. Hier will Mode um jeden Preis Kunst sein. Sicher auch kein Zufall, dass die kleine Dependance des Guggenheim diesem riesigen Prada-Shop weichen musste. Faszinierend, wie sich die Scheiben der Umkleidekabinen beim Schließen färben. Kameras projizieren dein Bild zeitverzögert an die Wand.

Gisela nimmt mich mit zu einem Brunch zu Bekannten, die sie aus dem deutschen Club kennt. Sie leben seit Jahren in New York und sind gerade umgezogen, nur ein paar Blocks von Giselas Apartment entfernt, aber ein paar Blöcke machen in New York viel aus. Hundertzehn Quadratmeter nun wirklich in der Columbia District Area. Ich fühle mit wie in München. Alles so adrett hier. Die Wände geschmackvoll getüncht, Schwämmchentechnik, Landhausmöbel. Es gibt Laugenbrezeln und Frischkäse, und alle Gäste sprechen Deutsch. New York ist eine deutsche Stadt. Gisela muss ihre Wohnung leider verlassen. Ihr Vermieter braucht sie für seine Tochter. Das Angebot ist nicht schlecht. Nach dem elften September sind die Preise gefallen, und wer bereit ist, Manhattan zu verlassen, kann zu halbwegs erschwinglichem Preis etwas finden. Erschwinglich ist relativ: Für 1.200 Dollar gibt es höchstens ein One-Bedroom-Apartment.

Sex and the city? Im Eagle, einem Lederclub, oder was man in New York dafür hält, werden regelmäßig Kontrollgänge gemacht. Ein Mitarbeiter läuft mit einer Taschenlampe durch den Laden und kontrolliert, ob auch nirgendwo unzüchtige Handlungen stattfinden. Vor den Toiletten hängen Schilder mit Warnhinweisen. Berlin mit seinen täglichen Sexpartys muss einem New Yorker vorkommen wie Sodom und Gomorrha – oder das Paradies. Je nachdem. Mein Reisebegleiter lernt ständig nette Jungs im Village und viele schicke Apartments kennen. Er hat ein Händchen dafür. Architekten mit Zeichnungen von Le Corbusier über dem Bett und Eames-Möbeln im Wohnzimmer.

Udi sieht im Barracuda sehr adrett aus. Hemd und Stoffhose, wie gerade aus dem Office gekommen. Ich finde ihn sexy. Wir tauschen Telefonnummern aus. Er ruft tatsächlich an. Er wohnt in Queens. „Queens?", fragt Gisela noch einmal nach und rümpft die Nase. „Das heißt zumindest, er hat kein Geld. Männer aus Queens ..." Sie winkt ab. *She is so New York.* Ich stehe immer auf Männer ohne

Geld, warum sollte es in New York anders sein. Ich überlasse Stefan die Chelsea-Boys und trete die Reise über den East River an.

Jetzt ist New York irisch geworden. Udi und ich trinken ein Bier in einem Pub und gehen dann zu ihm. Aha, denke ich, es gibt also doch noch das New York, wie ich es mal kannte. Udi teilt die winzige Wohnung mit einem Freund. Sie ist laut und runtergewohnt. Sein Zimmer sieht aus, als sei eine Bombe geplatzt. Er macht schnell das Licht aus. Ich liege mit ihm auf dem Bett. Wir küssen uns, er beginnt meine Hose aufzuknöpfen und fragt nach meinen Großeltern. Zuerst verstehe ich nicht, dann wird mir klar, was er wissen will. Ich habe jetzt keine Lust, mich für die deutsche Vergangenheit zu entschuldigen, und übergehe die Frage. „Sex mit einem Deutschen hat etwas Verbotenes", lässt Udi nicht locker. Ich kapiere endlich, dass ich Teil einer sexuellen Perversion bin, und beschließe, die Angelegenheit locker zu sehen. Gönnen wir ihm seinen Spaß. Ich habe meinen. Nennen wir es Vergangenheitsbewältigung.

Eine Woche in New York ist schnell um. Ein Blick noch ins PS1, den Ableger des Museum of Modern Art in Brooklyn. Eine riesige alte Fabrikhalle, in der jetzt junge zeitgenössische Kunst gezeigt wird. Interessant, aber als Berliner sind wir verwöhnt. Viele New Yorker Ausstellungen waren vorher schon in Berlin. Vieles, was jetzt im PS1 hängt, wird bald in Berlin zu sehen sein.

Den letzten Abend verbringe ich mit Gisela in einer Bar am Hudson River. Hier wird mir bewusst, was ich die ganze Zeit vermisst habe. Keine Flugzeuge mehr am Himmel. Sie dürfen die Stadt nach dem elften September nicht mehr überfliegen.

Gisela nennt sich seit heute Giselle. Ihre neuen Kollegen haben sie ganz selbstverständlich so genannt. Und sie hat nicht widersprochen. „Gisela ist unaussprechbar für New Yorker, und warum soll ich meinen Namen zum Karriere-Hemmnis machen?" Die Frage ist rhetorisch. Wir bekommen unsere Martini-Cocktails und stoßen an. Ich esse einen Cheeseburger. Die Luft ist lau, Jazz liegt in der Luft. Die Skyline funkelt. *I'm so New York!*

Castro ist Alltag

Ursula Steck

SAN FRANCISCO

Castro ist Alltag

Ursula Steck

Das erste Mal

Ich bin nicht wegen der Castro Street nach San Francisco gekommen. Ich bin noch nicht einmal wegen San Francisco nach San Francisco gekommen. Wegen Yvette bin ich hier. Meiner langjährigen E-Mail-Freundin. Wir wollten uns endlich einmal persönlich kennen lernen. Und jetzt sitzen wir in dieser wahnsinnig rappelnden Straßenbahn, die uns von der Bayfront, wo Yvette wohnt, quer durch die ganze Innenstadt zur Castro Street befördert. Diese Straßenbahnverbindung heißt hier nur *F-Line* – nicht wegen des F-Worts, sondern weil hier alle Straßenbahnen Buchstaben tragen. Man überwindet darin keine himmelstürmenden Berge wie mit den Cablecars. Doch auch diese Wagen sind uralt – historische, restaurierte Straßenbahnen aus aller Welt, die erst vor ein paar Jahren auf dieser neuen Linie wieder in Betrieb genommen wurden. Unsere Bahn ist knallgelb und heißt Milano.

Es ist Samstag, der 22. Juni 2001. Morgen früh findet die Gay Pride Parade statt. Yvette und ich wollen ins Castro Theater, uns lesbische Kurzfilme anschauen, und danach zum Dyke March. Über die Abläufe und Riten der Gay-Pride-Festivitäten hier weiß ich bisher so wenig wie über die Stadt an sich. Yvette erklärt mir, dass die große Parade inzwischen so kommerzialisiert wurde, dass die Lesben am Vorabend ihr eigenes, anarchisches Event abhalten. *„Just wait and see."*

Wir fahren am Ufer entlang, an den hölzernen Docks, den Lagerhallen, die ins Wasser hineinstechen, am Port of San Franciso. Weiter vorn springt die Bay Bridge in hohem Bogen hinüber nach

Treasure Island. Auf der anderen Seite der Bay liegt der Hafen von Oakland. Gigantische Schiffe, beladen mit bunten Containerbauklötzen, sind auf dem Weg dorthin. In der Ferne sind insektenartige Ladekräne zu sehen. Natürlich zieht mir der Song *Sittin' on the Dock of the Bay* durch den Kopf. Noch steckt mir diese Stadt als einziges Klischee im Hirn fest. Ich versuche mir Piratenschiffe vorzustellen, wüste Hafenkneipen, düstere Bordelle. Doch es ist hell hier, die beigen Sandsteinbauten der alten Piergebäude mit ihren rundbogigen Einfahrten haben inzwischen Glasfronten. Dahinter gibt es moderne Büroräume, schicke Lokale, der Gehsteig ist ein breiter Boulevard, in der Mitte der Straße stehen dicke Palmen, rechts von uns erhebt sich die Skyline. Die schmale Pyramide des Transamerica-Gebäudes sticht nach oben.

Wir biegen in die Market Street ein. Schon hier hängen Regenbogenfahnen. *„The city does that for Gay Pride"*, erklärt Yvette.

„And where is Castro Street?" Ich erfahre, dass wir noch durch die ganze Innenstadt fahren müssen. Wir sind gerade erst im Finanzviertel mit seinen glitzernden Bürotürmen. Die Bahn wird voll. An meinem Rollstuhl klebt eine Kanadaflagge in Regenbogenfarben. *„Are you Canadian?"*, fragt eine Frau mit durchgehend tätowierten Armen.

„No, German."

Die Frau auf dem Sitz vor mir dreht sich um: *„My grandfather was German."*

Der Mann auf der Bank gegenüber mischt sich ein: *„My grandmother came from Hamburg."*

„Really?" Die beiden unterhalten sich angeregt.

„Are you here for Gay Pride?", fragt mich eine weitere Frau. Sie hat chinesische Züge, wie Yvette, wie mindestens die Hälfte unserer Mitpassagiere. Sie ist groß und schlaksig und lässt sich an den Halteschlaufen der Bahn hin- und herschwingen.

„Not really."

„Have fun anyway", ruft sie mir dann zu und springt an der nächsten Haltestelle aus der Bahn.

„Are the people here always like this?", raune ich Yvette zu. Sie grinst schon seit einer ganzen Weile in sich hinein. *„It's because of you"*, antwortet sie.

„But I didn't do anything."

Schon wieder quatscht mich jemand an. Er will wissen, was ich für einen ungewöhnlichen Rolli habe. *„It's from Germany"*, antworte ich, inzwischen schon etwas ermattet.

„People can see that you are not from here", vermutet Yvette. *„And it's Gay Pride."*

Ich bin über Toronto nach San Francisco gekommen. Dort habe ich andere Freunde besucht. In Toronto gibt es die Queen Street. Sie führt mitten durch die City. Es gibt Straßencafés, einen kleinen Park mit einem Aids-Denkmal, ein lesbisch-schwules Gemeindezentrum, Gartenrestaurants, jede Menge Läden, Mäuerchen und Treppenstufen, auf denen man an den warmen Sommerabenden sitzen und Eis essen und die Frauen und Männer angucken kann, die vorbeilaufen und zurückgucken, und oft lächelt dich jemand an. So stelle ich mir die Castro Street vor. Darauf freue ich mich jetzt.

Die *F-Line* braucht fast eine Dreiviertelstunde, um es durch Downtown zu schaffen. Wir kommen an der Shoppingmeile vorbei, am Civic Center, wo man das palastartige Rathaus sehen kann, dessen Kuppel mich nach Paris beamt. Schließlich werden die Häuser wieder kleiner, zusammengewürfelter, abgeschabter. Der Mix aus Läden ist wild. Edle Restaurants wechseln sich mit heruntergekommenen *Fast-Food-Joints* ab, es gibt Motels, Geschäfte für Künstlerbedarf, eine Gourmethandlung, Büros von Kredithaien. So häufig und abrupt, wie diese Straße ihr Gesicht ändert, so gemischt sind auch die Erscheinungsbilder der Menschen. Obdachlose spielen Schach zwischen herumhetzenden Einkaufenden, am Springbrunnen des Civic Center ist die Dichte an Bettlern und Schnorrern groß, dann werden die Leute plötzlich schick und gut gestylt, und wenig später sind die meisten Passanten ohne Zweifel *family.*

Yvette sagt nicht viel. Wir sind noch schüchtern miteinander. Außerdem hört sie nicht gut, und die Bahn wird immer lauter. Doch sie sieht vergnügt aus. Und irgendwie verschmitzt. Als ob sie etwas plant und mir auf keinen Fall verraten wird, was.

Es geht einen kleinen Hügel hinauf. *„Now we are in the Castro."*

Hier stehen wieder diese fetten Palmen auf dem Mittelstreifen. Und die Regenbogenfahnen sind noch größer und hängen noch dichter als in Downtown. Die meisten Häuser sind schmal und viktorianisch mit steilen Eingangstreppen und Erkerchen – viele weiß oder beige, manche hellblau. Steile Seitenstraßen gehen ab. Vor uns liegen grüne Hügel, sie sind nur zum Teil bebaut. *„Is this here already Castro Street?"*

„No, we are still on Market."

The Castro! Ich kapiere endlich, dass damit ein ganzes Stadtviertel gemeint ist, nicht nur ein Straßenzug.

Ich habe mir die Castro Street schmal und gemütlich vorgestellt. Ich dachte, es wäre warm hier und die Straße würde sich zum Wasser hinunterziehen. Doch wir sind weit von der Bay entfernt und noch weiter vom Pazifik. Die Bahn macht eine gewagte Kurve, rumpelt durch eine der kleineren Straßen und hält. Endstation Castro Street. Der Fahrer packt die Rampe aus und legt sie uns hin, damit wir gemütlich aus der Bahn rollen können. Extra Plattformen musste die Stadt bauen, damit alle Leute diese Bahnen benutzen können. Als Rollifahrerin stellst du dich auf eines der Betonplateaus und winkst, wenn die *F-Line* kommt. Der Fahrer hält dann punktgenau vor dir.

Und da ist sie endlich. Die wahrscheinlich berühmteste lesbisch-schwule Meile der Welt. Die Sonne ist gleißend, es ist gar nicht so leicht, einen klaren Blick zu kriegen bei so viel Licht. Außerdem ist es eiskalt, der Wind stark, er bläst durch meine Fleecejacke, den Pulli, das T-Shirt und beißt sich in die Haut. Wir müssen nur ein paar Meter die Straße hinunter zum Kino, und schon habe ich den Impuls, mich nach drinnen verziehen zu wollen, raus aus diesem arktischen Sturm.

„That's the wind from the Pacific. June is one of the coldest months here. You should have come in September or October." Morning, eine Freundin Yvettes, klärt mich über die Wahrheit hinter der Legende vom ewig warmen kalifornischen Wetter auf. Wir warten noch auf Kathy und Lora. Vor dem Kino reihen sich die Besucherinnen der Vorstellung auf. Ich vergleiche Gesichter, Kleidung, Frisuren. Gar nicht so anders als in Köln, geht es mir durch den Kopf. Internationaler, lesbischer Schick.

Über das Castro-Theater habe ich gerade ein Buch gelesen. Einen Krimi von Mary Wings mit dem Titel *She came to the Castro.* Er spielt während des lesbischen Filmfestivals. Meine Vorstellung hat beim Lesen ganz andere Bilder gemalt als die, die ich jetzt hier vor mir sehe. Da war alles fremder, eindeutig in einem anderen Land. Jetzt könnte dieser Ort plötzlich auch in Deutschland sein, trotz der Gebäude, die einen ganz anderen Stil haben, der bonbonfarbenen Leuchtschrift des Kinos, die ausschaut wie aus einem Hollywoodstreifen der fünfziger Jahre, der Amerikanerinnen unterschiedlichster Hautfarbe und ethnischer Herkunft. Ich frage mich, ob das daran liegt, dass meine Wahrnehmungsfilter ohnehin grundsätzlich von jedem Ort das offensichtlich Fremde entfernen, sobald ich mich dort aufhalte, oder ob es einfach an dem Gefühl von fröhlicher, lesbischer Gemeinschaft liegt, das in diesem Augenblick hier herrscht und mich aufnimmt? Oder ob es noch etwas ganz anderes ist?

Viele Frauen lächeln uns an. Manche kennt Yvette. Die meisten nicht. Lora und Kathy kommen. Auch sie wirken vertraut, obwohl ich sie gerade zum ersten Mal sehe. Erst später, als wir uns unterhalten, werden sie mir fremder. Lora sieht im Kino vor Beginn der Vorstellung eine Frau, die sie mal *gedatet* hat. Sie erzählt mir von den *mindgames*, die dabei gespielt wurden. Ich versuche zu verstehen, was ich höre. Klar, auch ich habe mich immer mal wieder mit Frauen verabredet, die ich gerade kennen gelernt habe. Aber wir haben unsere Treffen nicht durchnummeriert, und dann je nach *first date, second date* und so weiter versucht, das Verhalten der anderen einzuschätzen. Haben wir miteinander gespielt? Falsche Hoffnungen geweckt? Kann schon sein. War vorgestern Abend – am Tag, als ich ankam – Yvettes und mein erstes Date? Und gestern unser zweites? Hätten wir uns da schon küssen sollen, nach diesen amerikanischen Regeln? Oder hat alles sowieso schon viel früher angefangen? Mit unseren vielen E-Mails während der letzten zwei Jahre? Wir haben uns völlig unverfänglich bei einer Newsgroup für Lesben mit Behinderungen kennen gelernt. Da ging es nie um Dating. Aber dann die Online-Chats, die langen Telefonate der letzten Monate. Als ich Yvette am Flughafen zum ersten Mal sah, ging es mir ein bisschen wie heute mit der Castro Street. So viele Bilder im Kopf. Erwartungen. Während der letzten beiden Tage habe ich innere Fotos sortiert, die leibhaftige, lustige, zierliche, so jung und jungenhaft aussehende Frau neben mir mit der eher ernsten und sarkastischen Frau aus den Briefen und dem sympathischen, manchmal scheuen, manchmal frechen Gegenüber der Telefongespräche verglichen, jemand Neues kennengelernt, die mir schon wahnsinnig vertraut vorkam. Ich bin immer noch verwirrt.

Es wird dunkel im Saal. Yvettes Freundinnen verkrümeln sich auf ihre Plätze. Yvette und ich sitzen nebeneinander auf der freien Stellfläche für Rollis. Im ersten Film geht es irgendwie um das Stricken eines langen Schals, der dann den Frauen, die ihn stricken, aus dem Auto flattert und sich überall verheddert. Ich greife nach Yvettes Hand. Sie hat sich gestern Abend schon getraut, mir einen schnellen Kuss zu geben und mich eingeladen, bei ihr zu übernachten. Noch schlafe ich in der Jugendherberge. In Yvettes Wohnung gibt es kein Gästebett. Ich weiß nicht, ob ich es schon gewagt hätte zu bleiben. Ohnehin hatte ich das Ladegerät für meine Rolli-Batterie nicht dabei und musste deswegen nachts ins Hostel zurück. Heute habe ich es in den Rucksack gepackt. Und hoffe die ganze Zeit, dass Yvette das noch nicht gemerkt hat. *Mindgames*, hat Lora gesagt. Mit jemandem spielen, sie an der Nase herumführen. Dafür bin ich nicht so weit gereist. Wir wussten beide schon lange, dass das etwas werden kann mit uns. Haben das in den Briefen gespürt, ich habe es in ihrer Stimme gehört. Sie erwidert meine Berührung.

Nur der letzte Film der darauf folgenden zwei Stunden bleibt in meinem Gedächtnis hängen. Da bringt sich die Rolli fahrende eineiige Zwillingsschwester einer Zirkusartistin um, damit ihre Schwester ihren Platz im Rollstuhl einnehmen kann und dadurch nicht heiraten muss, sondern mit der Pflegerin der Schwester ihre Liebe ausleben kann.

Wir gehen mit Morning und Lora und Kathy zum Lunch in ein Thai-Nudel-Haus gleich um die Ecke. Yvette und ich lassen uns über die Beschränktheit des letzten Films aus. Die anderen entdecken unsere verschränkten Hände. Morning lächelt vor sich hin. Sie ist eine von Yvettes ältesten Freundinnen. Eine *gentle butch*, wie sie sich selbst nennt. Vor zwanzig Jahren aus Taiwan eingewandert, und man merkt ihr an, dass sie sich in diesem Land nicht wirklich zu Hause fühlt. Sie wirkt auf dem Sprung, betritt Räume vorsichtig und stellt mehr Fragen, als sie beantwortet. Morning ist athletisch und zurückhaltend – und jederzeit bereit, alles für Yvette zu tun. Im Spaß nennen wir sie irgendwann unsere *big mama*.

Auf der Castro Street weht immer noch dieser Teufelseiswind. Die Leute hetzen den Hügel hinunter und wieder hinauf, schauen einander, wenn überhaupt, nur hastig an. Der Teil der Straße, wo Geschäfte und Lokale liegen, ist kurz, kürzer als bei der Queen Street. Es gibt keine Straßencafés hier – zu kalt. Und es sitzt auch niemand auf den Treppenstufen. Doch in den Bars und Restaurants ist die Hölle los. Vor den Eingängen stehen festgeballte Menschenknäuel. Im Schaufenster eines Ladens tanzen muskelbepackte Männer in engen Höschen. *„Castro Clones“*, sagt Lora.

Heute halten wir uns nicht lange in der Castro Street selbst auf. Wir wollen zu einem Park in der Nähe, wo sich die Teilnehmerinnen des Dyke March versammeln. Der Park liegt am Hang, wie ja das meiste in dieser Stadt. In der Ferne sehen wir wieder die Skyline – blasse Hochhauswürfelchen. Jede dritte Frau spricht uns an. Manche wechseln ein paar Worte mit Yvette oder einer ihrer Freundinnen – sie kennen sich aus langen aktiven Jahren in der Community –, andere wollen wissen, ob wir Hilfe beim Drängen durch die Menge brauchen oder ob sie uns zeigen sollen, wo die freie, ebene Fläche für Rollis ist. Manche der Helferinnen tragen den Button, der sie als ehrenamtliche Mitarbeiterinnen des Dyke March ausweist, andere sind Besucherinnen wie wir und wollen einfach ihr Wissen mit uns teilen. Meine Begleiterinnen tratschen ein bisschen über die Frauen, die sie erkennen – wer jetzt mit wem oder warum die eine mit der anderen nicht mehr ...

Yvette kennt die Frau auf der Bühne. Trinity. Sie ist so etwas wie die gute Fee aller Lesben asiatischer und pazifisch-hawaiischer Herkunft. Yvette hat sie vor zwanzig Jahren in einer Asian Lesbian Group kennengelernt. Trinity unterrichtet außerdem am City College am Seminar für lesbisch-schwule Studien – dem einzigen in den USA.

Es ist jetzt vier Uhr. Der Dyke March beginnt erst gegen sieben. Bis dahin findet hier im Park das Happening statt. Eine Frau nach der anderen hält auf der Bühne ihre Ansprache. Es geht um die Arbeit der unterschiedlichsten lesbischen Gruppierungen. Dann berichtet eine schmale, dunkelhaarige Frau vom Tod ihrer Partnerin. Diane Whipple wurde im Hausflur ihres eigenen Apartmentgebäudes von den Hunden eines Nachbarpaares zerrissen. Die Hundehalter sind Anwälte mit Verbindungen zur rechtsradikalen Szene. Wie ich später aus dem Fernsehen erfahre, findet gerade ein Aufsehen erregender Prozess gegen sie statt. Der Richter bezeichnet die Angeklagten als die am meisten verhassten und verachteten Personen der Stadt.

Yvette und ich sitzen in der Sonne - hier im Park ist es ein bisschen wärmer, doch in Köln würde das Wetter definitiv als frühwinterlich bezeichnet werden - und gucken uns die Leute an. Und lassen uns angucken. *„San Francisco is a small town“*, sagt Yvette. *„People are curious who this woman is I am holding hands with.“*

Schon wieder kommen die Organisatorinnen des Events zu uns. Sie erklären uns, dass wir ganz vorn im March mitlaufen sollen, beim Rollstuhlkontingent. Kein Problem. Aber wir sollen uns jetzt schon aufstellen, anderthalb Stunden vor Beginn der Parade. So viel zur Anarchie. Es ist schattig, windig und kalt an der Ecke, wo wir warten müssen. Bald kann ich meine Hände kaum noch bewegen. Vor uns stehen Frauen mit freiem Oberkörper. Sie haben noch nicht einmal eine Gänsehaut. Noch nicht!

Nach endlosen Durchsagen und Anweisungen bewegt sich endlich der Wagen vor uns - der Kopf des Zuges. Die Frauen darauf tanzen sich warm, auch sie sind barbusig, manche groß und dünn, andere groß und dick, die nächste klein und muskulös. Es gibt alle Haarlängen und Hauttöne, manche tragen Glitzerröcke, andere Jeans oder weinrote Pumphosen. Hinter uns hören wir die Rufe und das Pfeifen und Skandieren von tausenden von Lesben. Wir laufen durch Wohnstraßen. Aus jedem zweiten Fenster hängt eine Regenbogenfahne oder schaut jemand heraus, der sie schwenkt. In vielen Wohnungen finden Partys statt. Vor allem Männer winken uns zu, rufen und ermuntern uns. Die Frauen, die hier wohnen, laufen wohl selbst im Zug mit.

Irgendwann kann ich nicht mehr. Ich bin ein Eisklotz. Es kommt mir vor, als wären wir erst drei Blocks weit gekommen. Später finde ich heraus, dass wir durch den gesamten inneren Castro-Distrikt gezogen sind. Ich schwenke an einer Seitenstraße aus der Parade aus. Yvette und ihre Freundinnen haben auch genug. Die Straße ist sehr leer. Wir laufen Richtung Market Street. Yvette und ich sind plötzlich ganz allein, Morning und die anderen weit zurückgefallen. Wir halten an, wollen eigentlich sehen, wo sie bleiben. Doch die Gelegenheit ist zu gut. Wir küssen uns. Zum ersten Mal länger, zweifelloser. Später erfahren wir, dass Morning uns gesehen hat und alle anderen am Anfang der Straße zurückhält, damit wir einen Moment allein haben.

Zum Aufwärmen gibt es wieder Thai-Küche, Kokosmilchhühnchen, grünes Curry, köstlich und lebensnotwendig heiß. Diesmal in der Market Street. Vier Blocks von Castro Street entfernt. Doch auch hier ist die Gegend noch vollkommen in lesbisch-schwuler Hand. (Ich schenke mir hier das bisexuell-transsexuell, das politisch und tatsächlich korrekt auch noch hingehört, aber aus Platz- und Aussprachegründen, und nur deswegen, von mir weggelassen wird.) Der Abend endet mit einer lateinamerikanischen Geburtstagsparty bei einem schwulen Freund, und danach verrate ich Yvette, dass heute das Ladegerät meines Rollis in meinem Rucksack steckt. Sie hat es bisher tatsächlich noch nicht entdeckt.

Castro – immer wieder

Seit diesem ersten Mal bin ich noch oft, meistens monatelang, nach San Francisco gekommen und habe natürlich immer wieder das Castro-Viertel besucht. Dabei habe ich den Different Light Bookshop in der Castro Street gefunden, wo es lesbisch-schwule Literatur ohne Ende gibt, die vielen Läden voll schönem Tand, Kunsthandwerk aus aller Welt, den Laden der Aids-Hilfe, die von Yvette – und inzwischen auch von mir – geliebte Anchor Oyster-Bar. Michael, der Kellner, ist groß und schön und freundlich. Es gibt natürlich Austern und anderes *Seafood*. Die Bar ist winzig, sieht aus wie ein altmodischer Diner, die Art von Restaurant, die ich am liebsten mag. Der einzige Unterschied ist, dass wir uns hier berühren dürfen und küssen, ohne komische Blicke zu ernten oder sogar in ernsthafte Schwierigkeiten zu geraten.

In fast ganz San Francisco fühlen wir uns sicher und als Lesben akzeptiert wie auch in Köln oder Amsterdam oder anderen lesbisch-schwulen Metropolen. Doch das Schöne daran, in einer Stadt zu sein, die eine *Lesbian and Gay Neighborhood* hat, ist, dass wir dort nicht nur akzeptiert sind, sondern uns in unserer eigenen Kultur bewegen. Ich denke manchmal, es ergeht uns da so ähnlich wie Yvettes Mutter, die zum Einkaufen und Essen-Gehen am liebsten nach Chinatown oder in eines der anderen chinesischen Viertel fährt. Es geht dabei um Selbstverständlichkeit, darum, sich mit größerer Leichtigkeit im Alltag bewegen zu können, sich nicht als anders wahrnehmen zu müssen. Ich frage mich manchmal, was in einer Welt passieren würde, in der es tatsächlich keine Ausgrenzung mehr gäbe, wo rechtlich und sozial die Unterschiede zwischen den Subkulturen verschwunden wären. Würden sich dann Viertel wie das Castro auflösen, im großen Ganzen verschwinden, oder würden sich Menschen verschiedener Gruppen weiterhin in eigenen Stadtteilen versammeln?

San Franciscos Chinatown entstand als von einem feindseligen Staat verordnetes Getto. Chinesische Einwanderer und Amerikaner chinesischer Herkunft durften ursprünglich nur dort wohnen. Das Castro-Viertel wuchs selbst gewählt. Als Freiraum innerhalb eines abweisenden Mainstreams. Lesbische und schwule Geschäftsleute eröffneten nach und nach Bars und Läden, einer ermutigt vom anderen. Harvey Milk, der schwule Stadtrat, der 1978 zusammen mit dem fortschrittlichen Bürgermeister der Stadt, George Moscone, von Dan White, einem von der liberalen Strömung im Rat frustrierten, reaktionären Mitstadtrat erschossen wurde, hatte auf der Castro Street seinen Fotoladen. Es heißt, er wäre so offenherzig, freundlich und inspirierend gewesen, dass alleine seinetwegen viele der weiteren Geschäftsleute und Kunden dorthin kamen. Nach seiner Ermordung starteten von der Castro Street aus riesige Kundgebungen von entsetzten und erbitterten Lesben, Schwulen und anderen Bürgern. Die Polizei ging brutal gegen die Demonstranten vor. Harvey Milks Mörder bekam nur eine milde Strafe. Angeblich hat San Francisco in diesen Wochen seine Unschuld verloren. Die Stadt konnte sich nie wieder als so freizügig, tolerant und menschlich empfinden wie vor diesen Ereignissen. Aber auch heute hat in San Francisco der Terminator, Arnold Schwarzenegger, nicht die Mehrheit bekommen. Und die Stadt hat schon seit einigen Jahren ein Domestic-Partnership-Gesetz für gleichgeschlechtliche Paare.

Yvette und ich sind ein glückliches internationales Paar, wir suchen nach Möglichkeiten zusammenzuleben. Aus verschiedenen Gründen möchten wir das gerne in San Francisco tun, obwohl wir es einwanderungsrechtlich in Deutschland als lesbisches Paar inzwischen damit einfacher hätten. Dafür ist Köln für Leute im

Rollstuhl eine wüste Ödnis in Sachen Zugänglichkeit. Hier legt uns niemand eine Rampe hin, damit wir in die Straßenbahn kommen. San Franciscos Partnerschaftsgesetz dagegen gilt nur für die Stadt, Einwanderung jedoch ist eine föderale Angelegenheit. Yvette ist Amerikanerin, zahlt in ihrem Land Steuern wie alle anderen auch, hat die gleichen Pflichten – aber als Lesbe nicht das gleiche Recht, ihre Lebensgefährtin zu sich zu holen.

Im Castro-Viertel lässt sich diese Wirklichkeit einerseits gut vergessen – inmitten von gleichgeschlechtlich liebenden Frauen und Männern, die hier leben, arbeiten und Spaß haben –, andererseits gibt es im LGBT Center auf Market Street laufend Veranstaltungen, die sich mit der Diskriminierung von Lesben und Schwulen beschäftigen. Castro ist Alltag, aber Castro ist auch ein Ausdruck des Ausnahmezustands, den dieser problemlose, selbstverständliche, offene Alltag für uns immer noch darstellt.

Endstation Sehnsucht

Stephan Niederwieser

FLORIDA

Endstation Sehnsucht

Stephan Niederwieser

Florida ist der einzige Ort, an dem ich erlebt habe, dass es aus klarem Himmel regnet. Du springst nachts ins Meer, und das Wasser leuchtet auf. Du läufst durch wuchernde Blütenhaine mit Hibisken, Bougainvilleen, Orchideen, pflückst Mangos, Papayas, Guaven – und der tropisch feuchte Wind trägt eine Flut von Düften an deine Nase. Die Grenze zwischen Traum und Wirklichkeit verschwimmt, in den Keys wird der Traum zur Wirklichkeit. Von der Magie erfasst, lockt es mich seit Jahren immer wieder dorthin.

Aber ich würde mich niemals nach Miami fliegen lassen.

Dort verbringt man den halben Urlaub damit, nur um vom Flugzeug zum Gepäckband zu kommen. Und wer es als einen Alptraum empfindet, zu den Lichtjahre entfernt liegenden Autovermietungen mit dem Pendelbus befördert zu werden, der hat sich noch nicht, beim Versuch den Wagen zurückzubringen, im Spaghettigewirr von Highways verirrt und ist plötzlich in einer Gegend gelandet, in der blutige Hühnerkrallen teurer gehandelt werden als Menschenleben.

Natürlich nehme ich immer ein Cabrio, es geht nicht anders. „Florida ist fürs Fahren mit offenem Verdeck zu heiß und viel zu gefährlich", hört man Leute behaupten. Geizhälse! Zugegeben, Miami hat wohl die höchste Verbrechensrate, und ja, vor der Sonne in Äquatornähe sollte man sich sehr in Acht nehmen. Ich erinnere mich an so manche Mittagsstunde, in der ich von Schatten zu Schatten sprang, aus purer Angst, bei direkter Sonneneinstrahlung sofort in Flammen aufzugehen (und dabei bin ich nicht die Bohne hysterisch!). Aber mal ehrlich, wer will schon wegen dem bisschen

Gefahr, umgebracht zu werden, auf das Cabrioglück verzichten? (Natürlich stellt Mann seinen Luis Vuitton nicht auf den Rücksitz!)

Ich lasse lieber die kleineren Flughäfen anfliegen, Fort Lauderdale oder Palm Beach, der vom König der Reisemagazine Traveler zum sechstbesten Flughafen der Welt erkoren wurde. Dort ist die Chance, einem Promi über den Weg zu laufen, ungleich höher, und manchmal bekommt man einen besseren Wagen, weil die Vermieter über kleinere Fuhrparks verfügen.

Weil ich auf hundertjährige Ladys in knallroten Kostümen stehe, gönne ich mir immer einen Abstecher nach Palm Beach. Nirgendwo auf der Welt finden sich so viele, scheinbar ferngesteuerte Autos auf den Straßen (die Fahrer sind so klein, dass sie kaum übers Lenkrad schauen), wohl weil nirgendwo eine höhere Dichte an Rentnern anzutreffen ist als zwischen Palm Beach (für die Stinkreichen) und Boca Raton (für die Reichen). Die nicht so Reichen leben im Landesinneren in von Jüngeren mit einem Augenzwinkern als *compounds* (Gefängnisse) bezeichneten Anlagen mit einer verwirrenden Zahl ähnlicher Einfamilienhäuser, Clubhaus, Tennisplatz und Schwimmbad, die sich von einer anderen Anlage und den darin lebenden Menschen einer meist anderen Religionszugehörigkeit, Hautfarbe, politischen Meinung, Alterstufe oder sonst was mit Hilfe einer hohen Mauer abgrenzen. Rassismus gibt es hier praktisch überhaupt nicht, man bleibt nur gerne unter sich. Damit die alten Herrschaften nicht versehentlich im falschen *compound* landen, zieren die Mauern zauberhafte Namen wie Citrus Grove, Platin Alley, Ocean Ridge.

Entsprechend der Bevölkerung ist auch der vorherrschende Fahrstil. Besondere Vorsicht ist auf Parkplätzen vor Shopping-Malls geboten, da wird man schon mal umgemäht, was dann – glaub ich – *collateral damage* genannt wird.

Das The Breakers ruft allerlei Erinnerungen in mir wach. Im ältesten und vielleicht beeindruckendsten Grand Hotel Amerikas kriegt man die „Besenkammer“ schon für vierhundert Dollar, und natürlich hat es einen Golfplatz, sonst wäre es ja nicht auszuhalten. Am Pool wird auf allerhöchstem Niveau gejammert: „Kauft mein Darling doch diese Yacht für sechs Milliarden Dollar, aber ich kann mich einfach nicht mit den vergoldeten Zierleisten anfreunden. Platin passt viel besser zu meiner Frisur."

Im angrenzenden Health Club (der Preis für eine Mitgliedschaft entspricht vermutlich dem Bruttosozialprodukt von Tansania) verfolgte mich ein Herr in die Umkleidekabine. Was ich als dreiste Anmache verstand, entpuppte sich als Versuch, mir eine Wohnung anzudrehen – der Gute war Immobilienmakler.

Mit dem Wagen – zu Fuß gehen hier nicht mal die Mittellosen – fünf Minuten nach Süden, und man steht am Anfang der angeblich teuersten Straße der Welt, der Worth Avenue. Hier liebe ich es, an den Schaufenstern von Armani & Co. entlangzuflanieren und den Millionären verächtliche Blicke zuzuwerfen.

Links und rechts entlang der Küste (Highway 1) undurchdringliche Hecken und hohe Mauern. Hinter ihnen verbergen sich die Villen von Donald Trump und Konsorten, die so reich sind, dass man ihren Namen nicht mal erwähnen darf, ohne von der Polizei zur Ausweiskontrolle herausgewunken zu werden. Möchtegerne-Paläste, die teurer sind als die Schlösser König Ludwigs, weil sie aus irgendeinem Marmor vom Ende der Welt erbaut wurden, aber ob des Geschmacks seiner Bewohner (habe ich schon auf die Nähe zu Disneyworld hingewiesen?) von Europäern nur großherzig belächelt werden.

Natürlich isst man entlang der Küste Floridas am besten Fisch. *Dolphin* zum Beispiel. „Nein, wo denken Sie hin?", erwidert die Bedienung, nachdem sie mein schockiertes Gesicht wahrnimmt. „Das ist kein intelligenter Flipper, der kleinen Kindern das Leben rettet und so putzig auf dem Wasser tanzt, sondern nur Mahi-Mahi, und der ist dumm." So dumm wie Bedienungen?

Die Qualität der Küche erstaunt mich nur so lange, bis ich erfahre, dass die Köche der besseren Hotels und Restaurants fast ausschließlich aus Deutschland, Österreich oder der Schweiz importiert wurden. Vielerlei Fruchtsoßen und aromatisierte Öle über gegrilltem Fisch – Hokuspokus, den keiner braucht. Oft isst man billig besser.

Wirklich beeindruckend finde ich das Erlebnis Waffle House. Diese Fastfood-Kette ist nur im Süden des Landes verbreitet und hat das ganze Jahr rund um die Uhr geöffnet. Zwar ist das Essen, mit Ausnahme der Pecan-Waffeln, eher mittelmäßig – man wünscht sich, der Kaffee, der wie mit Motoröl verseuchtes Meerwasser aussieht, möge wenigstens nach eben jenem schmecken –, aber nirgendwo lässt sich die Kunst eines *short-order*-Kochs besser bewundern. Zudem bietet sie einem einen Vorgeschmack auf *Southern breakfast* mit Grits, ein Maiskeimbrei.

Insider bezeichnen Fort Lauderdale gerne als Fort Lotterdale, weil die schwule Szene hier so launisch ist wie Ehegatten während ihrer Periode. Die Disco The Pier liegt am Intercostal, der Wasserstraße zwischen Festland und vorgelagerter Inselgruppe, und verfügt praktischerweise über einen Steg, so dass man seine Yacht parken kann (schließlich wüsste man ja sonst nicht, wohin damit). Drinnen ruhige Billardräume, auf der Toilette ein netter Herr, der nach dem Händewaschen Papierhandtücher und Parfüm reicht (in Wahrheit aber sicherstellt, dass niemand den Pillermann des Nachbarn beguckt – bestimmt vom CIA dort installiert!). Auf der Tanzfläche tobt der Pulk, vom Spiel modernster Lichttechnik verziert. Schön, wenn die Gäste mit Cher im Chor singen und das Ganze akzentfrei klingt. Am Wasser sternklare Nacht und sommerliche Temperaturen wie in der Achsel eines flauschigen Mannes ... Habe ich die Magie Floridas schon erwähnt?

Als ich im November das Pier kennen lernte, war es so *in*, dass es sich eine eigene Zeitschrift leistete. Vier Monate später erinnert sich kaum mehr jemand an seinen Namen. Seither besinne ich mich auf Traditionelles, zum Beispiel auf das Georgies Alibi – was für ein trefflicher Name! In dieser Bar mit Videowand gibt es jeden Abend einen anderen Cocktail für „günstig“ (he, ich hab nicht „billig“ gesagt!). Den Long Island Ice Tea sollte man sich nicht entgehen lassen, aber lieber mit jemandem teilen. Nicht nur, weil man sich dabei nahe kommt, sondern weil er in einem Krug von der Größe eines mittleren Putzeimers serviert wird und einem allein die Schädeldecke wegsprengt.

In der Lederkneipe Ramrod ist es zwar herrlich dunkel, aber deswegen auch nicht mehr los als in anderen Kneipen, zumindest nicht in Sachen Erotik. Der Anblick des nackthintrigen Stiefelputzers könnte zur Annahme verleiten, ein beherzter Popoklatscher sei im Preis der Drinks inbegriffen. Aber: Der Go-go-Boy im Schottenrock ist in den Bars zwar so üblich wie hierzulande der

Zapfhahn, aber wehe, du lässt dich dabei erwischen, so etwas wie sexuelle Erregung auch nur halb öffentlich zur Schau zu stellen. Selbst die Klotüren der New Yorker Lederkneipen verunstaltet ein ernst gemeintes: *Only one at a time!* (Nur einzeln eintreten!) Und bitteschön, New York hat die Sauereien erfunden.

Wie ich feststelle, ist das herausragende Merkmal vieler Bars in den wärmeren Gegenden Amerikas, dass sie über einen Outdoor-Bereich verfügen. Das ist schon deshalb gut, weil man sich nach längerem Aufenthalt in den klimatisierten Innenräumen mindestens eine Lungenentzündung holt, wenn nicht Erfrierungen dritten Grades. Positiv auch: Geraucht wird im Allgemeinen kaum. Und während hierzulande jeder, der etwas gelten will, mit dem Bier in der Hand rumsteht, darf man dort getrost Evian nuckeln – das zwar in der praktischen PET-Flasche serviert wird, aber ungefähr so viel kostet, als hätte man sich soeben von algerischen Entführern freigekauft.

Die Hotels, die ich beehrte, sind allesamt nicht der Hit, daher lacht man sich in Lauderdale am besten schnell ein paar Freunde an und übernachtet fortan privat. Im Gegensatz zum viel größeren Miami lebt man hier in komfortablen kleinen Häuschen mit wucherndem Garten und klitzekleinem Pool olympischen Ausmaßes.

Zum Frühstück trifft man sich in The Deck, dem Restaurant des Bahama Hotels mit Blick aufs Meer. Danach lenke ich mein Cabrio (hab ich schon erwähnt, dass man hier unbedingt offen fahren muss?) mit lockerem Handgelenk den Las Olas Boulevard hinunter und mache Abstecher in die Seitenstraßen, die – wie mir ein Freund erklärt – ein wenig an Venedig erinnern. Zu seiner Entschuldigung sei erwähnt, dass er noch nie in Venedig war.

Fort Lauderdale hat einen netten Strand, an dem man vorzüglich baden kann. Die Schwulen treffen sich in Höhe der St. Sebastian Street (wo sonst?), und wem drei Palmen zum Cruisen genügen, der kann sich dort richtig austoben. Zwar liegt man quasi mitten in der Stadt, aber genau das hat Charme – besonders am Morgen, wenn die Sonne aufgeht und alle noch schlafen.

Strand gibt es entlang des Festlandes übrigens *en masse*: Boynton, Delray, Pompano. Mancher wird gepflegt und von sonnengebräunten Coastguards überwacht, anderer liegt einfach nur so rum, jede Menge lauschiger Ecken inklusive. Hier wie dort: Vorsicht vor giftigen Feuerquallen und schießgeilen Bullen!

An der Sawgrass Mill Mall komme ich nie vorbei – und das meine ich sowohl räumlich wie buchstäblich. Das fast schon berühmte Einkaufszentrum (was für ein lächerliches Wort für drei Kilometer überdachter Ladenstraße) liegt etwa zehn Meilen im Landesinneren. Es drohen platte Füße und lange Arme vom Schleppen, aber was tut man nicht alles für Schnäppchen von Tommy Hilfiger, Calvin Klein und Ralph Lauren. Zum Verschnaufen ziehe ich mich gerne in eines der dreiundzwanzig Kinos zurück.

Zum Thema Schnäppchen: Ab Thanksgiving (Ende November) wird alles teurer und voller. Am besten reist man Anfang November (wenn man Glück hat, haben sich die Herbststürme schon ausgetobt) oder ab Ostern, dann sollte man allerdings hitzeerprobt sein.

Kaum einer mag sich im Urlaub mit so Unsinnigem wie Kultur oder gar Natur belasten, dennoch rate ich dringend zu einem Besuch der Everglades-Sümpfe, in denen ganze Jumbo Jets verschwinden, ohne auch nur eine Spur zu hinterlassen (wenn Sie nun an Ihre überflüssigen Liebhaber denken, ist das nicht meine Schuld!). Dort gibt es Schlangen zu sehen (nein, nicht böse Tunten) und Alligatoren (diese niedlichen Dinger, aus denen man die begehrten Handtaschen klöppelt), zudem kann Mann gegen geringes Entgelt den Macho mimen, indem man mit einem Schnellboot durch das Schilf pfeffert und alles mögliche Getier aufscheucht.

Nach meiner ersten Nacht in Miami mache ich mich umgehend auf die Suche nach der Fabrik, die seit Jahren erfolgreich diese hochwertig ausgestatteten Klone produziert: blondiertes Haar, sonnengebräunte Haut, blendend weiße Zähne und diverse Anhäufungen von Muskeln an Stellen, an denen ich bisher keine vermutete (bitteschön, ich bin staatlich geprüfter Heilpraktiker). Und billig sind die!

Das ehemalige Schwulen-Mekka könnte unterschiedlicher nicht sein. Werden in Miami Homoletten rekrutiert, ist San Francisco das schwule Altenheim Amerikas. Unterhält man sich in Kalifornien an der Supermarktkasse ungeniert über seine HIV-Infektion (angeblich sind bis 2005 die Hälfte aller in SF lebenden HIV-Infizierten medikamentenresistent), spricht man in Miami allenfalls über Viagra und Steroide. Versucht der Bettler in Miami mit Hilfe von Tricks an dein Geld zu kommen, sagt er im Westen schlicht: „Hast du ein paar Cent für eine bessere Welt übrig?"

Meine erste Station: die Villa von Versace. Der vornehme Tourist begnügt sich damit, Ketchup auf die Stiegen zu träufeln und sich mit Selbstauslöser in Sterbepose zu fotografieren, der Geschmacklose hockt sich aufs Treppchen und baggert schamlos das vorüberziehende Volk an, das in tiefer Trauer um Giannis Ermordung Tränen vergießt. Außerdem hat man den schwulen Strand im Visier – leider sieht man ihn vor schönen Männern kaum.

Das Delano, ein von Philippe Starck gestyles Hotel, liebe ich. Dies ist auch der richtige Ort, um eine Hommage an die Girls von *Sex and the city* zu feiern: Nirgendwo in Miami trinkt man den Cosmopolitain standesgemäßer! Ich will dort immer noch mal im Swimmingpool sitzend dinieren. Wie romantisch. Beim Verlassen des Hotels holt einen die Realität schnell wieder ein; ich glaube, wir haben für eine Stunde Parken zwanzig Dollar geblutet.

Ohne das Art-Deco-Viertel South Beach wäre Miami nichts. Kaum zu glauben, dass die eiscremefarbenen Häuser mal Altenheime waren. Lange standen sie leer, man wollte sie abreißen, bis – und nun bitte ich um einen gehörigen Trommelwirbel – ein paar Schwule auf die Idee kamen, etwas aus diesem Stadtteil zu machen. *Et voilà*, nun reihen sich Bars an Restaurants und Modellagenturen, während die Bewohner der darüber liegenden Apartments horrende Mieten bezahlen, um ab dem Mittag von getunten Autos und hämmernder Musik belästigt zu werden.

Hier, am Ocean Drive, ließ sich „un, dos, tres"-Ricky Martin restaurantmäßig nieder. Casa Salsa heißt sein Laden, die Küche weist – Wer hätte es gedacht? – puertoricanische Einflüsse auf. Ein paar Häuser weiter serviert Gloria Estefan im Larios on the beach kubanische Küche (nicht wirklich selbst) und lässt bis spät in die Nacht die Gäste tanzen. Cameron Diaz (Sie wissen schon, die unscheinbare Blondine an Justin Timberlakes grüner Seite) nistete sich bescheiden abseits in der Meridian Avenue ein und nennt ihr minimalistisch eingerichtetes asiatisch-thailändisches Restaurant Bambú. Selbst aß sie dort erst einmal (biologisches Hühnchen). Nach ihr guckt man sich vergeblich die Augen aus, dafür kommt man schon mal neben Sigourney Weaver, Harrison Ford oder Billy Corgan von den Smashing Pumpkins zu sitzen.

Die Clubs von Miami unterscheiden sich nicht sonderlich von denen im Rest der Welt. Vielleicht ein bisschen bunter, und hier oder dort steht eine Palme rum. Was mich viel mehr beeindruckt: wie man mit so wenig so viel Geld scheffeln kann.

Die Eiligen fliegen nach Key West. Ganz verdenken kann ich es ihnen nicht, denn der Highway 1, der auf zweihundertfünfzig Kilometern zum südlichsten Zipfel des Landes führt, zählt zu den gefährlichsten Strecken. Einfach, weil er für amerikanische Verhältnisse schmal (vor etwa hundert Jahren war das mal eine Eisenbahnstrecke) und sehr befahren ist. Aber damit beraubt man sich der Magie, derer man nur abseits von Betonburgen, Neonlichtern und Discolärm gewahr wird.

Kurz hinter Miami begegnet mir ein Straßenschild, auf dem ein gieriger Alligator und darunter die Buchstaben „XING“ abgebildet sind. XING steht für „cross-ing“, zu deutsch: Krokodile kreuzen den Weg. Der Amerikaner hat einerseits eine seltsame Vorliebe für Abkürzungen entwickelt, andererseits legt er größten Wert darauf, in Speisekarten fast jedes Gewürz einzeln aufzuzählen: *„Zucchini-wrapped Red Snapper with tomato, cumin, and orange sauce, decked with a grid of ever so lightly grilled yam potatoes, glazed with clarified lemon rind flavored butter ...“*

Ich merke bald, für einen Badeurlaub ist man in den Keys schlecht aufgehoben, es sei denn, man ist Schlammfetischist oder findet ein Hotel mit langem Steg ins Meer. Die Strände sind nämlich nicht aus Sandkastensand, sondern aus Kalk, was mit Meerwasser zu einer ziemlichen Kloake wird, in der man knöcheltief versinkt. Zudem trocknet sie die Haut aus, so dass sie reißen kann und die ganze teure Pediküre zum Teufel geht. Ich frage mich einmal mehr, warum niemand einen gepflegten Rasen am Meer anlegen mag, um dem unsäglichen Problem „Sand im Getriebe“ vorzubeugen.

Wie ich feststellen muss, sind Pools keine Alternative! Die der Hotels werden selbstverständlich beheizt, damit die Wassertemperatur nie unter achtunddreißig Grad sinkt, und sie sind nicht tiefer als einen Meter, um – wie man mir erklärt – Schadensersatzklagen in Trilliardenhöhe aufgrund möglichen Ertrinkens vorzubeugen.

Dafür bietet man mir an, auf Key Largo mit den Delfinen zu schwimmen. Für Geld natürlich. In einer ausgewiesenen Bucht. Aber ich weiß, dass man das auch für umsonst kriegt, man muss nur weit genug rausfahren (an den Haien vorbei und dann links) und etwas Geduld mitbringen. Aber mehr als das lustige Spiel der Tümmler beeindruckt mich das sanfte Gleiten von Rochen – majestätisch, Respekt einflößend, Schamhaare aufstellend.

Zum Wandern ist entlang des Highways einiges ausgeschildert. Die Mentalität der Floridianer maßlos überschätzend, halte ich an. Der so genannte Naturpark erstreckt sich auf die Größe einer deutschen Autobahnparkbucht. Ich laufe auf einem Brettersteg, kleine Schilder geben die Namen einiger der über einhundertdreißig Spezies Bäume preis sowie hilfreiche Hinweise, an die ich nie im Leben gedacht hätte, wie beispielsweise: „Wer sein Auto nicht abschließt, könnte beklaut werden."

Entlang der Küste reiht sich ein Fisch-„Restaurant" ans andere. Von ihrem Bretterbuden-Charme sollte man sich nicht abschrecken lassen, ebenso wenig von den Harleys davor und ihren zahnlosen Fahrern, deren Helme Sprüche wie *„Fighting for peace is like fucking for virginity"* (Für den Frieden kämpfen ist wie für die Jungfräulichkeit zu ficken) zieren.

Wie man mir glaubhaft versichert, sollte man außerhalb der schwulen Meilen – auch wenn Homo-Gazetten gerne Gegenteiliges propagieren – den Traum mit der Wirklichkeit nicht verwechseln. Gerät man homophoben *Rednecks* in die Finger (und davon leben im amerikanischen Süden eine Menge), kann man von der Polizei in der Regel keine allzu große Hilfe erwarten, denn die ist hier ebenso konservativ wie der Gouverneur des Bundesstaates und Präsidentenbruder John Ellis „Jeb" Bush! Drogenbesitz oder Erregung öffentlichen Ärgernisses (zum Beispiel Händchenhalten) genügen, um Fesselriemchensandalen-Träger einzubuchten. Notfalls reicht schon die Anschuldigung *reckless driving* (gefährliches Fahren). Verurteilt wird man dann in Miami per Massenabfertigung vor einer Videokamera.

Von allen Inseln möchte ich Islamorada hervorheben. Nicht nur, weil die Dosen-Ananas hier ihren Ursprung nimmt, und nicht nur wegen der Strandkneipe Lorelei, in der es mir passiert ist, dass ich nach längerem Gespräch mit einem Herrn, der sich ebenso unspektakulär kleidete wie ich selbst, erfuhr, dass er Ölmulti ist und an Wochenenden zum Tiefseefischen herkommt. Islamorada (gesprochen Eilamorada) garantiert sonderbare Begegnungen, kubanische Propellermaschinen, die nächtens dicke Pakete Dope abwerfen, und The Moorings.

Der französischstämmige Hubert Badouin (der übrigens Teilhaber von Cameron Diaz' Bambú ist) erwarb dieses kleine Paradies 1988, um seiner Surfleidenschaft eine Heimat zu geben, renovierte es, kaufte weiteres Land dazu, auf dem zweihundert Wohneinheiten mit Swimmingpool und Tennisplätzen geplant waren, „damit das Auge der ankommenden Segler nicht gestört wird und der Wind die Segel der Windsurfer weiterhin ungehindert blähen kann", wie er sagt, und pflanzte stattdessen zu den fünf bereits existierenden Häuschen dreizehn weitere unter die mehr als siebenhundert Kokospalmen.

„Reichlich durchgeknallt!", urteilt vielleicht, wer an das verschenkte Geld denkt. Für Hubert ist das eine Lebensphilosophie, und man nimmt sie ihm ab. Die bescheidene Homepage der Anlage verrät weder seinen bekannten Namen, noch dass jedes Jahr berühmte Models hier ihre Fußabdrücke im Sand hinterlassen oder Fotografen wie Bruce Weber hier ihre Jünglinge ablichten. Wer neuntausend Dollar die Woche für ein Acht-Personen-Häuschen reichlich überteuert findet (schließlich gibt es keinen Roomservice, auf dem fast acht Hektar großen Gelände nicht mal ein Restaurant), weiß noch nicht, dass man in The Moorings, selbst wenn es ausgebucht ist, immer noch das Gefühl hat, allein auf seiner eigenen Insel zu leben.

Nach dem kräftezehrenden Spaziergang ist mir nach Kalorien, deshalb steuere ich die etwas südlich gelegene Islamorada Fish Company an. Als ich 1994 zum ersten Mal dort aß, hatte die Fischerei auf ihrem Steg hinterm Lagerhaus gerade mal Platz für zwei Biertische. Die „Speisekarte", eine fettverschmierte Fotokopie, bot drei Gerichte feil, das Bier holte man sich selbst aus der Kühltruhe, die auch nach Geschäftsschluss offen blieb. Inzwischen muss man einen Tisch reservieren und lange Wartezeiten in Kauf nehmen, wenn man so etwas Leckeres wie Hummersalat oder frittierte Prawns essen will. Serviert wird nach wie vor auf Papptellern (in diesen Breiten übrigens weit verbreitet, nicht nur aufgrund der generellen Verschwendungssucht, mit der Amerika beharrlich jedem Vergleich standhält, sondern auch, weil Süßwasser auf den Keys eine Kostbarkeit ist).

Nach mehreren Lagen Meeresgetier, die meinen Waschbrettbauch verunstalten, gönne ich mir immer noch eine Key Lime Pie. Dieses sündige Dessert, das hierzulande gerne mit Käsekuchen verwechselt wird, aber so gar nichts damit zu tun hat, ist in Florida ein *standard*, eben weil die Key Lime, anders als die gemeine Limette, den dafür nötigen herben salzigen Geschmack aufweist. Ich schwöre, die beste KLP isst man hier.

Gegen das disneyeske Kaufhaus nebenan kämpften Badouin und seinesgleichen vergeblich, weshalb man es eigentlich mit hartnäckigem Ignorieren bestrafen sollte, befände sich dort nicht inmitten *fishinggear* und Diamantbroschen Hemingways Bötchen, dem in seinem Nobelpreisroman *Der alte Mann und das Meer* eine bedeutende Rolle zukommt.

Dann aber flugs weiter nach Süden zur Sieben-Meilen-Brücke. Für mich ist das immer wieder ein Erlebnis: hoch über dem Meer, links und rechts nur Wasser so weit das Auge reicht und über mir der Himmel (hab ich schon erwähnt, dass man dringend Cabrio fahren muss?).

Noch mehr Magie: Am Meilenmarker 28,5 – diese Markierungen helfen inmitten verwirrender Inselnamen wie Saddlebunch Key, Sugerloaf Key oder Cudjoe Key, sein Hotel zu finden – passiert man Little Palm Island, das sich auf seiner Broschüre verharmlosend als *„small luxury hideaway“* bezeichnet. Die Telefonnummer lautet: 1-800-3-GET LOST.

Endstation Key West. Das kleine Städtchen am südlichsten Ende des amerikanischen Festlands war im achtzehnten und neunzehnten Jahrhundert aufgrund seiner zahlreichen Schiffsbergungsunternehmen die reichste Stadt Amerikas. Heute zeugen davon nur noch die Reste der sage und schreibe siebzehnhundert in den Keys versunkenen Galeonen, von denen man einige in Unterwasserparks besichtigen kann.

Wieso hier so viele Schiffbruch erlitten? Die Keys waren nicht immer so gut sichtbar wie heute, außerdem toben in diesen Breiten gerne Orkane – ein wirklich beeindruckendes Schauspiel, Häuser wegfliegen zu sehen, solange es einen selbst nicht erwischt.

Und weil ich schon die Geschichte anschneide: Seinen Namen hat dieser Bundesstaat dem Spanier Juan Ponce de Leon zu verdanken, der an Ostern (spanisch: *pascuas florida*) 1513 hier landete.

Ich fahre als erstes an den südlichsten Punkt der Insel, der als „Southernmost Point" ausgeschildert ist, um mit dem Fernrohr auf den neunzig Meilen entfernt lebenden Fidel hinüberzuschauen, und spucke in Angedenken an die Leiden des Schriftstellers Reinaldo Arenas verächtlich in den Sand.

Die Literaturbeflissenen, die an einem *Writers' Walk* teilnehmen, einer Tour entlang der Häuser berühmter Schriftsteller, erfahren, dass Tennessee Williams hier nicht nur seinen mit dem Nobelpreis ausgezeichneten Bestseller *Endstation Sehnsucht* verfasste, sondern auch *Die Katze auf dem heißen Blechdach* – der auf der Insel dann auch verfilmt wurde. Thornton Wilder lebte hier und Philip Burton, der Vater von Richard Burton, ebenso James Kirkwood, Co-Autor des Broadway-Klassikers *A Chorus Line*, und natürlich Hemingway, dessen Haus zum Museum umfunktioniert wurde und nach wie vor von seinen berühmten sechskralligen Katzen vollgepisst wird.

Weil ich sehen will, wie ein Hummer außerhalb der Champagnersoße aussieht, in der er so gut schmeckt, lasse ich mich von einem schwulen Skipper an ein vorgelagertes Riff fahren und tauche. Die Wasserwelt hat einiges zu bieten: Von Haien mal abgesehen, die sich immer mal hierher verirren, ist alles, was schwimmt und kreucht, ungefährlich. Rochen und Delfine habe ich schon erwähnt, besonders zutraulich und verschmust sind *Manatees*, die man Meerkühe nennt, weil sie Vegetarier sind und sich ebenso gemütlich und träge fortbewegen wie ihre Cousinen auf der Weide.

Und nun zum wahren Grund, warum ich immer ein Cabrio miete: Abends fährt Mann die Shoppingmeile Duvall Street hinunter. Im Schritttempo. Die Musik (nicht Beethoven!) auf ohrenbetäubendem Niveau. So verbringe ich die Nacht nie allein unter Palmen.

Was die Szene angeht, so spreche ich mit Loriot, wenn ich schreibe, dass sie sehr übersichtlich ist. Würde man ihre Attraktivität mit der anderer vergleichen, rangierte sie irgendwo hinter den weltberühmten schwulen Bars von Tibet.

Auf etwa halber Höhe der Duvall Street (ganz in der Nähe des größten Birkenstockladens Amerikas!) finde ich die 801 Bar (Hausnummer 801). Im ersten Stock ringen schlechte Transen mit allen Mitteln um Applaus: „Wollt ihr seinen Schwanz sehen?“, fragt eine ins Mikrofon und deutet auf einen jungen Mann im Publikum. Das vorwiegend heterosexuelle Publikum johlt. „Was seid ihr bereit zu zahlen?“, fragt sie dann. „Was? Ein Bier? O Gott, wie schäbig, Herzchen.“ Unten, im Hinterzimmer, die Leder-„Ecke“, was ich durchaus wörtlich meine.

Gleich gegenüber finde ich eine Bar mit dem viel versprechenden Namen Bourbon Street Pub. Ein Go-go-Boy mit dicken Stiefeln springt auf dem Tresen herum und verwurstelt den Gästen so lange das Haar, bis ihm jemand einen Dollar in den Schlitz steckt.

Warum also nach Key West fahren? Nur um mit anzusehen, wie das einstige Schwulenmekka (he, in den Siebzigern und Achtzigern war man quasi ein Nichts, wenn man nicht in Key West Urlaub gemacht hatte) heterosexualisiert wird?

Außergewöhnlich die Dichte an schwulen Unterkünften (etwa vierzig!). Ich selbst kenne nur das Lime House Inn von innen, was mittlerweile entzaubert wurde; die Harbour View Suite war sehr zu empfehlen. Was hinter den Holzzäunen abgeht, vermag ich mit Worten nicht zu beschreiben – olala!

Übrigens: Wer sich bisher an die Preise in Florida noch nicht gewöhnt hat, der wird es in Key West nicht mehr schaffen. Irgendwie nachvollziehbar, dass der lange Transportweg bezahlt werden muss. Zudem ist die Mehrwertsteuer hier am höchsten.

Ich habe den Aufenthalt so geplant, dass ich den Sonntag hier verbringe, weil dann Teadance im Hotel Alexander Shores angesagt ist. Genauer, auf der Terrasse, die ins Meer hinausragt. Während unten, von Strahlern angelockt, die Barrakudas mit großen Augen und scharfen Zähnen silbrig schillern, tanzen oben Go-go-Boys. Eine nicht gerade wohlgeformte Lesbe schwingt sich auf ein Podest und beginnt sich langsam auszuziehen. Was für ein Geschrei. Das erregt nicht die Gemüter der Gleichgeschlechtlichen, sondern wirft die Schwulen aus der Spur, die dem mutigen Mädchen begeistert Dollarscheine in den BH stopfen, während die Go-go-Boys beleidigt von dannen ziehen. Die Szene ist hier eben wirklich schwullesbisch. Auf angenehme Weise. Man hat Spaß am Spaß und nicht an der gegenseitigen Diskriminierung.

Natürlich sind Showeinlagen inbegriffen, etwa ein Jongleur, der regenbogenfarbene Neonseile durch die Luft wirbelt und immer neue Muster in den tiefschwarzen Nachthimmel zeichnet. Ich schaue ihm zu und vergesse die Zeit. Die warme, salzige Brise, angenehme, freundliche Atmosphäre, der schöne Mann an meiner Seite ...

Als ich in den frühen Morgenstunden aus meiner Trance erwache, lassen wir uns von einer hübschen Mulattin mit langem lockigen Haar auf einer Rikscha ins Hotel radeln.

Stille. Der Duft von Zypressen und Melaleuka, rote Mangroven und Seelavendel säumen den Weg, ich könnte schwören, dass sich die Blüten für uns öffnen. Spätestens da muss ich mir eingestehen, was ich schon lange ahne, aber so gar nicht wahrhaben will: Ich habe mein Herz verloren. Nicht nur an den Mann an meiner Seite, sondern auch an diese Inseln, an dieses Lebensgefühl in den Keys, an ihre Magie.

Schritt für Schritt die Welt erobern

Ariane Rüdiger

ÜBERALL

Schritt für Schritt die Welt erobern

Ariane Rüdiger

Wenn ich von meiner bevorzugten Reiseform spreche, reagieren die lieben Mitmenschen, auch die lesbischen, nicht immer begeistert: Muss es denn ausgerechnet Wandern sein? Im Schneckentempo vorankriechen, Wind und Wetter schutzlos ausgesetzt? Allein auf die Körperkraft angewiesen und dann auch noch einen schweren Rucksack auf dem Rücken? Wo es doch so viele Alternativen gibt: die Bustour, die Kreuzfahrt, den Rund-um-Pauschal-Sorglosflug an irgendeinen Strand, die Sportreise, kombiniert mit Kursen in Surfen, Skifahren, Tiefseetauchen oder Segeln, kurz, mit allem was hip ist!

Natürlich, hip im klassischen Sinn ist Wandern nicht. Es gibt sicher elegantere Fußbekleidung als schwere Wanderschuhe. Aber dafür ist Wandern vieles andere. Per Pedes durch die Welt zu laufen, gehört jedenfalls zu den schönsten Dingen, die ich mir vorstellen kann.

Die Gründe dafür fangen schon bei der Ausrüstung an. Mit Schrecken erinnere ich mich einer Freundin, die neulich auszog, sich für eine Afrikatour mit dem Auto vorzubereiten. Sie kam mit einem Sack voll Medikamente, nagelneuen antibakteriellen Sonnenschutz-Klamotten, einer ellenlangen Impfliste und einer Rechnung über mehrere hundert Euro zurück.

Wenn die Profi-Wanderlesbe beabsichtigt, ganze Monatsgehälter in den Laden zu tragen – soll sie doch. Wahrscheinlich kauft sie schweißdurchlässige Spezialsocken, hochflexibel gefederte Stöcke, einen GPS-Empfänger mit eingebautem Internet-Zugang, einen Höhenmesser mit integriertem Kompass und Zeitzonenuhr, ein garantiert federleichtes Biwak-Zelt nebst entsprechendem Schlafsack und einem High-Tech-Rucksack mit mindestens fünfundzwanzig Sondertaschen. Das alles kostet sicher mehr als die ersten drei Wanderurlaube zusammengenommen. Und warum auch nicht, wenn eine das Bedürfnis hat, immer mit der neuesten Technologie ausgerüstet zu sein! Sie sieht allerdings deswegen nicht mehr als ihre einfacher ausgestattete Schwester auf derselben Strecke.

Hightech-Schnickschnack muss nämlich beim Wandern nicht sein: Ein Paar möglichst gute Schuhe – hier sollte wirklich nicht gespart werden –, ein kleiner Tagesrucksack für Essen und Trinken, eine Wasserflasche und wetterfeste Kleidung reichen durchaus aus, um in der Landschaft vorwärts zu kommen. Kurz, wandern können auch solche Lesben und Schwule, denen die Marktwirtschaft kein fünfstelliges Monatseinkommen gewährt. Wandern ist in gewisser Weise klassenlos und deshalb eine schöne Reisevariante lesbischer Sozialromantikerinnen. Mag sein, dass dies auf manche eher abschreckend wirkt, mich zieht es an.

Ein weiterer Vorteil: Wandern muss frau nicht lernen. Die Grundausbildung in Gehen, Stehen und Laufen findet in der Regel in den ersten achtzehn Monaten statt und hält meist das ganze Leben. Gehen können die meisten Menschen wirklich beinahe im Schlaf. Das kann man von den meisten anderen Fortbewegungsarten, die im Urlaub betrieben werden, nicht gerade behaupten: Fürs Autofahren braucht man einen Führerschein genau wie fürs Segeln einen Segelschein, Fliegen kann nur ein Pilot, Reiten nur jemand, der zumindest ein paar Reitstunden hatte, und wer sein Motorrad nicht beherrscht, den dürfen die Sanitäter stückweise von der Straße aufsammeln. Zudem muss man sich bei alledem höllisch konzentrieren.

Aber warum sich im Urlaub überhaupt selbst bewegen? Schließlich kann sich frau genauso gut flach an den Strand legen und die schönen Frauen beobachten, die vorüberflanieren. Oder einfach in die Luft, pardon, den idealerweise blauen Himmel starren. Dem lässt sich wenig entgegensetzen, aber dennoch: Die meisten, darunter auch ich, sitzen im Alltag sowieso zu viel. Den Rest der Zeit liegen sie. Entweder im Bett oder auf dem Sofa, wo der Fernseher läuft und der Kartoffelchip heimelig knackt. Und die armen Beine? Die wollen auch mal benutzt werden! Sonst kommen wir in zwanzig Generationen tatsächlich als Kopffüßler mit Kugelbauch auf die Welt.

Aber die Anstrengung, höre ich so manche stöhnen. Der Muskelkater! Auch das ist alles nicht so schlimm oder muss es zumindest nicht sein. Es hängt nämlich davon ab, wie man an die Sache herangeht. Wer sagt denn, dass Einsteigerinnen oder eher träge Naturen unbedingt die durchgängige Vierzehntage-Tour im bergigen Gelände mit Zwanzig-Kilo-Rucksack wagen müssen? Solche Strapazen überlasse ich ohne Reue jüngeren Leuten, deren Knie noch dicke Knorpel haben. Zudem bin ich im Grunde meiner Seele ziemlich faul, obwohl ich so viel sitze, und ängstlich obendrein: Weder will ich von Pferden fallen noch vom Himmel, weder im Kanu umkippen noch am Mundstück eines Taucheranzugs nach Luft ringen. Ich will einfach nur durch die Landschaft laufen, gucken, denken, reden, wenn ich nicht allein bin, oder vor mich hin träumen, falls die Optik gerade uninteressant ist, zum Beispiel, weil eine Bundesstraße den Weg kreuzt. Wandern ist die einzige Sport- und Reiseart, bei der das geht, und das eröffnet interessante Perspektiven.

So spazierte ich einst mit meiner vergeblichen Jugendliebe über Land. Während wir eingehakt einen Feldweg entlangstolzierten, träumte ich davon, mit ihr zu Fuß die Welt zu umrunden: Jeden Tag geradeaus, immer dem Horizont entgegen, bis wir eines Tages, nach dem Überqueren sämtlicher Kontinente und Ozeane, wieder an derselben Stelle ankommen würden. Immer wieder, wenn wir spazieren gingen, schwelgte ich in dieser Idee, malte mir aus, wo wir morgen sein würden oder übermorgen. Wir haben diese Reise dann doch nicht unternommen, weil sie schnell ihre wahre sexuelle Bestimmung entdeckte und einen Freund suchte. Der fuhr lieber Motorrad, und überhaupt hätte mir diese Reise zu dritt keinen richtigen Spaß gemacht. Aber die Erinnerung an unsere Spaziergänge und diese Fantasie habe ich mir bewahrt.

Träumen liegt mir eben, generalstabsmäßige Planungen nicht. Gerade deshalb ist Wandern gut für mich. Egal, wo ich im Urlaub bin: Es reicht, morgens die Nase in den Wind zu halten, die Karte (so etwas sollte man tatsächlich haben!) zu studieren, die Schuhe anzuziehen und einfach loszulaufen. Irgendein interessantes Ziel findet sich in der Nähe fast immer. Wer keine Lust hat, kiloweise Nahrungsmittel und Getränke mit sich herumzutragen, peilt eben die nächste Kneipe oder Gaststätte am Wegesrand an. Außerdem nehmen immer mehr Reiseanbieter den weniger tragfähigen Wandersleuten den Gepäcktransport ab. Kommt man im neuen Quartier an, wartet dort bereits der Koffer.

Aber wenn es nun regnet? Na und? Der Spruch: „Es gibt nur schlecht angezogene Leute, kein schlechtes Wetter" gilt beim Wandern sogar noch mehr als beim Radeln. Falls es gewittert, muss nämlich selbst die mutigste Radlerin absteigen, weil das Fahrrad nun mal aus Metall ist. Wer läuft, klappt den Schirm zu und stellt sich nicht gerade unter hohe Bäume. Der Rest ist Schicksal, aber meistens geht es gut. Selbst ein Gewitter im Gebirge überleben die meisten, entgegen den immer wieder in den Gazetten auftauchenden Schreckensberichten.

Auch politisch bringt Wandern Gewinn: Besonders altmodische Alt-Achtundsechzigerinnen, die noch ihren Müll sortieren, allenthalben das Ozonloch und die Klimakatastrophe sehen und sich deswegen schämen, allzu oft ins Flugzeug zu steigen, können ihr Gewissen wandernd erleichtern. Denn oft liegen schöne Landschaften direkt vor der Haustür oder jedenfalls in einer ohne stundenlange Flüge erreichbaren Zeit- und Klimazone, bei der man wegen des ähnlichen Klimas auch ohne wochenlange Anpassung auskommt.

Wer nicht mit solchen Skrupeln geschlagen ist, kann genauso gut durch den Amazonas-Dschungel streifen, sich den Himalaja hinaufkämpfen oder, wie jüngst ein Buchautor, von Berlin nach Moskau spazieren. Doch sein muss das nicht. Die Vielfalt der Möglichkeiten, von ganz nah bis weit weg, ist ja gerade das Schöne. Ich bin schon auf Mallorca, auf Elba, in Schweden, Norwegen und Finnland, Spanien, in Kanada, in Israel, in Dänemark, in Kalifornien, in England und Schottland und sehr oft in Deutschland gewandert. Und jede einzelne dieser Wanderungen war anders.

Sicher, beim Wandern sieht man immer nur winzig kleine Teile der Länder und Regionen, die man bereist. Aber selbst das Immer-Gleiche langweilt beim Wandern oder Spazieren nicht.

Wer eine Region zu Fuß durchstreift, bekommt ein genaueres Bild als beim Hindurchrasen. Man sieht die Welt gewissermaßen durchs Vergrößerungsglas. Auf einer Wanderung in Israel zum Beispiel habe ich nur einen einzigen Wüstenweg kennen gelernt – mit dem Auto hätte ich in derselben Zeit einmal um das ganze Land fahren können. Doch gerade an diesem Tag blühte die Wüste, weil sie ein kurzer Regenguss erfrischt hatte. Die Blüten der Pflanzen waren winzig und bunt, grelle Farbflecken, die vom Graubraun des Bodens abstachen. Im Auto hätte ich sie garantiert übersehen.

Das Detail rückt also in den Vordergrund, und Details bleiben niemals gleich. Deshalb werden Wanderwege fast nie langweilig. Da wäre, zum Beispiel, mein Lieblingsweg die Isar entlang. Ich bin ihn schon so oft gelaufen, aber immer kommt er mir auf irgendeine Weise neu und anders vor. Mal sind die Blätter der Bäume herbstlich braun, mal erstrahlen sie in frischem Frühjahrsgrün. Gelegentlich ist es mucksmäuschenstill, so dass man jede Vogelstimme hört, an anderen Tagen bläst der Wind, dass jeder Baum ächzt und stöhnt, als würde er gleich brechen. An schönen Tagen wölbt sich strahlendes Blau über mir, dann wechselt das Wetter, manchmal innerhalb von Stunden, und dunkelgraues Gewölk drückt aufs Gemüt. Im Sommer ist die Isar ein lächerliches Rinnsal, im Frühjahr und nach heftigem Regen ein reißender Strom.

Nicht nur das Verhältnis zur Natur ändert sich beim Wandern, auch das zur Zeit. Das hat mit dem bewussten Loslassen der Hetze zu tun, die uns – jawohl, auch die ach so alternativen Lesben und Schwulen – durch den Alltag treibt. Wenn wir es zulassen. Dazu wird natürlich niemand gezwungen, schließlich kann man Wandern genauso gut als Leistungssport begreifen. Und so rennt die eine wie von bösen Geistern (oder Rekordgelüsten) gehetzt durch die Landschaft, sieht weder Blümchen am Boden noch die Berge am Horizont oder Wolken am Himmel, sondern starrt gebannt auf die Anzeige des Schrittzählers. Die Umgebung nimmt eine solche Rennlesbe erst wahr, wenn sie das Ziel erreicht hat. Die andere schlendert (die rasende Wanderlesbe würde sagen: schleicht) währenddessen eher dahin, lässt aber die Augen schweifen: Auf was lauern wohl die beiden Raubvögel, die dort oben kreisen? Welcher Pilz wächst da? Was wird aus der kleinen Wolke, die über uns in den Himmel wächst? Ein Gewitter? Ein Regenguss? Oder einfach gar nichts? Was krabbelt auf dem Holzstoß, auf dem ich gerade raste, um die Aussicht zu bewundern? Und warum starrt die Freundin, mit der ich laufe, schon seit fünf Minuten permanent ins Unterholz? Beide Arten zu wandern können entspannend sein, beide Wanderinnen glauben wahrscheinlich am Ende, eine wunderbare Zeit verbracht zu haben. Und vielleicht geht eine, die manchmal rennt, zu anderen Zeiten ganz langsam. Das ist ja gerade das Schöne: Wandern bewahrt uns vor der Einteilung in A-, B- und C-Klassen, Bundes-, Landes- und Europaligen, und Geld kann damit auch kein Verband so recht verdienen.

Wegen ihrer kontemplativen Komponente eignen sich Wanderungen, ob schnell oder langsam, wunderbar dazu, sich schrittweise vom Alltag zu lösen und an die Bearbeitung größerer privater oder beruflicher Probleme heranzutasten. Fragen wie: „Warum bloß hat sie mich verlassen?“, „Warum will sie nichts von mir wissen, wo ich doch so verliebt in sie bin?“ oder „Warum bin ich entlassen worden, wo doch Müller viel weniger leistet als ich?“ relativieren sich beim Gehen.

Ein erwanderter Sonnenuntergang auf einem schön gelegenen Hügel hat schon so manches Seelenleid zumindest vorübergehend zum Schweigen gebracht. Wer sich zu Fuß auf den Gipfel eines Zweitausenders (Nein, es muss nicht immer der Mount Everest sein!) geschleppt hat, sieht gelegentlich ein, dass sich die eigenen Sorgen gegenüber der Welt als Ganzes ungefähr ausnehmen wie der Wassertropfen gegenüber dem Ozean, nämlich winzig.

Helfen Natur und Alleinsein nicht weiter, gibt es viele Alternativen, die Wandertour zu gestalten: Vom Pärchen-Trip mit Zweierzelt über Ausflüge mit der Clique bis zur organisierten Gruppentour ist alles drin. Dazu kommen Spezialitäten wie Fasten-Wandern, Schneeschuh-Wandern oder Yoga-Wandern. Das hat die Tourismusbranche längst begriffen und offeriert den Per-Pedes-Urlaub in den verschiedensten Gegenden und Varianten.

Das Gleiche gilt für die Szene: In nahezu jeder größeren Stadt gibt es eine schwule und eine lesbische Wandergruppe. Neuerdings soll sogar die Grenze zwischen lesbisch und schwul in organisierten Wandergruppen fallen, was eine geradezu unglaubliche Errungenschaft wäre. Denn bislang wandern Lesben und Schwule meist noch streng getrennt. Im Allgemeinen aber mischen sich in Wandergruppen die unterschiedlichsten Menschen. Das ergibt am Ende einen einsichtsvollen Blick über den sozialen Tellerrand.

Gerade bei Gruppentouren hat man reichlich Gelegenheit, Gedanken auszutauschen. Meist findet sich schnell jemand zum Reden. Man kommt sich unverbindlich näher, ohne deshalb hektoliterweise Rauchschwaden einatmen zu müssen, wie das in der Kneipe der Fall wäre. Und falls die Gefühle plötzlich überschäumen: Beim Anblick einer hinreißenden Aussicht wirkt das gehauchte „Ich glaub, ich hab dich echt gern, du!“ irgendwie wahrhaftiger und großartiger als in der U-Bahn, im Büro oder hinterm Tresen.

Das sage ich aus Erfahrung, denn ich habe meine Liebste – natürlich! – beim Wandern kennen gelernt. In einer lesbischen Wandergruppe, versteht sich. Und deshalb ist meine schönste Freizeitbeschäftigung noch heute, neben ihr durch die Lande zu laufen. Wenn wir dann abends todmüde ins Bett fallen, sind wir jedes Mal von neuem erstaunt, wie viel wir gesehen haben – und das ganz ohne Motor.

Was Manchester heute macht

Peter Busse

MANCHESTER

Was Manchester heute macht

Peter Busse

Der schmale Kanal zieht sich durch das Village, ein altes Speicherviertel, ein Viereck begrenzt von zwei Hauptstraßen und der Piccadilly Station, das in den letzten zwanzig Jahren von einem Slum zu einer Touristenattraktion herausgeputzt worden ist. Ein Gitter von Straßen und Gassen, alte Speicher, Handelshäuser, Arbeiterquartiere. Die Ziegelfassaden sind gereinigt worden, die Häuser sind innen zu edlen Apartmentresidenzen ausgebaut worden. Die immer noch geschwärzten Rückfronten und Nebenstraßen vermitteln ein Gefühl davon, wie es hier früher aussah. Die Kneipen, die sich dicht an dicht in der Sackville Street und der Canal Street drängen, laden mit ihren großen hellen Fensterfronten (die früher mit Brettern als Blickschutz vernagelt waren) zum Verweilen ein.

Abends wuselt ein buntes Völkchen durch die Straßen, Engländer, Asiaten, Schwarze, europäische und ein paar amerikanische Touristen. Neben dem breiten Manchester-Dialekt und der näselnden *Received Pronounciation* hört man Urdu, Chinesisch, Deutsch, Französisch. Wie überall in England ist der Anteil der Tätowierungen und Piercings hoch, unter die jungen schönen Knaben mischen sich Geschäftsleute im Anzug, Gay Skins, Bären, butche Lesben, zierliche Femmes – die ganze Palette lesbisch-schwulen Lebens zeigt sich stolz dem Publikum. Man flaniert, man läuft Corso, man cruist entspannt. Die sonst in England spürbare Anspannung, die Paranoia in der Szene, die sonst allgegenwärtige Urangst vor Razzien, Verhaftung und sozialer Hinrichtung scheint es hier nicht zu geben. An einem der markanten Cruisingpunkte steht sogar ein Kaffeetisch, an dem die Initiative Outreach Kaffee und Kondome an das cruisende Völkchen verteilt. Der Himmel ist verhangen, gleich wird wohl der ortstypische Nieselregen einsetzen, doch es stört niemanden. Mit sizilianischem Temperament reden, quatschen, lamentieren die Leute miteinander. Der zurückhaltende Klischeebrite ist nirgendwo zu sehen – höchstens als ironisches Zitat.

Aus den Kneipen schallen Fetzen von bekannten Discoschlagern, von Brit Pop, House, Rave, Techno, Dancehall, Ragamuffin, Asian Dub. Auf hundert Metern Straße entdeckt man mehr neue, spannende Musikrichtungen, als man je zu kennen glaubte. Immerhin ist dies die Stadt der Joy Division, Buzzcocks, Smiths, Happy Mondays, Oasis, aber auch von Take That und den Spice Girls. Fast jede richtungweisende Erneuerung in der Musikszene scheint in Manchester einen Ausgangspunkt gehabt zu haben, von Punk und Wave über Rave, Brit Pop bis hin zu gecasteten Boy- und Girlgroups. Das Village ist Musik, Bewegung, Schaulaufen, Selbstdarstellung. Die altehrwürdigen Speicher bieten die stilvolle Kulisse. Tritt man in die Seitengassen, weht einen noch der Moder und Dreck der frühen Achtziger an. Das Viertel ist gesäubert, doch nicht totrenoviert. Hier findet sich, laut Eigenwerbung, die dichteste Konzentration von schwul-lesbischen Initiativen, Dienstleistungen und Firmen in Europa.

Richtung Chinatown, nur hundert Meter entfernt, über die Portland Street. Wer durch den üblichen drachenverzierten Torbogen tritt, taucht ein in zwei Hektar Gewürzduft, Schwaden von gebratenem Fisch, Ente und Schweinefleisch. Die Speisekarten sind einsprachig Chinesisch, an der Wand hängt eine Tafel mit englischen Erläuterungen. „Fischlippen mit Ingwersoße und Wasserkastanien“ stehen auf dem Programm; das übliche Chop-Suey-Gematsche ist nirgendwo auszumachen. Neben chinesischen Familien, schwulen und lesbischen Pärchen sitzen englische Familien fröhlich schwatzend an den einfachen Tischen und hantieren virtuos mit den Stäbchen.

Szenenwechsel: Piccadily Gardens. Ein neugestalteter Park zwischen viktorianischen Prachtbauten und neuen spiegelverglasten Hochhäusern, in der Mitte ein großer flacher Brunnen mit wechselweise aufsteigenden Fontänen. Für hiesige Verhältnisse ist es heiß, der Brunnen wird umlagert von Familien aller

Hautfarben und Nationalitäten, von Gruppen und Paaren aller möglichen sexuellen Orientierungen. Die Kinder und Erwachsenen machen sich einen Spaß daraus, durch das Becken zu laufen, in der ständigen Gefahr, von einer der Fontänen klatschnass gespritzt zu werden. Engländerinnen in Sommerkleidern, Inderinnen in Saris, Lederschwestern in Harness und Chaps toben durch das Becken, einige bis auf die Haut durchnässt. Ein einziges fröhliches Wasserfest. Wo in Dreiteufelsnamen ist nur die *Stiff Upper Lip* geblieben, die berühmt-berüchtigte englische Zurückhaltung?

Wir befinden uns in Nordengland. Hier dominiert keine Landhauskultur mit Fuchsjagd und *High Tea.* Hier dominiert die britische Arbeiterkultur, egalitär und traditionell rot, von Thatcher gebeutelt, doch respektlos und lebenslustig. Man ist laut, unkompliziert, kumpelhaft, gastfreundlich, statt Tee trinkt man Kaffee, man geht auf den Fremden zu, lädt ihn ein. So knutschen in den Kneipen ungeniert Inder mit Briten, Briten mit Jamaikanern, Jamaikaner mit Indern, Inder mit Chinesen und so weiter und so fort. Der Humor ist laut, schrill, ja fast vulgär. Das britische Public-School-Trauma mit seinen Verklemmungen scheint an diesem Landstrich vorbeigegangen zu sein.

Manchester ist alt. Fast so alt wie London. Die Römer errichteten im Talkessel des Mersey oberhalb der Mündung des Flusses Irwell, am Fuße zweier brustförmiger Hügel, ein Fort, das sie *Mamucium* (in etwa „die Brusthügel") nannten. Diese sexuelle Komponente scheint sich durch die Jahrhunderte hindurch erhalten zu haben, auch in der langen Zeit der Bedeutungslosigkeit.

Aus dem Fort entwickelte sich ein angelsächsisches Dorf, aus dem Dorf entwickelte sich ein verschlafenes Marktstädtchen. Erst im achtzehnten Jahrhundert begann die Stadt, im Zuge der industriellen Revolution als Zentrum der Tuchindustrie zu boomen. In hoher Geschwindigkeit wurden sechs- bis achtstöckige Industriepaläste hochgezogen; die ungezügelte wirtschaftliche Entwicklung bekam von Friedrich Engels das Etikett „Manchester-Kapitalismus" verpasst. In der Innenstadt wuchsen neugotische Paläste und Kirchen hoch, die den Reichtum der Gemeinde manifestierten. Heute hat die Stadt Manchester 439.500, das Metropolitan County 2.585.800 Einwohner, ist nach London und Birmingham die drittgrößte Stadt Englands. London ist teuer, Manchester ist preiswert. In London zählt, was du hast, in Manchester zählt, wer du bist. Die Mancunians sind, wie die meisten Nordengländer, offen, aufgeschlossen, gesprächig bis geschwätzig und sehr gastfreundlich. Hier bricht sich die zweihundert Jahre alte egalitäre Arbeiterkultur Bahn; in der Szene noch verstärkt durch langjährige Repression und das gemeinsame Aufstehen dagegen.

Manchester ist frech. In den frühen achtziger Jahren war Manchester das Sinnbild des heruntergewirtschafteten Englands. Die ganze Stadt war von einem schwarzen Schmutzfilm überzogen, die angegammelten viktorianischen Handelsgebäude und Prachtbauten, die in den Sechzigern eilig hochgezogenen Sozialwohnungen, gaben der Stadt ein abweisendes, abstoßendes Äußeres. Die Arbeitslosenquote erreichte Rekordhöhe. Wer konnte, zog nach London oder aufs Land. In den sozialen Brennpunkten lebten Immigranten und britische Sozialhilfeempfänger mehr schlecht als recht nebeneinander. Ein trotzkistischer Stadtrat und eine extrem konservative Polizei arbeiteten gegeneinander. Es kam 1980 zu einem regelrechten Aufstand in Moss Side, einem der berüchtigtsten Stadtviertel Manchesters. In den mehrtägigen Straßenschlachten mit der Polizei wurden ganze Mauern handlich zerkleinert und als Wurfgeschosse gegen die Polizei verwendet. Die allgegenwärtige Krise machte aus den Mancunians Zyniker mit großem Mundwerk, die vor Autoritäten keinen Respekt haben und sich nichts gefallen lassen. Wer Wohngeld bekam, verbriet es in den Discos und Clubs, anstatt es für die Miete zu verwenden. Kam die Kündigung, beantragte man einfach eine neue Wohnung, davon gab es ja genug, wirklich leben wollte hier keiner.

Doch in dieser Zeit der Krise explodierte die lokale Musik- und Clubszene. Wer kein Auskommen in einem regulären Job fand, gründete eine Band, ein Plattenlabel, einen Club. Oder man machte Klamotten, denn man konnte ja schließlich nicht zweimal hintereinander mit dem gleichen Fummel im neuen angesagten Club auftauchen. Die liberale Kreditvergabepraxis englischer Banken tat ein Übriges, um ein kleines Jobwunder zu schaffen.

Als Reaktion auf den sozialen und wirtschaftlichen Kahlschlag der Thatcher-Zeit holte die Labour-Stadtregierung eine große Zahl von Investoren in die Stadt, mit öffentlichen Mitteln wurden die viktorianischen Prunkbauten in der Innenstadt gereinigt und restauriert, der verrottete Hauptbahnhof wurde zu einem Multiplex-Kino umgebaut, ein modernes Opernhaus wurde hochgezogen. Durch die vielen jungen Unternehmer erlebte die Stadt ein kleines Wirtschaftswunder, das landesweit als *New Manchester Deal* bekannt wurde. Das hässliche Entlein wurde 1996 zur Kulturhauptstadt Europas.

Nach der Ablösung des erzkonservativen Polizeichefs Anderton Anfang der Achtziger änderte die *Greater Manchester Police Force* ihre Strategie gegenüber der Szene, die sich schon vorher die ständigen Razzien, Schikanen, Verhaftungen, Bespitzelungen nicht mehr hatte bieten lassen. War bis zu Andertons Ablösung die Polizei einem religiös motivierten Verfolgungswahn verpflichtet, der es zur Pflicht machte, alle Homosexuellen mit Stumpf und Stiel auszurotten, um sie dem ewigen Höllenfeuer zu überantworten, begann die Polizei nun, mit den lesbisch-schwulen Aktionsgruppen zusammenzuarbeiten, in Fällen von Gewalt gegen Schwule und Lesben oder von Diskriminierung.

Die *Greater Manchester Police Force* hat ein lesbisch-schwules Bataillon, schaltet Anzeigen, um in der Community zu werben, beteiligt sich an der Organisation des Gay Pride, und ein Polizist in einem Szenelokal ist kein Anlass mehr zur Panik oder zum wütenden Bierflaschenwerfen, sondern er schaut vielleicht kurz nach dem Rechten, quatscht mit den Leuten, oder er trifft sich mit Vertretern von Initiativen, um den nächsten Gay Pride vorzubereiten.

Nicholas Blincoe beschreibt in seinem Roman *Manchester Slingback* die Schwulen- und Stricherszene im Village Anfang der Achtziger, das Leben der Clubs, die schrillen Klamotten, die geschminkten Männer, den britischen New-Romantic-Look. Er zeigt, wo die Wurzeln von englischen Popexporten wie Boy George und Culture Club, Dead or Alive, King, Spandau Ballet, Japan und anderen liegen. Schminken war, gerade im rüden, Fußball- und Rugby-dominierten Nordengland, extrem subversiv und die ultimative Provokation gegenüber der britischen

Lad-Kultur. Hier traten stolze Schwule auf, oder Männer, die sich nicht wirklich festlegen wollten und denen es auch egal war, welches Etikett man ihnen anklebte. Die Figur des Rock'n'Roll-Vampir, Urbild aller New Romantics, Waver, Gothics, Tunten und Grufties wurde auf den Tanzflächen von Manchester geboren, genauso wie später die Rave- und House-Szene, die den Sound kreierte, der bis heute die Tanzflächen schwuler Discos in ganz Europa beherrscht. Das Laute, Freche, Politische der Szene von Manchester hat einen starken Einfluss auf die schwule britische Kultur gehabt, viele Errungenschaften der Schwulenpolitik von Tony Blairs Labour-Party, etwa die geplante Einführung einer Lebenspartnerschaft, wären ohne die Initiativen aus Manchester undenkbar gewesen.

Im Manchester Museum and Art Gallery, einer modern überformten viktorianischen Kunsthalle, die wie die meisten britischen Museen keinen Eintritt verlangt und hochkarätig besetzt ist, fällt der hohe Anteil schwuler Künstler und lesbischer Künstlerinnen in der Ausstellung auf. Ein großer Teil ist David Hockney gewidmet, und in einer interaktiven Abteilung lernen schon Kinder das Wechselspiel von Rollen und Verkleidungen, die Unzahl der Möglichkeiten, sich und sein Leben zu gestalten, und den Spaß an der Kunst kennen. Im Gegensatz zu anderen Ausstellungen im Lande, wo die Homosexualität eines Künstlers bestenfalls verschämt am Rande erwähnt wird, steht zum Beispiel bei Werken von Hockney ganz unverblümt und geradeheraus auf den Tafeln, welche Affären des Künstlers ihn zu diesem Bild inspiriert haben.

Östlich und südlich ist Manchester von den Peninnes umschlossen. Diese Bergkette, das Rückgrat der britischen Insel, ist verantwortlich für das feuchte Klima, denn es sammelt die Regenwolken, die von der Irischen See heranrollen, und lässt sie abregnen. Das Land ist rau, Heide und Moor überziehen die Hochflächen, im Winter fällt der reichliche Niederschlag als Schnee, dann werden in dreihundert Metern Höhe über NN sogar mal Straßen gesperrt, weil kein Durchkommen mehr ist. Britisches Sibirien. Die Dörfer sind schlicht, die Architektur ist streng. Einfache Reihenhäuser mit hohen Dachstühlen für die Webstühle der Landarbeiter. Schafzucht und Torfstechen haben früher das Auskommen der Dorfbewohner garantiert. Die Leute sind tief religiös, geprägt vom Nonkonformismus, puritanisch, aber herzlich, bereit, mit dem Gast das letzte Hemd zu teilen. Die Vielzahl der Glaubensbekenntnisse sorgt für ein Klima relativer Toleranz. So haben viele Schwule und Lesben aus Manchester, die der Szene überdrüssig geworden waren, sich hier niedergelassen. Andere fahren hierhin zur Erholung, haben ein Wochenendhaus oder zumindest einen Caravan, um der Großstadthektik zu entfliehen. Man genießt die Ruhe, den gemächlichen Gang des Lebens. Die Städter machen in Kunsthandwerk, die Alteingesessenen vermieten Zimmer, veranstalten Wanderungen. Im Gegensatz zur Clubhektik der Stadt wandert, spaziert, flaniert man und genießt die etwas gammelige Atmosphäre der kleinen Dörfer und Städtchen.

„Was Manchester heute macht, macht morgen die ganze Welt" war schon im neunzehnten Jahrhundert die Devise, mit der die Stadt sich selbst vermarktet hat. Man mag über dieses etwas ölige Motto geteilter Meinung sein, doch scheint ein Körnchen Wahrheit darin zu liegen. Manchester ist immer noch Quell der Inspiration, Vorreiter in Sachen Emanzipation, schwul-lesbisches Gegengewicht zu London, Experimentierfeld in Sachen Kunst, Musik, Stil und Trends. Die Mischung aus urbaner Quirligkeit und der ländlichen Umgebung, die Herzlichkeit der Mancunians, verbunden mit einer vergleichsweise entspannten Multikulturalität, sowie die zivilen Preise machen die Stadt so attraktiv und bilden ein lohnenswertes Gegengewicht zu London mit seinen teuren Clubs und der etwas blasierten Art seiner Bewohner. Wer Schönheit und Stil, das Klischee des Britischen, sucht, der fahre nach London, Edinburgh oder Oxford. Wer das pralle Leben sucht, der fahre nach Manchester.

Aber wir sind doch die Scouts!

Susanne Kaiser

SCHWEDEN

Aber wir sind doch die Scouts!

Susanne Kaiser

Der Grad an Geborgenheit, den ein Zelt auslösen kann, muss ein Rudiment aus der Zeit sein, in der die Menschen noch in Höhlen lebten. Man kriecht einfach in eine Höhle, die zwei Bahnen Stoff unter sich bilden, und alles ist gut. Der Tag war wunderbar, mein Kopf glüht ein bisschen von der Sonne und dem Wind, der uns heute mit den Kanus über den Stora Le geradezu hat segeln lassen, und der kleine Scout neben mir kuschelt sich noch einmal so richtig in den Schlafsack. Die entfernten Stimmen am Lagerfeuer sind langsam verebbt, und ein leises Zischen kündete vom Löschen der Flammen; jetzt ist es ganz still im Camp, das wir auf den Felsen von Bryntorpsön zwischen Bäumen und wuchernden Blaubeersträuchern aufgeschlagen haben. Nur der Wind rauscht ein wenig durch die Blätter. Es ist ganz still. Bis auf dieses – Rascheln. Da raschelt doch was ...

Es ist mitten in der Nacht, und es raschelt. Man könnte es auch als Schaben bezeichnen. Vielleicht auch als Kratzen, oder eher Graben. Es kann ja schon mal rascheln, wenn der Wind die Felsen hinauffährt. Aber „es" gräbt nicht. „Etwas" gräbt. Es ist mitten in der Nacht mitten im Wald auf einer kleinen Insel inmitten eines dunklen Sees mitten in Schweden, und etwas gräbt, unmittelbar vor unserem Zelt.

„Hörst du das?"

„Hm."

Der kleine Scout heißt in diesem Jahr der kleine Scout, weil sie sich zwar hier gut auskennt und die sich am Horizont auftürmenden Waldberge an der unterschiedlichen Grünfärbung als Insel oder Festland identifizieren kann – meistens jedenfalls –, aber jetzt das erste Mal einer Gruppe von Städterinnen erklärt, wie das hier so ist in der Wildnis: Wo die schönsten Lagerplätze und Sandstrände und Pfifferlingsammelstellen sind, wie frau den Canadier bei Wind senkrecht zu den Wellen stellen muss, wie zu dritt mit Hilfe zweier Stöckchen zwanzig Liter kochendes Nudelwasser vom Feuer genommen und abgegossen werden, wie man im Regen noch trockenes Holz findet. Diesmal haben wir zu zweit demonstriert, wie nach dem Zähneputzen ökologisch auf den Boden gespautzt wird und wie es sich auf dem Kloloch einigermaßen knieschonend aushalten lässt. Ich habe das alles schon ein Dutzend Mal getan und sage deshalb jetzt auch nur „hm". Was soll da schon graben?

Hört sich an wie ein Eichhörnchen. Aber schlafen Eichhörnchen nicht nachts? Könnte auch ein Spatz sein. Machen Spatzen so einen Krach? Das trapst auch irgendwie. Hat also große Füße. Mal lieber genauer hinhören. Und Horchen gehört ja auch zu den Aufgaben eines Scouts.

„Jetzt hat es aufgehört. Oder?"

In einem Zelt ist es leicht, so zu tun, als wäre niemand zu Hause. Einem Zelt sieht man nie an, was darin passiert, außer die nachgebenden Wände beulen sich aus, und dann versucht meist nur jemand, die Hosen im Hocken anzuziehen. Eigentlich ist es momentan auch ganz gut, dass niemand sehen kann, wie wir zwei hier schreckensstarr mit flachem Atem daliegen und so tun, als wären wir nicht da. Schließlich sind wir die Scouts. Leider sieht man auch *in* einem Zelt nichts, vor allem nicht, was draußen passiert. Aber zum Rausgucken muss man in einem Zelt ja immer gleich die Tür öffnen, und zwei von Reißverschlüssen zusammengehaltene Stoffbahnen sind im Moment noch besser als gar nichts.

„Können Elche eigentlich wild werden?"

„Elche!!??"

Eigentlich finde ich Elche ja nicht weiter bedrohlich. Außer sie wollen sich in einer unübersichtlichen Kurve vor mein Motorrad werfen, und hier, wo der nächste Ort meist „nur zwei, drei Meilen" entfernt ist, sind alle Kurven unübersichtlich, weil sich die Straßen nicht endend um die Seen schlängeln müssen. Der Ort besteht dann wieder nur aus fünfeinhalb Holzhäusern in Dalarna-Rot und einer einmal wöchentlich, aber nur im Sommer angefahrenen Bushaltestelle. Eine schwedische Meile misst im übrigen zehn

Kilometer. Diese Zählweise soll vermutlich Vereinsamungsgefühlen der schwedischen Landbevölkerung entgegenwirken; bei den Touristen sorgt sie für weit vor der angeblich so nahen Tankstelle leergefahrene Tanks oder unfreiwillige Gewaltmärsche. Elchen begegnet man bei solchen Gelegenheiten übrigens nie; die „Könige des Waldes" entziehen sich meist hartnäckig Begegnungen halbwegs romantischer Art, sondern haben sich ganz der Rolle des Unfallgegners verschrieben. Immerhin werden Elche nie wild, andererseits sind sie fast blind und groß. Sehr groß. Zu groß, um sich von besagten Stoffbahnen abhalten zu lassen. Das Graben hält inne.

„Psst, sei mal still."

„Gibt es hier eigentlich Wölfe?"

Wölfe! Blödsinn. Letztes Jahr ist mal ein Bär aus Norwegen hierher ausgebüchst, aber Wölfe ... Dass diese Schlafsäcke auch immer so rascheln müssen! Dabei bin ich dem kleinen Scout nur ein ganz kleines bisschen näher gerückt. Gemeinsam sind Scouts doch viel stärker!

„Hör mal. Es kommt näher. Na hör doch. Es trapst immer näher an unserem Zelt. Ob die da unten auch was hören?"

Wir haben uns ja so einen schönen lauschigen Platz weit ab vom Geschehen gesucht, so, die Scouts gehen jetzt schlafen! Schön das Feuer hinterher ausmachen! Fröhlich sind wir in den Wald gestapft, alles läuft gut, das Wetter spielt mit, und das Quatschen abends im Zelt ist wie im Ferienlager.

„Ach hör auf, da ist nix. Höchstens 'n Vogel. Oder 'n Biber."

„Aber 'n Biber? So weit weg vom Wasser?"

„Na vielleicht isses ja auch 'n Fuchs."

„'N Fuchs? Aber wenn der ins Zelt kommt! Die ham doch alle Tollwut!"

„Quatsch."

Pause.

„Sind die Tonnen alle zu?"

Die Erfahrung, dass der über Nacht einsetzende Sturzregen sechs Tonnen voller Lebensmittel – die Rationen für eine ganze Woche – in ein schwimmendes Inferno verwandelt hat, macht man in seinem Scoutleben nur einmal. Damals hatte jemand sogar die Tüte mit dem Kaffee offen draußen herumliegen lassen, und obwohl an jenem Morgen beim Aufwachen in der offenen Schutzhütte sogar eine ganze Pfütze voll Kaffee schon fertig war – die Marke war gut an der obenauf schwimmenden Tüte erkennbar –, hielt sich die Begeisterung in Grenzen. Natürlich sind die Tonnen zu. Selbst wenn sie offen wären – für dieses Viech da draußen sind *wir* offenbar wesentlich interessanter.

„Was machen wa'n jetzt? Soll'n wir die anderen holen?"

„Na, du bist doch der Scout! Was macht man denn bei Wildschweinen?"

„Wildschweine?! Wir sind doch nicht bei Asterix und Obelix. Und außerdem ist das hier 'ne Insel."

„Aber die eine hat doch vorhin gesagt, sie hätte Wildschweine gehört!"

„Mach mal Licht an."

„Bist du verrückt! Dann sieht's uns ja."

Inzwischen hat sich der kleine Scout schon in meinen Schlafsack gegraben. Das darf man als kleiner Scout noch. Ich hingegen muss groß und stark sein. Normalerweise kann man solche großen Tiere mit lauten Geräuschen vertreiben. Aber was, wenn das Tier dann vor lauter Angst die anderen über den Haufen rennt, und wir sind schuld? Es trapst immer noch. Es hat sich inzwischen einen Rhythmus angewöhnt. Es nagt. Irgendwie. Vielleicht an der Zeltleine. Aber das macht doch nicht so ein Geräusch!

Irgendwann hat uns das Geräusch dann doch in den Schlaf gewiegt, wobei der kleine Scout beruhigenderweise in meinem Schlafsack vergraben blieb. Auf Panik folgt tiefer, erschöpfter Schlaf.

„Na, gut geschlafen?" Simone ist wie immer als Erste wach und pustet in die Glut. „Habt ihr das auch gehört? Irgend so'n Tier wohl. Zuerst war ich ja ein bisschen erschrocken – das war vielleicht teilweise laut! Aber ihr habt ja gesagt, hier gibt's überhaupt keine gefährlichen Viecher." Ich wedele wie wahnsinnig das Feuer mit dem Tonnendeckel an.

„Weißt du", sagt Simone, „manchmal ist es echt gut, wenn man eine dabei hat, die so was weiß. Das beruhigt ungeheuer."

„Hm", sage ich und sehe den kleinen Scout an. „Wahrscheinlich nur 'n Eichhörnchen." Und die Scouts haben schließlich immer Recht.

Das bisschen Urlaub

Aly Machalicky

SKIATHOS

Das bisschen Urlaub

Aly Machalicky

Wenn von einer Minute auf die andere auf einmal alles anders ist. Wenn du plötzlich mit der Arschkarte dastehst und mit einem Gefühl, als würde es dir den Boden unter den Füßen wegziehen, dann gibt es genau drei Dinge, die dir das Leben retten: dein Humor, der erfreuliche Umstand, dass deine Lieblings-Sitcom gerade wiederholt wird und deine allerbeste Freundin, für die du zehn Kilometer auf Glasscherben robben würdest.

Ich war fix und fertig. Oder sagen wir so, ich war am Ende einer Kräfte raubenden und letzten Endes mehr als unerfreulichen Beziehung. Und ich war im Begriff, eine waschechte Depression zu entwickeln, wovon Anne sowohl als beste Freundin, als auch als angehende Psychologin nichts hielt. Und so übernahm sie – wie so oft – die Regie, was mir ebenso vertraut wie angenehm war. Und darüber hinaus meiner Anlage als einerseits musisch und aufgeschlossen, andererseits ohne jegliches Talent für Alltägliches oder gar Praktisches sehr entsprach. „Was wir brauchen ist Urlaub!“, gab sich Anne direktiv. Ich wiederum gab mich schön und verletzlich, mit Betonung auf schön, und freute mich auf eine liebevoll organisierte Woche unter hochsommerlicher, griechischer Sonne. Auf eine Art betreutes, aber doch mediterranes Wohnen. Und zwar auf unser beider Lieblingsinsel Skiathos. Einem kleinen, karibisch anmutendem, gerade mal vierzehn Kilometer langem und zehn Kilometer breitem Geheimtipp. Als Teil der Nördlichen Sporaden knapp ans nordwestliche griechische Festland grenzend, keine zwei Flugstunden von Wien entfernt. Feinste, endlose, weiß bis goldgelb glänzende Sandstrände. Kristallklares bis türkisfarbenes Wasser, üppige Wälder; dank des Quellwasserreichtums gesegnet mit zahlreichen fruchtbaren Tälern, Olivenhainen, Getreidefeldern, Zypressen, Palmen und Obstbäumen und unzähligen Blumenarten, wilden Orchideen, Anemonen, Oleander, Bougainvilleen. Ganz zu schweigen vom Strand aller Strände: Koukounaries, die Karibik der Ägäis. Und am Abend dann Highlife in der Chora mit Cocktails, Clubs und Gucci-Store. Vor uns lagen – so sahen wir das vorab – die schönsten Tage des Jahres. Dass wieder mal alles anders kommen sollte, war klar. *Story of our life!* Ich sage nur zwei Worte: ***harsh conditions.***

Allerliebst hatten wir uns das alles ausgemalt. Schlafen bis Mittag. Danach spätes Frühstück auf Sonnendeck von verträumter, kleiner griechischer Pension mit Blick auf Hafen oder Ähnliches. Danach gemächlicher Aufbruch zu menschenleerer Bucht. Austarieren von idealem Halbschatten. Danach dann plantschen. Danach lesen. Anschließend dösen. Danach kleine Zwischenmahlzeit in hipper Strandbar oder wiederum Sonnendeck. Danach Körperpflege und Nachbesprechung der Nachmittagslektüre. Danach leichtes Abendessen in entzückender Taverne in kleinem griechischen Gasserlwerk. Danach lustwandeln auf Hafenpromenade und gleichzeitiges unangestrengtes zur Schau stellen von knackiger Bräune, perlweißen Zähnen und weizenblondem Haar. Danach Cocktails auf Kosten von netten Mittouristen ohne Hintergedanken. Hernach finaler Strandspaziergang. Der Erholungsfaktor wäre exorbitant gewesen. Stattdessen artete der Urlaub zu einem Entwicklungsroman aus. Mit einem Schuss von *Und täglich grüßt das Murmeltier.* Aber der Reihe nach.

Die Pannen begannen naturgemäß schon in Wien. Anne hatte einen ihrer besonders lästigen Verehrer huldvoll ermächtigt, uns zum Airport zu chauffieren. Und ihn schon wieder vergessen, kaum dass wir gatewärts wackelten. So einen faden Wirtschaftsstudenten mit Zweihundert-Quadratmeter-Wohnung und ohne eigene Meinung. Dessen größter Fehler allerdings war, nicht über ein Meter neunzig zu sein, weshalb dies wohl auch der letzte Liebesdienst war, den Anne ihm zugestanden hatte. Kaum war der geknickte Knabe mit seinem wunden Dackelblick verabschiedet, ließen wir uns übernächtigt ins Take-off-Café fallen, um letzte Reserven für unsere Duty-free-Einkäufe zu mobilisieren.

Nach einer kleinen Stärkung eilten wir mit elitär mildem Lächeln an den eincheckenden All-inclusive-Touristen vorbei und Richtung zollfreies Shopping-Dorado. Mit jahrelang erprobter Durchschlagskraft hatten wir bald das gesamte Kenzo-Regal für uns allein. Die Freude hielt allerdings zumindest bei mir nicht lange vor, weil mich nämlich die Parfümerielesbe, glücklich, ein Opfer gefunden zu haben – offensichtlich gingen vor uns ein paar lesbenfrei Flüge in die Luft –, aufs Schamloseste verfolgte, bis sich Anne schließlich erbarmte und mich mit einem „Gemma Schatz, was wir brauchen, besorgen wir uns nächsten Monat in Dubai!“ unterhakte und Richtung Buchladen zog, der erstaunlicherweise weitestgehend lesbenfrei war.

Der Flug selbst verlief ohne besondere Vorkommnisse. Wenn man davon absieht, dass wir eine halbe Stunde länger im Flieger weilten, weil der Fluglotse unseres kleinen griechischen Ziel-Eilandes gerade auf dem Klo beziehungsweise frisch verliebt oder wahlweise eingepennt war. Aber dafür lieben wir die Griechen ja schließlich.

Dass es um acht Uhr früh schon brunzheiße dreißig Grad zu haben vermochte, erschien uns abwegig. Aber da dem nun mal so war, schleppten wir uns samt unserer Koffer, fett wie Mastschweine, mit letzter Kraft in den Bus. Und hatten für die Schönheiten der Insel, die uns die freundliche Vorort-Dame unseres Reiseanbieters trotz nachtschlafener Zeit so enthusiastisch näher brachte, allenfalls geheuchelte „Ahhs“ und „Ohhs“ übrig – allerdings mit minutenlanger Verzögerung.

Dafür waren wir von unserem Studio umso begeisterter. Vor allem der Anblick von zwei appetitlich frisch bezogenen Einzelbettchen entzückte uns enorm. Und zog uns auch magisch an. Aber da wir hart im Nehmen waren, widerstanden wir tapfer und entschieden uns für den Strand. Dort könnten wir schließlich auch schlafen. Meinten wir. Was vielleicht etwas voreilig war.

Tapfer schlurften wir also, kaum dass wir unsere Reiseschweine geleert hatten, strandwärts. Wo wir uns hinter schwarzen Sonnenbrillen verschanzten und erst mal sehr blöd schauten. Und zwar minutenlang. Eine unbarmherzige Hitze in Kombination mit einer durchgemachten Nacht führte dazu, dass wir in unserer Motorik sehr reduziert waren. Was man sich ungefähr so vorstellen kann:

Anne: „Ma, ich würd jetzt gern eine rauchen."

Ungefähr drei Minuten später war ich dann fähig, ein „Pfau, echt?!" zu hauchen. Anne, die sich in ihrer stabilen Seitenlage noch keinen Millimeter bewegt hatte, quittierte mein Lebenszeichen mit einer Aufzählung, die sie für die nächste halbe Stunde erschöpfen sollte. „Ich müsste mich aufrichten. Meinen Rucksack aufheben. Tschick und Feuer raussuchen. Tschick in den Mund. Anzünden. Und dann ungefähr drei bis fünf Minuten rauchen. Hmpffff ..." Auch mir schien das in Anbetracht unseres Zustandes ein viel zu strapaziöses Unterfangen, aber kaum hatte ich angefangen, mir eine diesbezügliche Antwort zurechtzulegen, vernahm ich von Seiten Annes ein ruhiges und gleichmäßiges Atmen, nahm mir ein Beispiel und büselte mit ihr um die Wette.

Unsere wohlverdiente Auszeit sollte jedoch nicht lange währen, da ich im Halbschlaf einen Schatten ausmachte und ein rauchiges *„Calimera!"* vernahm, das ich, sobald ich auch das zweite Auge geöffnet hatte, mit einer kleinen Griechin und anbetungswürdigen Oberarmen in Verbindung bringen konnte. „Äitttt Jiro, pliiis!", sagte sie zu meinem Busen. Als wir die Maut für unsere Liegestühlchen und die überlebensnotwendigen Sonnenschirme gelöhnt hatten, und sie – wohl wissend, dass ihr nachgeschaut wurde – abtakelte, kam ich nicht umhin festzustellen, dass auch ihre Oberschenkelmuskulatur in einem beneidenswerten Zustand war. Was, in möglicher Ermangelung anderer Alternativen, kurzweilige Tage am Strand versprach.

Die übrigen enervierenden Störfaktoren wie kreischende Kinder, verdammt harte Fußbälle und überaus gut aussehende griechische Adonisse, die uns bis in die frühen Abendstunden konsequent am Einschlafen hindern sollten, erspar ich mir. Es war die Hölle! Danach noch rasch Minimarkt erledigt, wo wir alles shoppten, was uns auch daheim unentbehrlich war, und noch einiges mehr. Denn wer schließlich permanent – wenn auch unfreiwillig – wach war, der konnte, ja musste sogar seine Kalorienzufuhr verdoppeln.

In der gut sortierten Süßwarenabteilung des hiesigen Minimarktes, die mich sehr an zu Hause und somit an meinen Kummer erinnerte, überkam mich aber dann doch noch jene Traurigkeit, die in der Hektik der letzten Tage beinahe untergegangen war.

Ich war noch nicht ganz über den Berg. Obwohl ich tapfer daran arbeitete, mir meinen Lebensmut zurückzuerobern, blieben mir Einbrüche, die das ganze Spektrum der unterschiedlichsten Empfindungen abdeckten - von traurig, verletzt, nicht zulassen wollen, bis hin zu einem Anflug von Wut -, nicht erspart. Und Anne setzte alles daran, mich in dieser Hinsicht positiv zu verstärken: „Trauer ist immer ein Mischgefühl! Und Wut ist ein guter Motor!"

Da saßen wir schon auf der Minimarkt-Terrasse und schälten uns jede unser Lieblingsschokoeis aus der Verpackung (*0% Fett* - eine geniale griechische Erfindung). Von Anne fröhlich initiiertes gemeinschaftliches *Heilschimpfen* scheiterte bedauerlicherweise an meiner gewohnten, aber völlig unangebrachten Sanftmut. Brachte Anne allerdings derart in Rage, dass sie die studiumsbedingte Entwicklungspsychologin raushängen ließ: „Scheiß Reifeverzögerung!", fauchte sie und dann noch: „Sister, die Alte ist vierzig! Nicht vier!"

Weil ich nicht schimpfte, schimpfte Anne für zwei. Was erstaunlicherweise trotzdem half. Denn nachdem Anne an meiner statt meine Ex als einen narzisstischen und egoistischen Peter Pan (semi-professionell) beziehungsweise alternativ als primitive und unreife Schlampe mit peinlichem Vornamen (leidenschaftlich!) diffamiert hatte, war ich innerlich aufgewühlt, und es ging mir merklich besser. Wir suchten Beruhigung bei unserem Schokoeis und dem einmaligen griechischen Flair, das uns umgab. Vor uns auf der staubigen Landstraße zogen die Karawanen vom Strand Richtung Hotel, beziehungsweise die Spießer-Fraktion, die vor Mitternacht wieder zu Hause sein wollte, zog es schon jetzt Richtung Hauptstadt zum Abendessen. Es dämmerte bereits, war aber noch immer sauheiß, und wir streckten uns jedem noch so zarten Lüfterl dankbar entgegen. Es roch nach Pinien, Sommer und Süden, zirpte aus allen Büschen heraus, und ab und zu, wenn es ganz still war, konnten wir sogar die Stromleitung über uns hören. Aber das schönste war die Aussicht. Vor uns auf der anderen Straßenseite lag ein riesiger Garten mit einer derart üppigen und wunderschönen Vegetation, dass uns zwei Großstadtpflanzen erst mal die Luft wegblieb. Am Zaun rankten sich bis zu zwei Meter hohe Sonnenblumen, gefolgt von meterlangen Blumenbeeten in den herrlichsten Farben und hinter all dieser Farbenpracht, zwischen mächtigen Kiefern, ein Traum von einem Haus im klassischen Weiß-Blau getüncht, in das wir uns samt Garten sofort verliebten. Mit einem Satz: ein perfekter, griechischer Abend.

Anne genoss ihr leidenschaftliches Zielcoaching vor dieser malerischen Kulisse selbst am allermeisten und ging animiert in die zweite Runde. Wie immer ein Muster an Empathie und Einfühlungsvermögen.

„Und denk dran. Du bist jünger, von deutlich strafferem Gewebe, und was das aller Wichtigste ist: seelisch wesentlich gesünder!"

Das hörte ich natürlich gern. Und seelische Gesundheit ist sicher ein günstiger Ausgangspunkt für angestrebte erfüllende Beziehung. Vor allem wenn inneres Wachstum einhergeht mit äußerlicher Weiterentwicklung zu junger, unwiderstehlicher Sexgöttin. Weil Körper, laut Anne, vor allem Tempel.

Anne war nun ganz in ihrem Element, hüpfte in den Minimarkt zurück und kam mit einer Hand voll exotischer Mischgetränke auf Alkoholbasis wieder. Man muss die Feste schließlich feiern wie sie fallen.

Nach psychologischer Crash-Sitzung waren wir beide am Rande der Erschöpfung, und die Drinks begannen sich bereits zu rächen, als wir mit letzter Kraft und all unseren Einkäufen den kleinen, von Zypressen gesäumten Hügel zu unserem Appartement hinaufschlurften. Nachdem wir dann nach einem so erschöpfenden ersten Ferientag und circa sechzig (grob geschätzt!) Stunden ohne Schlaf unseren Bettstaaten entgegenwankten, erschien uns Schlafen als das höchste Gut überhaupt. Sex, Essen, Landschaft – was war das alles gegen den Luxus, sich auf ein schmales griechisches Einzelbettchen zu werfen, flugs Leintuch bis zur Nasenspitze, schnell noch Austarieren von idealer Sololöffelchen-Stellung und dann einfach nur wegdriften. Allein, es war uns nicht vergönnt! Kaum waren wir so weit, war ein zwanzigfaches *sssssssssssssssss* zu vernehmen. Anne heulte auf wie ein Klageweib! Sie machte Licht, so dass ich Augenzeugin eines Nervenzusammenbruchs beängstigenden Ausmaßes wurde. Aber weil Anne vor allem Praktikerin ist, war der Spuk nach ungefähr zwei Minuten vorbei: Anne nahm liebevoll ihren kleinen Reisebuddha vom Nachtkastl und küsste ihn inbrünstig auf seinen Kugelbauch. Meinte dann noch „Om, Om!“, bevor sie sich ihr zweihundert Seiten starkes Kreuzworträstelbüchel schnappte, ohne das sie ebenfalls nie auf Reisen ging, und in einem Rundumschlag schon mal fünf Gelsen* erlegte. Während ich arbeitsteilig im Schneidersitz thronte, ihr Regieanweisungen für die Jagd gab und ganz prinzipiell den Überblick bewahrte (bitte nicht lachen!).

Als gegen fünf Uhr früh draußen das Zirpen losging und es bereits morgengraute, fielen wir, völlig am Ende, in einen komatösen Schlaf und erwachten beide mit dem gleichen Albtraum. Ich sah mit einem Auge zu Anne rüber, die wie aufgebahrt dalag und leichenblass an die Decke starrte. „Also ich hab grad geträumt, dass ich den wohligsten Schlaf meines Lebens hatte und mit einem unbarmherzigen „*Good morrrrning!*“ und heftigem Poltern aus selbigem gerissen werde!“ Anne starrte nach wie vor mit schmerzverzerrtem Ausdruck an die Decke. „Das war kein Traum!“, meinte sie kämpferisch und hechtete zur Türe. Gegen die rüstige einheimische Putzfrau hatte allerdings auch Anne nicht den Hauch einer Chance. Was diese antrieb, war eine hochexplosive Mischung aus Putzwut und Altersstarrsinn. Und dass sie dabei auch noch ihre zwei kreischenden Enkel im Schlepptau mitführte, machte die Sache für uns nicht gerade erträglicher. Was uns blieb, war wieder mal nur der Griff zu schwarzen Sonnenbrillen und der Kanossagang auf den Balkon, wo wir in lieber Tradition und bei gleißender Hitze mal wieder minutenlang sehr blöd schauten. Ein Glück nur, dass wir zu diesem Zeitpunkt noch nicht wussten, dass sich dieser Vorgang gnadenlos Tag für Tag wiederholen sollte. Hatten mittlerweile das sichere Gefühl, dass uns dieser Urlaub verändern würde!

* Österreichisch für Stechmücken

Wir beschlossen, uns einen Ruhetag im abgedunkelten Zimmer zu gönnen und dieses allenfalls in den kühleren Abendstunden und höchstens zum Erwerb eines Gelsensteckers zu verlassen. Für den Nachmittag planten wir Brettspiele und ausgiebige Lektüre ein. Aber für beides reichte unsere Energie nicht mehr, als wir nach circa einer Stunde abrupt aus unserer wohlverdienten Siesta gerissen wurden, weil nämlich die zwei Enkel offensichtlich um exakt Punkt siebzehn Uhr gebadet werden mussten. Und zwar in einem Planschbecken genau unterhalb unseres Balkons. Unnötig zu betonen, dass so etwas nicht gerade leise vonstatten geht. Und müßig zu erwähnen, dass sich auch dieser Vorgang mit einer fast erschreckenden Pünktlichkeit Tag für Tag wiederholen sollte. Schon mal wach, kauften wir den Gelsenstecker gleich. Und buchten auf dem Rückweg eine Bootstour, für die mit dem entzückenden Namen *Lazy Day* geworben wurde, was wahrlich Musik in unseren Ohren war.

Obwohl sich meine generelle Stimmung zunehmend besserte, kam ich um eines nicht umhin: die berüchtigte Morgendepression kurz nach dem Aufwachen – also in dem Zustand, in dem man von vornherein schon mal ein wenig zum Nachdenken gezwungen ist: wo bin ich, wo war ich, wie viel habe ich gestern getrunken – mit heimtückischen Reminiszenzen an spärliche, aber doch vorhandene gemeinsame schöne Stunden mit der Ex und dann Einbruch, weil sofortige Erkenntnis: allein, fremdes Hotelzimmer – und: Soviel kann man gar nicht trinken.

Aber auch hierfür wusste Anne, für die kein Tagesabschnitt ohne entsprechende Affirmation bleiben durfte, Rat. Und so trickste ich den ersten Schmerz am Morgen aus, indem ich mich fest darauf konzentrierte, was mir in Zukunft erspart bliebe, beispielsweise enervierende Unpünktlichkeit, abgesagte Dates, selbst übernommene Restaurantrechnungen, geplatzte romantische Kurzurlaube sowie die ewige Frage, warum ruft sie nicht an. Soll laut Anne statt dessen wahlweise an Annie Lennox als Dea ex Machina, an meine persönliche Weiterentwicklung zu junger, unwiderstehlicher Sexgöttin beziehungsweise an jeweils eine gut verdienende Lesbe über fünfunddreißig freier Wahl denken. Statt daran, dass dieser Kater einen Rausch wert gewesen wäre. Und ob es nicht vielleicht doch an mir liegen könnte, dass mir dieser

Rausch versagt geblieben ist. Weil, laut Anne, völlig falscher Ansatz, und außerdem bedenklicher Rückfall ins Weibchen-Schema.

Es folgten einige Tage, in denen es uns unser inzwischen eingespielter Schlafrhythmus – nie mehr als maximal drei Stunden, aber das über den ganzen Tag verteilt, zwischen Gelsenplage (durch Stecker nur gemildert), Putzfrau zu Mittag und Planschbecken-Action am Nachmittag – tatsächlich erlaubte, an den Strand zu schlurfen, der, nur damit kein falsches Bild von unserem Katastrophenurlaub aufkommt, der schönste der gesamten Ägäis ist. Genauso wie die ganze Insel ein nicht überlaufenes, wunderschönes Juwel ist.

Wir wurden genügsam. Obwohl uns unsere Forderungen nach ein bisschen Urlaub im Urlaub keineswegs überzogen schienen. Aber im Sinne von Maslow'scher Bedürfnispyramide waren die Grundbedürfnisse dann doch reduziert auf Essen (immer), Schlafen (kaum, siehe auch oben) und Sicherheit (Gelsen, siehe auch „Schlafen"). Hauptbeschäftigung: verdeckte Beobachtung griechischer Adonisse. Codewort: *Desperately seeking Anschluss.* Unsere erlernte Anspruchslosigkeit, gepaart mit Sonne (Vitamin E) und der permanenten Zufuhr von mehrfach ungesättigten Fettsäuren (Anne weiß darüber mehr), bescherten uns erfreulicherweise transzendente Einsichten in die wahren Rätsel unseres jugendlichen Daseins, die uns in Wien möglicherweise stressbedingt (bitte nicht lachen!) bislang verborgen geblieben sind. Was dazu führte, dass ich mitunter mit einem „Ich bin schön! Ich bin schön! Ich bin schön!" fröhlich rauchend am Strand lag. Und sich Anne mit einem selbstkritischeren „Ich bin blass! Ich bin blass! Ich bin blass!" den ungelesenen Barylli übers schöne Haupt zog. Aber auch Anne konnte nicht verbergen, wie sehr ihr dieser Abenteuerurlaub in Wahrheit gefiel und wie sehr er vor allem unserer jahrzehntelangen Freundschaft entsprach. War quasi wie einstmaliger Schikurs. Nur ohne Klasse. Dafür aber mit sehr viel Flair.

Für unsere Bootstour *Lazy Day* weitaus treffendere Bezeichnung: *Check in to desaster!* Hatte mit „lazy" leider überhaupt nichts zu tun. Fing damit an, dass der Seegang ein sehr reger war, was Anne und mich zwar entzückte, Stichwort: *Adventu-*

re, aber die knallroten englischen Mit-Touristen waren in einer Tour am Kreischen, was auf Dauer auch sehr enervierend war. Sollten laut Plan an den schönsten Stränden halten, wo genügend Zeit wäre zum Baden und Entspannen. Schnecken! Kaum hatte Anne ihren immer noch ungelesenen Barylli vor Augen und ich mich mit Selbstauslöser auf jedem vorgelagerten Felsbröckerl verewigt, tönte schon wieder unbarmherzig die Schiffssirene. Wir alle brav im Laufschritt zum Boot und ab die Post! Soviel zum Thema Urlaub! Weil es uns aber beim ersten Aufenthalt derart abwegig erschien, dass wir nach nicht mal zwanzig Minuten – eine Stunde war veranschlagt – schon wieder eingesammelt werden sollten, schrieben wir das Schiffsgehupe optimistisch einem der anderen Ausflugsboote zu und ignorierten es uneingeschränkt. Allerdings nervte uns markerschütternde Sirene nach einiger Zeit und so beendeten wir Pseudolektüre (Anne) und Muschelsuchen (ich, für Badezimmer-Andenken-Schrein) und trotteten missmutig schiffwärts, wo wir von britischer Reiseleiterin mächtig runtergeputzt wurden – Getute offensichtlich nur für uns! Klassisch! Waren aber unschuldig wie Neuschnee, weil voll in der Zeit – und uns die knallroten Mitreisenden die restlichen Stunden angestrengt übersahen. Waren böse österreichische Outlaws, was wir huldvoll auf uns nahmen.

Brauchten zwei Tage, um uns von *Lazy Day* zu erholen. Die jedoch nicht ungenützt blieben, weil Anne ihren Barylli endlich zu Ende brachte und sich erstmals entspannt den griechischen Sexgöttern widmen konnte (Heureka!) und ich meiner Wassersportleidenschaft (Wakeboard sowie kilometerweites Schwimmen, was mir nur dadurch vermiest wurde, dass Anne sich leider erst am Ende der Woche herabließ mir mitzuteilen, dass es auch im Mittelmeer Haie in rauen Massen gab) frönen konnte. Und gerade, als unsere Urlaubsentspannungskurve rapide nach oben kletterte, hieß es auch schon wieder Reiseschweine packen und im Minimarkt bisher verpönten Blick auf Kronenzeitung werfen. Der Rückflug nahte.

An unserem letzten Abend lagen wir zwei Kitschkoffer dann klischeegemäß am Strand und warteten auf urlaubskrönende Sternschnuppen. „Und was wünscht man sich dann klassischerweise bei so einer Sternschnuppe?" Ich lugte betont unschuldig zu Anne, die im völligen Flow-Zustand entrückt aufs Meer starrte. „Würdest du bitte nicht so tun, als wäre dein Leben zur Zeit bar jeder Romantik!" Mein aufmüpfiges „Pfffffff!" brachte sie erst so richtig in Fahrt. „Und würdest du bitte vor allem nicht so tun, als würde dir bei einer Sternschnuppe am schönsten Strand der gesamten Ägäis so gar niiiiemand einfallen!" Mein vormals aufmüpfiges „Pffff!" wurde zu einem eher kleinlauten „Mpffff."

Aber innerlich fühlte ich mich auf einmal wie Annes Reisebuddha. Behaglich, ausgeglichen und sehr zuversichtlich. Und weil man sich mit so viel buddhistischer Gelassenheit ums Timing ja wohl keine Sorgen mehr zu machen braucht, zischte in dem Moment auch wirklich eine wunderschöne Sternschnuppe herab. Und als sie dann langsam verglühte und im schwarzen, griechischen Meer versank, oder uns das zumindest so vorkam, da war auch ich im *Flow*. Oder wie die Griechen sagen: *Siga, siga*.

Hier singt sogar der Staub

Egbert Hörmann

SANKT PETERSBURG

Hier singt sogar der Staub

Egbert Hörmann

„Und da war eine Stadt. Die schönste Stadt auf dem Antlitz der Erde ..." (Joseph Brodsky)

Die gebaute Utopie. Obwohl erst dreihundert Jahre alt, gehört Sankt Petersburg zu diesen wenigen Orten, die mit ihrer Gründung dem auserwählten Kreis der mythischen Städte angehören. Im Jahre 1703 aus dem Nichts von einem Träumer, Visionär und Tyrannen inmitten von Sümpfen tollkühn ins Leben gezwungen, in Stein und Tränen gehauen, auf unzähligen Knochen erbaut, schwebt Sankt Petersburg zwischen dem nördlichen Himmel und dem viel besungenen Newastrom wie eine Fata Morgana, die jederzeit ins Nichts zu versinken droht. Eine ideale Stadt der Zukunft, das Brasilia des achtzehnten Jahrhunderts, am Reißbrett entworfen, die Verkörperung westeuropäisch geprägter Vernunft, gleichzeitig auch aber eine unheilvolle Maskerade des Antichrist, war die Schöpfung Peters des Großen von Anfang an ein Fall extremer Idealisierungen.

Die während ihrer bewegten Geschichte mehrfach umbenannte Stadt: Sankt Petersburg (seit 1703) – Petrograd (1914-1924) – Leningrad (1924-1991) – und nun also wieder Sankt Petersburg. Was auch immer geschehen sein mag – es ist bis zum heutigen Tag eine in einen wundersamen, mystischen Zustand, in einem irrealen visuellen und intellektuellen Raum eingewobene Stadt. Von allen Künstlern, die sich mit ihr beschäftigten, wurde dieser Raum als eine höhere Realität erfahren, die ihre besondere künstlerische Sprache und Philosophie diktiert.

Es ist immer töricht, mit übersteigerten Erwartungen zum ersten Mal eine Stadt zu betreten, von der man schon lange schwärmerisch träumte: Intim mythologisierte Sehnsuchtsorte dieser Art können dann oft nur mehr enttäuschen, und wir sind erschreckt von so viel derzeitiger Wirklichkeit. Ich hatte ein wunderbares, detailreiches Buch von Duncan Fallowell, *One Hot Summer in Saint Petersburg,* über Sankt Petersburg übersetzt und intensiv recherchiert. Die Stadt stand mir schon recht deutlich vor Augen. Als dann endlich auf der Anzeigentafel im Flughafen Berlin-Tegel „St. Petersburg" aufleuchtete, weinte ich, weil ich dachte, die Wirklichkeit könne nicht so schön sein wie der Traum. Sie werden nichts mit mir anfangen können, dachte ich, diesem „Gast aus der Zukunft".

Aber als wir über riesige, symphonische nördliche Wälder flogen, schien etwas zu warten, mich zu rufen, mich hinunterzuziehen. Ich hatte mir bereits ein Petersburg geschaffen als Bezeichnung für eine tiefere, verborgenere Schicht von mir. Als ich etwa zwei Stunden später zum ersten Mal russische Erde unter mir fühlte, atmete ich tief ein. In der Luft lag der Geruch eines russischen Großstadtsommers, russisches Benzin, Tabak, billiges Parfüm, vermischt mit Seetang. Es war seltsam, aber ich kannte diesen Geruch. In Berlin hatte man meinen „Russenfimmel" belächelt und mich behandelt wie jemanden, der unter einer leichten Geistesgestörtheit leidet, die sich im Lauf der Zeit durch eine Überdosis postsowjetischer Realität geben würde. Aber sie gab sich nicht, obgleich in jeder Liebe, wie der Dichter sagt, die Leidenschaft lockt, sie zu beenden. Seit zehn Jahren bin ich nun in Sankt Petersburg verliebt, meine längste Liebesbeziehung überhaupt, und wie alle tiefen Lieben war auch diese nicht unproblematisch. Aber da jede wirkliche Liebe schöpferisch ist, bereichert und inspiriert diese Stadt mein Leben und meine Arbeit. Ohne sie gibt es kein Dasein mehr.

Warum diese Heldenstadt mit ihrem ausgeprägt männlichen Charakter auf mich wie eine subtile Droge wirkt? Es ist das Mühsame, das Exzentrische, das Absurde, die allgemeine Ruiniertheit, die wilden Gegensätze, die starken Bilder und Gefühle, die Erhabenheit und die grandiose Dekadenz. Hier liegen die

Mängel, die Probleme und die Katastrophen offen da, sichtbar, greifbar, nicht von Fassaden versteckt wie bei uns.

Hier herrscht das wahre Leben, hier gibt es nicht diese Oberflächenvorgänge, hinter denen nichts mehr vorgeht. Hier bekommt man vorgeführt, was „*Anything goes*" wirklich heißen kann.

Warum bin ich immer wieder hierher gekommen? Wegen ihrer Melancholieaugen, wegen ihrer überschwänglichen Art, wegen der Weite des russischen Herzens. Wegen ihrer Güte. Weil man dort für mich betet. Wegen ihrer Seele, bei uns gern als „russischä Sääle" verulkt, aber Rilke etwa wusste es besser: „Das Russische ist die letzte, heimlichste Stube im Herzen Gottes." Weil Ambivalenz das Hauptmerkmal der russischen Nation ist, wie Joseph Brodsky, der letzte große Sohn dieser Stadt, im amerikanischen Exil notiert. Weil die Idealisierung der Zukunft ihr geistiger Zustand ist, ihre Existenzform in der Geschichte, die auch das russische Leben zerstört hat. Weil die Bewohner dieser Stadt auf ihre schlichte Art besser zurechtkommen als wir. Weil sie alle virtuos improvisieren, Tag für Tag. Weil Zeit und der Umgang mit ihr, weil Gegenwart, Vergangenheit und Zukunft hier eine andere, auch geheimnisvolle Qualität haben. Wegen der tiefen russischen Verbindlichkeit: Man rechnet mit dem anderen – wenn auch vielleicht nur bis zum nächsten Tag. Weil man sich hier die Fähigkeit zum Rausch des Beisammenseins bewahrt hat, dessen schönstes Beispiel der russische Volkssport der stundenlangen Diskussionen ist, die unerhörte Kultur des russischen Gesprächs (die Gespräche sind ihre privaten Pyramiden). Weil ich hier den Glauben an die urwüchsige Kraft der Materie wiedergewinne: die unzerstörbare Kraft der Kartoffel und der Zwiebel, der süßen, fetten Sahne, des festen Brotes, des unverdünnt gekippten Wodka.

Einsam, diese Stadt der Träumer und der einsamen Spaziergänger. Das Faszinosum, das sich zwar analysieren, aber nicht entzaubern lässt, da man ihm längst verfallen ist. „Eine wunderbare Kulisse, geschaffen, um als Theater für ein reales und furchtbares Drama zu dienen" (Marquis de Custine), „eine über den Abgrund geworfene glänzende Decke" (Mandelstam), nicht nur „die abstrakteste und ausgedachteste Stadt der Welt" (Dostojewskij), sondern auch heute noch ein Raum, in dem das Zwischenzeitliche, Zwiespältige, Geheimnisvolle und Fantastische geradezu gesetzmäßig in Erscheinung treten.

Klima- wie auch Stimmungswechsel sind hier abrupt und extrem. Gerade fiel für eine dunkle halbe Stunde ein tropisch üppiger Regen, aber jetzt bricht die Sonne durch die Wolkendecke, und ihr Licht kreiert eine Stadt in dunstigem Pastell, entzündet das Gold der Kuppeln und der Spitzen, irrt zwischen den monumentalen Säulen der elegant abgewetzten Paläste umher, zeigt die unzähligen markanten Details, verdeckt mit gnädigen Schatten den Kot in den barocken Torbögen, lässt den abgefallenen Putz übersehen. Zu solcher Stunde zeigen sich die strengen geometrischen Umrisse deutlicher, die von den ausländischen Baumeistern in die Weite der sumpfigen baltischen Landschaft skizziert worden waren; so sollten sie eine neue Ordnung schaffen, doch unaufhaltsam wie der ewige Nebel, wie das Flutwasser drang vor die stolzen Fassaden das heimatliche Chaos, das den Petersburger Menschen schuf. Sankt Petersburg verkörpert das ebenso titanische wie chimärische Unterfangen, die alles verschlingenden russischen Raumtiefen in einem Delirium der Geometrie einem gestaltenden, kalkulierenden Formwillen zu unterwerfen. Aber die Unendlichkeit hat naturgemäß eine sonderbare und bisweilen nihilistische Wirkung auf den menschlichen Geist.

Jede Stadt hat ihre Farben: Bei Petersburg fallen mir spontan der grau-rosa Granit und gelb-weiße Gebäude ein. Im Leben aller Städte, deren Namen allein bereits die Seelen zu verheißungsvollem Schwingen bringen wie Paris, Rom oder Venedig, gibt es Augenblicke, da ihre Reize in einer Reinheit aufscheinen, die keine Kamera festzuhalten vermag. Hier, am Ausgang zum Finnischen Meerbusen, sind es die Weißen Nächte, die Mitte Mai beginnen und bis etwa Ende Juli dauern. Dann sinkt die Sonne nur so knapp unter den Horizont, dass ihr Licht noch ausreicht, die Atmosphäre nachts zu fantasmagorischem Leuchten zu bringen. In der sich durch die ganze Nacht dahinziehenden Dämmerung verschwimmen die Konturen, die Architektur wird zu kristallisierter Musik, und der Himmel entfaltet ein fast schon gespenstisches Farbspektakel, das Momente eines durchdringenden Glücksgefühls erzeugt, Augenblicke höchster und völlig unerklärlicher Entrückung. In diesen schlaflosen, überdrehten

Zaubernächten, im gelassenen Schneetreiben der Samenflocken der Pappeln, in diesen Nächten, in denen kein Traum an die Wirklichkeit heranreicht, in denen alles geschehen mag, gerät man in eine stille Trance und bekommt wahrhaft Flügel.

Helle Nächte gibt es auch woanders, in Stockholm und Helsinki etwa, aber nur hier zeigen sich eine derartige Lebensfreude, Vitalität und Ausgelassenheit. Zwischenmenschliche Begegnungen gewinnen eine einzigartige Intensität. Es ist erfrischend haarsträubend, wie kaltblütig ich mich hier in Abenteuer aller Art stürze. Selten habe ich an der Wirklichkeit so gezweifelt wie in diesen Nächten, wenn das seltsam gleichmäßige Licht, das gleichzeitig von allen Seiten des Himmels herabfällt und deshalb keinen Schatten wirft, uns wie immer unwiderstehlich zur Newa zieht, von wo der nördliche Teil des Himmels, wo sich das Wichtigste abspielt, mit einem Panoramablick zu erfassen ist. Wir warten gegen zwei Uhr morgens auf die Öffnung der Brücken, die dann für drei Stunden hochgezogen werden, und so die Inseln voneinander abschneiden, um das stattliche Ballett von Schiffen auf ihrem Weg zu den Meeren passieren zu lassen.

Alexandre Dumas schwärmte 1858 in seinem Reisebericht aus Russland: „Stellen Sie sich eine perlgraue Atmosphäre vor, mit dem irisirienden Schillern eines Opals, die weder der Morgen- noch der Abenddämmerung gleicht (...); eine Stille, die die Seele erfrischt, eine Ruhe, die das Herz erweitert ... In solchen Nächten zu lieben, heißt doppelt zu lieben.“ Mit dieser Ruhe und Stille ist es natürlich zumindest im Zentrum heute vorbei, und der Newskij rumort und brummt bis morgens um vier.

Das Licht dieser Nächte entmaterialisiert das Körperliche, die Farben beleben sich in dieser Glut, die kalt wirkt wie bengalisches Feuer. Das Licht ist kein Wegweiser, es erhellt und verdüstert aber auch das Bewusstsein, und besonders verwirrt es die Sinne.

Aha, da befinde ich mich doch auf der Paradeseite der Stadt, komme aus dem Sommergarten und bin am Schloss-Kai, bin an Marmorpalais, Eremitage und Winterpalast entlanggeschlendert, habe in vollkommener Distanz über den Strom hinweg die makellose Zeile des Universitäts-Kais geschaut und die Newa weiter aufwärts das strenge Gebilde der Peter-Paul-Festung, aber jetzt habe ich Lust auf das für mich romantischste Viertel der Stadt, die Gegend um den alten Heumarkt, die von Touristen nicht beachtet wird. Ich folge dem verwunschenen Gribojedow-Kanal hinter der Kasaner Kathedrale an der von vier Greifen bewachten Bankbrücke bis zur blau-weißen Nikolaus-Marine-Kathedrale mit ihren goldenen Kuppeln, meine Petersburger Lieblingskirche. Diese Gegend mit dem angrenzenden alten Heumarkt, heute Sennaja Ploschtschad, war Dostojewskijs ureigenste Domäne, der „Bauch" von Petersburg, sein geheimnisvolles Auffangbecken abseits vom Zentrum, ein Vieh- und Lebensmittelmarkt mit Kneipen, Absteigen und Hurenhäusern, eine Lumpengegend, in der der „Shakespeare der Irrenhäuser" seine Helden hausen und darauf warten ließ, dass ihnen das Geheimnis ihrer Erlösung verkündet werde.

Durch das wenig repräsentable Kleine-Leute-Viertel Kolomna streife ich bis zur abweisenden, fensterlosen Anlage der Neu-Holland-Insel, ein weiterer magischer Ort voller erschöpfter Stadtrandstimmung, obwohl man noch mitten im Zentrum ist und hier das traditionsreiche, 1783 eröffnete Mariinskij-Opernhaus liegt.

Mag ja sein, dass Petersburg wie auch Russland im Winter von besonderer Schönheit ist, an einem jener seltenen Tage, wenn der Himmel makellos blau ist und eine tief stehende Blutorangensonne den Schnee mit flüssigem Gold überzieht ... seinen größten Reiz gibt es aber erst in den Weißen Nächten preis! Sind sie gekommen, hat dieses saisonale Phänomen die Stadt fest im Griff und wirft sie in eine festliche Orgie mit ihrer manischen Stimmung. Schlaflose versuchen, die endlosen, im Winterschlaf verbrachten Monate wettzumachen, und am besten reiht man sich in die karnevalartige Passage der aufgedrehten Gruppen ein. Vampire fliegen verschreckt in Richtung Süden, und jetzt zeigt sich Sankt Petersburg als das, was Peter der Große als sein Schicksal bereithielt – eine Stadt für Seeleute und alles, was damit einhergeht. Die Stadt, aus militärischen Überlegungen entstanden, ist in erster Linie eine Hafenstadt mit deren typischen Merkmalen und wird von einer der großen Meisterwerke Russlands bestimmt, seiner Flotte. Brodsky ist sogar zutiefst davon überzeugt, „dass die Geschichte der Marine, abgesehen von der Literatur der letzten zwei Jahrhunderte und vielleicht die Architektur der ehemaligen Hauptstadt, das Einzige ist, worauf Russland stolz sein kann", drei Phänomene also, die untrennbar mit der Stadt an der Newa verbunden sind. Und gibt es denn etwas Schmuckeres und Fescheres als die jungen Prinzen, die Marineangehörigen, die einen dauernd um eine Zigarette oder um Feuer anhauen?

Die Längen- und Breitenmaße in der Stadt verblüffen immer wieder. Man biegt um eine Ecke und sieht das Bekannte neu. Wie bei vielen Dingen ist die Annäherung dabei wichtig und der Zeitfaktor. Den ersten Anblick des unfasslichen Schlossplatzes gibt man sich deshalb von der Uliza Millionnaja her kommend, geht an endlosen Metern Eremitage vorbei, bewundert eben noch die zehn Granitatlanten, die den Portikus der Neuen Eremitage standhaft tragen. Da öffnet sich dem Auge plötzlich der gleichzeitig verzückende und verstörende zentrale Platz der Stadt bis zum von Rossis delikater Architektur des Senats- und Synodsgebäudes bestimmten Horizont, eine ästhetisch vollkommene Breite und Leere, verschwenderische russische Raum-Idee pur. Nicht für Menschen wurde diese Stadt ausgedacht und entworfen, sondern für das Auge. Es gibt nirgendwo eine harmonischere Verschmelzung von Stein, Metall und Wasser: Der Stadtkern ist einzigartig in der Weltzivilisation, weil er ein vollständig erhaltenes Stadtensemble des achtzehnten und neunzehnten Jahrhunderts darstellt. Nichts als strenge Einfachheit, ausgewogene Proportionen, Paläste wie vom Reißbrett, Barock, Klassizismus, Neoklassizismus, Historizismus und Jugendstil überfluten die staubigen, allzu reparaturbedürftigen Straßen und die Kais. Die Petersburger Räumlichkeit ist voller vermessener Theatralik und erscheint wie der Traum eines liebeskranken Riesen, der von einem wahnsinnig gewordenen Dichter erzählt wird.

In den Köpfen ihrer Gäste existiert diese Stadt vor allem als historische Hülle und als begehbarer musealer Themenpark, eine Art Vergnügungsareal der Romanows. Bewohner und Besucher bewegen sich innerhalb des urbanen Kontextes in weitgehend getrennten Welten. Kaum ein Gast, der sich wie in Berlin oder New York für die Errungenschaften der letzten fünfzehn Jahre interessiert. Die stehen hier für Korruption, Mafia, Verbrechen,

Umweltverschmutzung und Verarmung, aber die Stadt ist natürlich geheimnisvoller und komplex-komplizierter. Das Vorurteil, dass es hier für Touristen gefährlich sei, kann aber beruhigt ad acta gelegt werden. Man kann sich eigentlich zu jeder Tages- und Nachtzeit frei und unbesorgt bewegen, wenn man sich „anständig" – wie ein taktvoller Gast also – verhält.

Dieses prickelnde Vorurteil (wer träumt nicht insgeheim vom Pierre & Gilles-Kleinkriminellen, eine Mischung aus Nurejew und Sowjetfilmheld, der uns notgedrungen beim in unser Ohr geflüsterten Vortrag von Majakowskis Gedicht „Das bewußte Thema" vom Joch unseres Brustbeutels befreit?) beruht allenfalls auf einer schockartigen Erfahrung: Die Durchschnittstouristen verlassen den Newskij-Prospekt nur zu begrenzten Abstechern nach links und rechts. Sie sehen dann, dass nur wenige Schritte von diesem Prachtboulevard ein Blick in Hauseingänge, Stuben und Treppenaufgänge das reale Bild der postsowjetischen Gesellschaft bietet, ein apokalyptischer Alptraum, ein stechender Hangover für eine lange Weile, quasi außerhalb der Geschichte und tief in den Mythologien einer anderen Zeit.

Aber welche Schlenker der leicht somnambule Flaneur auch unternimmt, man landet immer wieder auf dem Newskij-Prospekt, einem der schönsten Boulevards der Welt. „Es gibt nichts Schöneres als den Newskij-Prospekt, jedenfalls nicht für Petersburg; für Petersburg ist er alles", schreibt Gogol. Fürwahr: Dieser fast fünf Kilometer lange Boulevard zwischen der Nadel des Admiralitätsgebäudes und der verwunschenen barocken Alexander-Newskij-Klosteranlage hat die Atmosphäre eines römischen Corsos und ist Russlands Broadway. Die Kathedrale der Gottesmutter von Kasan, die Kuppeln der farbenprächtigen Auferstehungskirche, Museen, unzählige Paläste, Theater, Museen, Konzertsäle, Plätze, Parks, Bibliotheken – dies ist Laufsteg, Flaniermeile und Basar in einem. Hier erfrischt man sich mit dem von den Russen über alles geliebten Eis oder nimmt ein Bier (gilt in Russland als Softdrink) mit auf die Promenade, aber auch Hochprozentiges wird an den zahlreichen typischen Kioske angeboten, ebenso Katzen, Hunde, Gurken, Schnittlauch, Blumen. Wer hingegen arkadische Ruhe sucht, fährt (am besten nur unter der Woche!) in die Naherholungsgebiete der Stadt, die sich auf den Inseln im Norden der Petrograder Seite befinden, oder zu den Zarenpalästen in der näheren Umgebung mit ihren traumhaften Parkanlagen im englischen oder französischen Stil, die erfüllt sind von der zauberhaften Atmosphäre bedeutender Schöpfungen der Kunst und Kultur und vom Fluidum historischer Größe. Hier lernt man die berühmte Bemerkung von Nabokov verstehen: „Man gebe mir nur irgendetwas auf irgendeinem Kontinent, das der Landschaft um Sankt Petersburg gleicht, und mein Herz wird schmelzen." Hier versteht man aber auch beim Anblick der fast gotteslästerlichen, irrwitzigen Prassereien der Zaren, der ihnen eigenen Mischung aus westeuropäischem Raffinement und asiatischem Despotismus, die quasi organische Unweigerlichkeit der Revolution ihres Volkes. (Drei Viertel der 74-Millionen-Bevölkerung befanden sich bis zu deren Aufhebung 1861 durch Zar Alexander II. in Leibeigenschaft!) Meine besondere Zuneigung gehört dem weniger besuchten klassizistischen Schloss von Pawlowsk und seinem Park, wo man die Stille und die Sanftmut einer zarten Natur erfährt, die umso mehr zu Herzen geht, weil sie aus der Asche der barbarischen nazifaschistischen Zerstörungswut wiederauferstanden sind.

Wo offenbart sich das Antlitz von Sankt Petersburg heute unverstellt? Es sind die Schwindel erregenden Hauseingänge, Treppenhäuser und Dantesken Hinterhoflabyrinthe à la Piranesi, die jedes Ghetto-Gegenstück zu einer Luxusmeile machen. Hier erkennt man am eindrucksvollsten die anhaltenden Katastrophen der alten UdSSR: die zusammengebrochene Ökonomie, der allgegenwärtige Polizeistaat, die Bedrohung durch nukleare Unfälle, die ökologische Verheerung, die sehnsuchtsvolle Nostalgie und der verwundete Stolz und die geschändete Würde, aber – vielleicht am schwerwiegendsten, gerade für Russland – vor allem die Krise der kulturellen Identität, die Züge einer kollektiven Neurose trägt und alle gesellschaftlichen Institutionen erfasst hat. Zudem ist inzwischen die Illusion verloren, zügig und glatt und in Windeseile von einer kommunistischen Diktatur zu einer freien, demokratischen Marktwirtschaft überzugehen, und von der Wunderdroge Kapitalismus weiß niemand so genau, wie sie wirkt.

Die heutige Vornehmheit Sankt Petersburgs hat nichts mit Inszenierung, Design, Glätte und Geld zu tun. Es ist die unerhörte, würdevolle Eleganz des Zerfalls, des Elends, der Kargheit, der Tragik und der Krise in tausendfachen Schattierungen. Trotzdem, wahrscheinlich gerade deshalb, wirkt die im buchstäblichen Sinne himmlische Stadt im Sommer wie eine Stadt des Südens, extrem entspannt, frech und lässig, ja fast laszív und sehr, sehr *funky*.

„Ohne eine höhere Idee kann weder ein einzelner Mensch noch eine Nation existieren", schreibt Dostojewskij. Das menschliche Bedürfnis nach Werten ist hier tatsächlich essenziell. In dieser zu Wundern verdammten Stadt lernt man Freundschaft, Geduld und plötzliche Demut, aber auch eine Lektion in Geschichte und Weisheit wird erteilt: Dass nichts einem Alptraum so nahe kommen kann wie die Verwirklichung eines Traumes und dass die Geschichte des Schönen untrennbar mit Blut, Unterwerfung und Erniedrigung verbunden ist. Petersburg-Petrograd-Leningrad-Sankt Petersburg ist seit seiner Erschaffung ein Laboratorium der jeweiligen Moderne gewesen, das die großen Fragen der Menschheit gestellt hat, die heute noch immer keine Antworten gefunden haben.

Hauptstadt des Russischen Reiches von 1712 bis 1918, Inspiration für Künstler und Schriftsteller – Piter, wie sie von ihren Einwohnern liebevoll genannt wird, ist eine Stadt mutiger Menschen, deren Liebe zu ihrem Sankt Petersburg durch Überschwemmungen, Hungerjahre, Revolutionen, Säuberungen und die Blockade durch Nazi-Truppen in den Jahren 1941 bis 1944 (die tragischste Seite in der Geschichte der Stadt) auf unvorstellbar harte Proben gestellt wurde. Dem Petersburger Menschen kann man nicht nur in den klassischen literarischen Werken von Puschkin, Gogol, Dostojewskij, Mandelstam, Achmatowa, Blok und Belyj begegnen, sondern auch auf der abschüssigen Oberfläche im heutigen Alltag. In einer überquellenden Gemeinschaftswohnung, an den Kiosken, in den Parks und imperialen Gärten, wohin er flieht, vielleicht auf der Suche nach einem Laib Brot und einem Stück Fleisch, aber auch nach dem Sinn seines kleinen Lebens, das herausgefordert und überfordert wird durch die Erinnerung an unermessliche Verluste und an den vergangenen Glanz, durch die Zerrissenheit zwischen zwei Identitäten: denn ein Leningrader der Sowjetzeit ist er auch noch.

Dennoch und trotz allem – Russland und seine Menschen haben eine neue Ära betreten, und dies wird sich als eine Geschichte von Erweckung und Auferstehung erweisen. Im einundzwanzigsten Jahrhundert wird für Russland alles, auch Freiheit und Glück, möglich sein.

Friedrich Nietzsche bemerkte einmal, dass, wer wissen wolle, wie es um Europa bestellt sei, nach Sankt Petersburg blicken müsse. Dies erstaunt uns deshalb, weil die Ereignisse des zwanzigsten Jahrhunderts Europa, zu dem auch Osteuropa gehörte, zerrissen und weil, nachdem Moskau im Frühjahr 1918 wieder Hauptstadt wurde, Sankt Petersburg in weltgeschichtlicher Provinz versank. Dabei war es nicht nur „Fenster nach Europa“ gewesen, nicht nur wie Paris, Wien und Berlin Geburtsstätte der Moderne, sondern der Ort einer großen Transformation des Europäischen selbst. Aber Petersburg lebt heute aus eigener Kraft, nicht nur vom Mythos. Was für ein glanzvolles Comeback für die nördlichste Metropole der Welt, die viertgrößte Stadt Europas, die größte Hafenstadt und die zweitgrößte Metropole Russlands, die schon jetzt auf Platz acht der am meisten besuchten Städte der Welt steht.

Europa braucht die neu erwachte Metropole, wieder einmal ist sie Durchgangspunkt, Interferenzzone zwischen Ost und West, Teil des neuen „Metropolitan Corridor“. Dass das Relief eines neuen Europa ans Tageslicht getreten ist, ist eine Tatsache, die weit über das hinausgeht, was „Osterweiterung“ genannt wird. Und die Welt braucht Sankt Petersburg nicht zuletzt deshalb, wenn sie verstehen will, was das Hauptereignis des zwanzigsten Jahrhundert war.

Mein letzter Abend in Sankt Petersburg. Morgen schafft mich ein Flugzeug von Pulkovo aus zurück nach Deutschland. Morgen ... aber heute Abend sind wir zur gewohnten Stunde an der Ägyptischen Brücke über die Fontanka verabredet. Er kommt wie immer zu spät, wie immer überraschend aus einer anderen Richtung, wie immer außer Atem. In Russland habe ich mir angewöhnt, wie die Russen abergläubisch zu sein, und deshalb werfe ich eine Münze in den Fluss, um sicherzustellen, dass ich wiederkomme. Wir stehen bei einer der vier Sphinxen zusammen, trinken Baltika-Bier, beobachten das gleichmütig dahinfließende Wasser und geben uns einem stillen Glück hin, das in Deutschland vor zwanzig oder zehn Jahren völlig aus der Mode gekommen ist. Vom anderen Ufer wehen russische Schlager zu uns herüber und verströmen ihre bunte Traurigkeit, eine Art glamouröse Ausweglosigkeit.

Ja, hier wird gern geweint. *„Oh, moia skazka (mein Märchen), oh, my love, your love of Russia shall not be in vain!“*, fleht Sergeij und führt meine Hand über sein Gesicht. Dann gehen wir wie immer bis in die Morgenstunden spazieren. Hier weiß man nur zu gut, dass kein Abschied einfach und immer eine tatsächliche Trennung ist. Und wo die Reise hingeht, weiß man doch nie so genau. Aus Petersburg verabschiedet man sich nicht, man muss sich losreißen, aber die Seele bleibt wohl behütet zurück. So ist das. Russische Liebe kann auch einmal unglücklich sein, aber sie macht nicht blind.

Von Stehblues und Lagerfeuerromantik

Martina Weigel

ON THE ROAD

Von Stehblues und Lagerfeuerromantik

Martina Weigel

Für Manuela, Claudia, Antje und die anderen

„Eine WIMA wird dein Leben verändern." Ich lächelte ein wenig milde und nachsichtig ob dieser dramatischen Ankündigung meiner Freundin Manuela 1997. Wie sollte ich auch ahnen, dass ich nach meiner ersten WIMA die wohl wichtigsten Freundinnen in meinem Leben gefunden haben sollte? Aber der Reihe nach.

Eigentlich ist die WIMA – Women's International Motorcycle Association – eine weltweite Organisation Motorrad fahrender Frauen. Höhepunkt des „Vereinslebens" ist jedoch unbestritten eine einwöchige Motorradrallye. Diese WIMA-Woche hat es in sich und lang gedienten Fahrerinnen entgeht ein gewisses Ablaufschema nicht.

Der Tag Null

Im Schweiße ihres Angesichts legen die Gastgeberinnen letzte Hand an: Das Bierzelt steht, die Parkplatzabsperrung ist perfekt und auch an die Unterleg-Brettchen für die Motorradständer ist gedacht. Bierkästen werden gezählt, die Posteneinteilung und die Anmeldelisten noch einmal durchgegangen, Finanzen gecheckt. Die örtliche Polizei und die Feuerwehr wissen Bescheid. Die Hinweisschilder sind gemalt, die schwarzen Bretter und Infotafeln fertig. Die *Welcome-Bags* sind gepackt. Ein Sponsor bringt schließlich auch noch das Toilettenpapier (1998 in der Schweiz: 700 Rollen!). Nun hoffen alle, dass die fast einjährige Vorbereitung zum vollen Erfolg führen wird.

Zur selben Zeit rüsten sich die Motorradfahrerinnen aus aller Herrinnen Länder, packen gekonnt Zelte, Schlafsack, Isomatte, Bekleidung und anderes auf ihre Maschinen, prüfen den Sitz der Ladung und machen sich auf den Weg. Viele kennen sich bereits von vergangenen Rallyes und fahren gemeinsam oder treffen sich irgendwo an der Strecke. Die Anfahrt zur WIMA gleicht einer Sternfahrt.

Die führt in jedem Jahr in ein anderes Land. Die jeweiligen Ziele werden von der Versammlung der internationalen Captains, die den einzelnen Ländergruppen der WIMA vorstehen, festgelegt. Organisiert wird das einwöchige Motorradtreffen dann von der Gruppe des gastgebenden Landes.

So führte mich meine erste Reise 1998 nach Les Tuileries-de-Grandson in die französischsprachige Schweiz, in der Nähe des Genfer Sees. Danach konnte ich es kaum erwarten, 1999 an den Walchsee im schönen Tirol zu gelangen, und schließlich brach ich im Jahr 2000 mit drei meiner inzwischen wichtigsten WIMA-Gefährtinnen über Polen, Litauen, Lettland und Estland nach Iisalmi in Mittelfinnland auf – meine bisher beeindruckendste und längste Anreise. Ziele der kommenden Rallyes werden Holland, Schweden und Belgien sein. Natürlich treffen sich WIMA-Frauen auch zu weltweiten Begegnungen in Übersee, so 2005 in Neuseeland und 2010 in Japan!

Der erste Tag

Am frühen Nachmittag liegt Motorengeknatter in der Luft, die ersten Frauen biegen auf den Zeltplatz ein, stellen die Motoren ab und steigen etwas steif von den Maschinen. Helme runter, sinnloses Strubbeln der plattgedrückten Frisur und ein hektischer Blick: Wo ist das Klo?

Wenig später geht es Schlag auf Schlag. Immer mehr Maschinen kommen an, meist in kleineren Gruppen. Ein großes Hallo und freudige Begrüßungsschreie allerorten.

Schnell die Anmeldungsformalitäten erledigt und den Inhalt der Willkommenstüten gesichtet.

Der Run auf die besten Stellplätze für die Zelte beginnt. Die Platzwahl ist entscheidend: Frauen mit einem ausgeprägten Wunsch nach Erholung stellen ihr Zelt ein wenig abseits auf. Auch die Nähe von Sitzecken oder Lagerfeuern wird unbedingt gemieden.

Denn hier würden sie in den nächsten sieben Tagen kein Auge mehr schließen.

Tag eins endet mit dem Schlendern über das Gelände, der fachlichen Begutachtung der geparkten Maschinen, dem Test des örtlichen Bieres gemeinsam mit langjährigen Freundinnen aus allen Ländern und mit Berichten über die mehr oder weniger strapaziöse Anreise.

Die folgenden Tage

Mit geführten Touren in die Umgebung, mit verschiedenen Spielen und Aufführungen und mit leckeren Ausflügen in die kulinarischen Besonderheiten versucht jedes gastgebende Team, sein Land und die besuchte Region vorzustellen.

Neue Frauen werden schnell merken, dass sich die meisten der Teilnehmerinnen schon sehr lange kennen und dass es auch relativ feste Gruppen gibt. Dennoch ist es nicht schwer, Anschluss zu finden. Manche Organisatorinnen versuchen, neue Kontakte zu fördern, indem sie vom ersten Tag an Rallyeteams zusammenstellen, die durch viele Einzelaktionen über den ganzen Zeitraum Punkte sammeln können.

Aber die Frauen lernen sich auch allein ganz gut kennen, zum Beispiel beim Fachsimpeln über Motorräder und ihre Vorzüge oder Nachteile. Besonders für Motorradanfängerinnen heißt es hier, die Ohren zu spitzen, denn die Tipps für das richtige Schmieren der Kette, für kleinere Reparaturen, für das clevere Verhandlungsgeschick in Werkstätten oder auch für hilfreiches und praktisches Zubehör kommen hier ohne belehrende Grundtöne oder Angeberei herüber. Dumme Fragen gibt es nicht. Es ist faszinierend, die Frauen zu beobachten, die ganz selbstverständlich einen Vergaser zerlegen, einen Reifen wechseln oder den Zustand einer Kette begutachten, wenn es vor Ort Schwierigkeiten gibt. Nahezu unglaublich ist das „Spacemanagement" einiger WIMAs, das jede voll bepackte Kassenzone in Supermärkten lächerlich erscheinen lässt: Da wird bei Bedarf auch noch ein Reisebügeleisen oder sogar ein Blumentopf hervorgezaubert!

Freundschaft und Solidarität dürfen hier gern wörtlich genommen werden: Gerade als wenig erfahrene Fahrerin tut es gut, sich an das Hinterrad einer kurvenfesten Motorradfahrerin zu hängen und einfach nur zu lernen. Mit großer Disziplin wird in kleineren Gruppen gefahren, dabei bestimmt die schwächste Maschine das Tempo. In scheinbar ausweglosen Situationen stehen Frauen mit Rat und Tat zur Seite – an einem Schotterberg zum Beispiel, der hinauf auf eine Alm führte und wo mich mein ganzer Mut verließ. Mit ruhigen Worten und guten Hinweisen schaffte ich es dennoch hinauf, wenn auch unter Tränen. Und wie schmeckte der ehrliche Applaus der anderen, als auch die Abfahrt geglückt war!

Die meisten Frauen fahren Maschinen um die 750 Kubikzentimeter, aber eine ganze Reihe Motorräder hat noch viel größere Hubräume. Dabei stehen kräftige Tourenmaschinen an erster Stelle, gefolgt von zuverlässigen Enduros und niedrigeren Choppern, vor allem bei kleineren Frauen. „Rennfräsen", also echte Sportmaschinen – von einigen auch ehrfurchtsvoll „die Breitreifen" genannt –, sind eher in der Unterzahl. Und entgegen den Zulassungsstatistiken in Deutschland stehen BMWs an vorderer Stelle. Natürlich gibt es auch unter den WIMA-Frauen stolze Harley-Davidson-Fahrerinnen.

Die Begründerin der Organisation war Louise Scherbyn, die sich seit den zwanziger Jahren für das Motorradfahren begeisterte – erst als Beiwagensozia ihres Mannes und später dann als stolze Lenkerin einer weißen *Indian Scout*, mit der sie ausgedehnte Touren durch die gesamte USA unternahm. Während des Zweiten Weltkrieges stand sie in Briefkontakt mit verschiedenen Motorrad fahrenden Damen in der Welt, und die Idee einer weltweiten Motorradorganisation für Frauen begann zu wachsen. Louise starb im Sommer 2003 und vermachte ihr Motorrad und andere wertvolle Erinnerungsstücke dem Indian Motorcycle Museum in Springfield/USA.

Als Urgestein der deutschen WIMA gilt Ellen Pfeiffer. 1958 wurde sie Mitbegründerin der WIMA Europa und war lange Jahre deutscher Captain. Sie war extrem motorradbegeistert, so dass es nicht wenig verwundert, dass die ersten Treffen Deutschlands in der Nähe von Rennstrecken, zum Beispiel dem Nürburgring, stattfanden. Es war Ellens Markenzeichen, schnell zu sein und sehr weit zu fahren. Auch fünfundzwanzig Jahre später nahm sie noch an jeder WIMA-Rallye teil, egal wie weit entfernt diese gerade stattfand. Sie wurde zu einer „Institution", konnte die unglaublichsten Motorradstorys erzählen und half oftmals deutlich jüngeren Frauen, ihre Motorräder aus verzwickten Lagen auf alpinen Pässen herauszufahren. Ihre fünfundzwanzig Jahre alte BMW 90 fuhr sie bis zu ihrem Tode im Jahr 2001.

Viele der Maschinen, die auf der WIMA zu sehen sind, haben schon einige Jahre auf dem Buckel und sind dank liebevoller Pflege in ausgezeichnetem Zustand. Fast haben sie eigene „Seelen". Und so verwundert es nicht, dass viele auf seltsame Namen hören, zu denen es auch fast immer eine Geschichte gibt. So begegnen dir „Claudia Schiffer" oder „Albtraum", „Thomapyrin" oder „Trixie", „Ghandi" oder – wie in meinem Falle – „Margot". Und das kam so: Bei meiner ersten Rallye 1998 stellte ich mit Erstauen fest, dass ich so ziemlich die einzige Ossi auf der WIMA war. Während ich eines Tages für einige Frauen dementsprechend eine stilechte Solianka kochte, steckten die ihre Köpfe zusammen und lästerten. Dann rief eine aus der Menge: „He, Matti, wie hieß doch gleich noch mal die Frau von dem Honecker?!" „Na, Margot!" Es folgte wieherndes Gelächter und meine Suzuki war getauft.

Das Spektrum der Frauen ist vielfältig. Sie sind Anfang zwanzig bis sechzig, wobei die Mittdreißigerinnen bis Mittvierzigerinnen den Löwinnenanteil ausmachen. Sie sind Angestellte, arbeiten im handwerklichen Bereich, als Journalistinnen oder im Gesundheitswesen. Es gibt auch eine ganze Reihe Selbstständige oder Freiberuflerinnen.

Faszinierend hört sich das babylonische Sprachgewirr auf der WIMA an: Deutschsprachige Dialekte aller Art mischen sich mit den Muttersprachen der anwesenden Nationen. Die Klammer ist Englisch. Am Ende verwundert es überhaupt keine mehr, wenn eine Gruppe von Frauen als „die Berlinerinnen" gelten, obwohl zu ihr auch Schwäbinnen und eine Sächsin gehören (nämlich die Verfasserin!), oder wenn einer Schweizerin plötzlich „Icke" herausrutscht.

Auf dem Zeltplatz geht es eher leger zu, und natürlich hat der Fleecepulli Hochkonjunktur. Dennoch ist es für mich immer wieder ein erhebender Anblick, wenn sich die Frauen in ihre Motorradkombis hüllen, zu Helm und Handschuhen greifen und mit schweren Schritten und unverkennbarem Stolz zu ihren Maschinen schreiten, zum Beispiel um zu einem Motorrad-Korso von mehr als dreihundert Frauen durch den gastgebenden Ort aufzubrechen. Häufig säumen die Straßen freundlich gesinnte Einwohner und jede Menge Kinder, die den Auflauf an Frauen und Motorrädern genießen. Auf so manch einer Maschine weht dann die Regenbogenfahne.

Höhepunkt der Woche ist mit Sicherheit die Rallye. Auch hier hängt alles vom Erfindungsreichtum der Gastgeberinnen ab. Da müssen Wege gefunden und Informationen eingeholt werden. Abenteuerliche Aufgaben sind zu meistern. Es wird schon mal verlangt, in einem dunklen Schuppen und mit verbundenen Augen einen bestimmten Motorradtyp zu ertasten. Oder eine Kuhattrappe zu melken. Mit einer alten Wasserspritze Helme von einem Brett zu schießen. Das eigene Motorrad über einen Parcours zu schieben oder möglichst viele Nägel in ein Brett zu schlagen. Hier muss zusammengehalten und angefeuert werden. Am Ende winken großzügige Preise von spendablen Sponsoren und der Ruhm, das WIMA-Team des jeweiligen Jahres zu sein.

Unvergessen bleiben die Nächte, in deren Zentrum das Bierzelt und das Lagerfeuer stehen. Im Zelt kommen die WIMA*s* am Abend zusammen. Hier finden die gemeinsamen Begrüßungs- und Abschlussessen, kleinere Zusammenkünfte, Siegerehrungen und natürlich die Partys statt. Hier löschen die Frauen ihren Durst – und mir ist zu Ohren gekommen, dass der Getränkeumsatz schon manches Mal ein fettes Minus in der Rallye-Kasse auszugleichen half!

Die Lagerfeuer werden ihrem Romantikpotenzial voll gerecht – vorausgesetzt, sie sind klug platziert, und niemand schreit schon um dreiundzwanzig Uhr nach Ruhe. Hier wird erzählt, gelacht, geflirtet und zur Gitarre gesungen. Es kommt nicht selten vor, dass die Letzten noch sitzen, wenn die Ersten schon zum Duschen gehen.

Die lesbische Seite der WIMA

Vorstehende Zeilen machen klar: Die WIMA ist ein Paradies für Lesben!

Hier gibt es sie wirklich, die schönen Butches in – manchmal sogar öl- oder rußverschmierten – Unterhemden! Eine Woche zusammen mit dreihundert zum Teil sehr toughen Frauen und ihren Motorrädern. Da versteht sich eine überdurchschnittliche Flirtquote doch von selbst.

Alles, was den Lesben-Liebesalltag so ausmachen kann, findet sich hier potenziert: Liebe auf den ersten Blick, alljährliche Affären, neugierige Heteras und leichtgläubige Lesben. Eifersuchtsdramen (die Anreise mit der eigenen Freundin will deshalb wohl überlegt sein), Verbalattacken, die Schlägerei im Bierzelt oder Sprüche, für die jeder Mann sofort eine gefeuert bekommen würde. Küsse im Mondenschein, Herzklopfen, Schwärmerei, Sternenhimmel, Stehblues, Sex, die Frau fürs Leben und Abschiedstränen – alles ist drin. Und natürlich der Klatsch und Tratsch, und mittendrin die Freundin, die sich seit Jahren ein Nachtsichtgerät wünscht.

Ist die WIMA also doch ein Bund Motorrad fahrender Lesben? Nun, ich würde sagen: im Großen und Ganzen ja! Und mir damit das Unverständnis, den Ärger und die Wut einiger nicht lesbischer Mitfrauen und aller Schranklesben der Organisation aufhalsen.

Der letzte Tag

Über dem Platz liegt gedämpfte Stimmung. Obwohl zum Teil weite Strecken vor den Frauen liegen, wird sich viel Zeit gelassen mit dem Abbau der Zelte und dem Satteln der Maschinen. Eine letzte Runde wird über den Platz gedreht, Adressen werden getauscht, das Wiedersehen auf der nächsten WIMA versprochen. Dann springen die Motoren an, und die Frauen fahren unter Rufen und Hupen vom Platz. Eine verstohlene Träne wird aus dem Augenwinkel gewischt.

Einmal mehr ist klar geworden, wie sehr diese eine Woche aus dem Alltagstrott herausholt. Wie sehr das Zusammensein mit wirklichen Freundinnen genossen wird. Wie sich manchmal Glücklichsein anfühlt.

Körperlich erholt habe ich mich auf einer WIMA-Rallye noch nie – aber immer betrete ich am Montag darauf meine Firma mit breiteren Schultern und einem festeren Schritt.

Am Kap der schwul-lesbischen Hoffnung

Lutz van Dijk

KAPSTADT

Am Kap der schwul-lesbischen Hoffnung

Lutz van Dijk

Südafrika. Annäherungen lange vor dem ersten Besuch

Hamburg 1987. In einer Sauna fällt mir ein junger Mann auf, der sich mit einem wesentlich Älteren ausgelassen und in einer für diesen Ort ungewöhnlich lauten Sprache unterhält, die dem Niederländischen ähnlich scheint. Wir schauen einander ein paar Mal an, aber es dauert lange, bis er auf mich zukommt und wir zu reden beginnen. Er berichtet, dass der Ältere ein Bekannter von ihm sei, aus Afrika wie er, zum ersten Mal in Europa und ganz aufgeregt, weil er noch nie in einer schwulen Sauna gewesen sei. Daheim in Namibia gäbe es so was nicht, mein Gott, was hätten die Schwulen es gut in Europa, in Deutschland, in Hamburg.

Tom* hat eine weiße Hautfarbe, ist vierundzwanzig und vor einem Jahr aus Namibia geflohen, weil er dort den Kriegsdienst verweigert hat, um nicht auf schwarze Freunde schießen zu müssen. Sein Zuhause? Das ist und bleibt Namibia. So groß ist sein Heimweh bei aller Freiheit als junger Schwuler in Hamburg. Wenn er mit Familie oder Freunden in Windhoek telefoniert, dann muss er danach manchmal einfach heulen. Wir treffen uns öfter, keine Beziehung, aber doch eine besondere Freundschaft, weil es gut tut, einander zuzuhören und er so viel zu berichten weiß vom Leben unter der Apartheid, von der Liebe zu seiner schwarzen Pflegemutter, von alltäglichen Erniedrigungen durch die südafrikanische Rassistenregierung, die sein Land noch immer besetzt hat. Ab und zu ruft er am Abend an oder steht plötzlich vor der Tür und fragt, ob wir reden

---

* Name geändert.

können. Wir sitzen dann oft lange zusammen, zuweilen bis spät in die Nacht. Manchmal geht er hinterher noch. Wenn er jedoch bleibt, zieht er mich meist unmittelbar vorm Schlafengehen zu sich und lässt gar nicht wieder los, presst sich an mich, hart und beinah gewalttätig. Gehetzt ziehen wir uns gegenseitig aus und lieben uns bis zur völligen Erschöpfung. Manchmal weint er im Schlaf.

Dabei ist er kein Schwächling, weder körperlich noch geistig. Er kann kämpfen und hat Mut. Als Student schon wurde er Mitglied der verbotenen Befreiungsorganisation SWAPO. Jetzt haben wir einen Plan: Für einen internationalen Pädagogen-Friedenskongress 1988 in der damaligen westdeutschen Regierungshauptstadt Bonn gewinnen wir mit Hilfe von SWAPO-Leuten einen Journalisten, der ein in Südafrika illegal aufgenommenes Video über England zu uns nach Hamburg schmuggelt. Govan Mbeki, der Vater des heutigen Präsidenten von Südafrika, damals noch unter Hausarrest, spricht darin über die Befreiung, die kommen wird, bestimmt, egal wie lange es noch dauern wird. Als im Saal das Licht ausgeht und das Video auf einer Großbild-Leinwand vor ein paar hundert Teilnehmern aus über dreißig Ländern abgespielt wird, halten wir einander an der Hand.

Einige Monate später werde ich eingeladen, um mit einer Gruppe deutscher Lehrerinnen und Lehrer, von denen mehrere wie ich bei Amnesty International aktiv sind, nach Südafrika zu fahren, um dort über Anwälte Kontakte mit Kollegen zu knüpfen, die noch immer im Gefängnis sitzen. Die südafrikanische Regierung steht inzwischen mit dem Rücken zur Wand. Zwei Lehrer erhalten nicht das damals noch erforderliche Einreisevisum nach Südafrika, einer bin ich – „unerwünscht, ohne weitere Angabe“ steht auf der Ablehnung.

Amsterdam 1990. Nelson Mandela ist seit wenigen Wochen frei. Als eines der ersten Länder Europas besucht er die Niederlande, um für die Unterstützung der dortigen Anti-Apartheidsbewegung zu danken. Sein Anzug sitzt schief, als er auf den Balkon der Stadschouwburg tritt, um eine kurze Rede zu halten. Der Platz vor dem Theater ist überfüllt von Menschen. Selbst Lampenmasten und die Dächer der Tram-Haltestellen haben sie erklommen, um ihn besser sehen zu können. Mein Herz klopft, als ich aus wenigen Metern Abstand Fotoaufnahmen machen kann. Am Abend rufe ich Detlef in Berlin und Tom in Hamburg an. Meine Stimme klingt noch immer aufgeregt, als ich ihnen berichte, dass Mandela wirklich frei ist und ich ihn mit eigenen Augen gesehen habe. Jahrzehntelang gab es keine Fotos von ihm. Vergeblich hatte die Rassistenregierung versucht, ihn in Vergessenheit geraten zu lassen.

Amsterdam 1997. Fünf Jahre sind seit dem Umzug von Hamburg in die niederländische Grachtenstadt vergangen. Detlef ist tot. Tom ist noch vor dem Jahresende 1990 zurückgekehrt nach Namibia, nachdem die südafrikanische Armee abgezogen und das Land im März endlich unabhängig geworden ist. Er schreibt frohe Briefe, ist verliebt in einen jungen Schwarzen und gründet mit anderen Schwulen und Lesben die erste Gay-Liberation-Gruppe des Landes.

Dann erhalte ich plötzlich ein Fax aus Windhoek, nicht von Tom, sondern ganz offiziell von einer halbstaatlichen Organisation für Kinder- und Jugendliteratur. Mein Buch „Von Skinheads keine Spur", das die wahre Geschichte des Überfalls auf eine Gruppe junger schwarzer Namibier in Ostdeutschland erzählt, hat einen nationalen Preis gewonnen, und ich bin nach Namibia eingeladen, um den Preis entgegenzunehmen. Das Goethe-Institut in Südafrika schließt sich an mit Einladungen für Lesungen in Kapstadt und Johannesburg. Tom ist begeistert, als ich ihm am Telefon davon erzähle und fragt: „Wirst du auch was zu Sam Nujoma sagen?"

Der erste demokratisch gewählte Präsident von Namibia und ehemalige SWAPO-Anführer hat sich in jüngster Zeit mehrmals abfällig über Homosexuelle in Namibia geäußert, die „der afrikanischen Kultur fremd" seien und eine „schlimme moralische Entgleisung der Europäer" wären. In meiner Dankrede für den Preis spreche ich nicht nur vom Rassismus, sondern auch von den Menschenrechten für uns Schwule und Lesben. Einige Minister sind anwesend sowie mehrere Botschafter. Während meiner Rede, die anfangs von einem Radiosender übertragen wird, fällt plötzlich das Mikrofon aus. Im Saal werde ich trotzdem verstanden. Eine Dame weigert sich beim anschließenden Empfang, mir die Hand zu geben, da sie „kein Aids bekommen" wolle. Ein Professor beschimpft mich, dass ich persönlichen Missbrauch von der feierlichen Preisverleihung gemacht hätte. Tom und seine Freundinnen und Freunde gratulieren mir. Im Hotel erhalte ich die Nacht durch mehrere beleidigende Anrufe, alle anonym. Ein Verlag, der zwei Übersetzungen des Buches bereits zugesagt hatte, zieht den Vertrag zurück. Der Herausgeber entschuldigt sich dafür, aber könne in „der gegenwärtigen Situation“ leider nichts daran ändern.

Und dann Südafrika, endlich

Im Mai 1997 der erste Besuch nach den Tagen in Namibia. In Kapstadt werde ich abgeholt von einer Dozentin der fremdsprachlichen Fakultät der Universität des Western Cape, die deutlich zu erkennen gibt, dass sie in der letzten Zeit mehr Besucher als sonst hat betreuen müssen. Ob ich auch unbedingt auf den Tafelberg wolle? Wir schauen uns an. Ich mag ihre Ehrlichkeit. Was gibt es denn sonst noch? Karin strahlt: „Bischof Tutu ist in Kapstadt und hält morgen Anhörungen von Jugendlichen vor der Wahrheitskommission. Das ist öffentlich und jeder kann dort hin.“

Am Abend, als wir uns schon etwas mehr kennen gelernt haben, berichtet sie, dass sie in Namibia als Kind „halbjüdisch“-deutscher Eltern geboren sei, die dort zu Beginn der Nazizeit hingekommen waren. Als ich ihr von der Preisverleihung berichte, müssen wir beide lachen. Jeder scheint jeden in Windhoek zu kennen. Sie ist stolz auf die neue südafrikanische Verfassung. Jahrelang hat sie als Vizepräsidentin der Frauenorganisation „Black Sash“ gegen die Apartheidsregierung protestiert.

Später am Abend fragt sie: „Wollen Sie nicht noch was vom schwulen Leben in Kapstadt kennen lernen?“ Dann ruft sie ihren Sohn Anthony, einen sportlichen jungen Mann mit breitem Lachen, der gerade zurück zu seiner Freundin in die Innenstadt fahren will. *„No problem“*, strahlt er. Wir fahren über eine der breiten Autobahnen aus dem Süden durch die Nacht Richtung Zentrum. Nach einer Kurve breitet sich plötzlich von der Anhöhe der Schnellstraße aus gesehen das städtische Lichtermeer Kapstadts wie eine flache Schale funkelnder Juwelen vor uns aus. Mir fehlt noch jede Orientierung. Es ist einfach nur wunderschön. Anthony bewegt sich sicher im Straßengewirr der Innenstadt, hält schließlich in einer ruhigen Seitenstraße und meint, auf einen eher unscheinbaren Eingang weisend: *„That's a gay bar, a real nice place!“ – „How do you know“? – „I have gay friends, they know!“*

Am nächsten Tag sind Karin und ich zum ersten Mal bei der Wahrheitskommission, jenem Versuch der ersten demokratischen Regierung unter Präsident Mandela, die Verbrechen der Apartheid aufzuarbeiten, indem Opfern Anerkennung und Hoffnung auf bescheidene Entschädigungen und Tätern die Möglichkeit zur Reue gegeben wird. Dass Südafrika nach seiner „Wende" nicht im von vielen Experten befürchteten Blutbad unterging, ist auch diesen konkreten Bemühungen zu verdanken. Für jemanden wie mich, der sich jahrelang beruflich mit der Aufarbeitung der Nazi-Vergangenheit in Deutschland und den Niederlanden beschäftigt hat, ist das, was hier geschieht, etwas historisch Einmaliges: Unter der Leitung des Erzbischofs und Friedensnobelpreisträgers Tutu wird nichts unter den Teppich gekehrt, es werden aber auch keine (durchaus nachvollziehbaren) Rachegefühle erzeugt. „Befreiung", sagt er, „braucht der Unterdrücker ebenso wie der ehemals Unterdrückte ... es ist ein gemeinsamer Lernprozess, oder es ist nichts." In einem Buch, das im gleichen Jahr erscheint, schreibt er: „Die Kirche hat mitgemacht bei dem, was ich als die schlimmste Blasphemie betrachte: Kinder Gottes daran zweifeln zu lassen, dass sie seine Kinder sind ... Sollten die Kirchen nach dem Sieg über die Apartheid zu einer neuen wertvollen Aufgabe bereit sein, dann ist es diese: der Kampf gegen Homophobie und Heterosexismus."

Amsterdam 1998. Im Rahmen der Gay Games organisiere ich mit Frank, einem Freund von Amnesty International, das Storytelling-Festival in einem großen Theatersaal an drei ausverkauften Abenden. Neben einer Veranstaltung über Asien und einer über Lateinamerika gibt es auch ein Programm unter dem Motto „Out in Africa", bei dem Lesben und Schwule aus verschiedenen afrikanischen Ländern mit ihren ganz persönlichen Geschichten zu Wort kommen. Im Saal ist auch Simon Nkoli (1957-98), jener südafrikanische Aktivist aus Soweto, der bereits zu Zeiten der Apartheid vier Jahre als ANC-Mitglied im Gefängnis saß und dort, als er von der Todesstrafe bedroht war, öffentlich sein Coming-out als junger Schwuler erklärte. Sein Mut führte zur Gründung der ersten schwarzen Schwulenorganisationen Südafrikas. Bedrückende Erfahrung jener frühen Jahre: Als er noch im Gefängnis saß, folgten die ersten weißen Schwulengruppen seinem Aufruf nach Solidarität nicht, da sie ihn als „politisch" einstuften und sich selbst als

„unpolitische" Schwule begriffen. In Amsterdam ist Simon schon sehr von seiner Aids-Erkrankung gezeichnet. Trotzdem spricht er und erhält stehende Ovationen, als er erklärt: „Ich bin der schwule Mandela Südafrikas!" Wenige Wochen später, am 30. November 1998, stirbt Simon in Johannesburg. Zu diesem Zeitpunkt habe ich mich bereits entschlossen, meine mehrjährige Arbeit im Amsterdamer Anne-Frank-Haus aufzugeben und für einige Zeit nach Südafrika zu gehen. Was für eine historische Chance, aus der Nähe die so radikale, gleichwohl friedliche Umgestaltung einer ganzen Gesellschaft erleben zu können.

Der Umzug verzögert sich dann jedoch. Eine Beziehung geht auseinander ... Als ich noch längst nicht für Neues bereit bin, lerne ich Perry kennen, geboren in Rotterdam als dritter Sohn eines chinesischen Vaters und einer niederländischen Mutter. Beinah zwei Jahre pendle ich zwischen Amsterdam und Kapstadt hin und her. Wir beide wollen keinesfalls eine feste Beziehung. Als ich ihm von meinen langfristigen Plänen für Südafrika erzähle, sagt er: „Ich werde niemals aus Holland weggehen."

Und dann kommt er das erste Mal zu Besuch nach Kapstadt, als ich dort zu einem längeren Arbeitsbesuch bin. Er fängt sich schon nach wenigen Tagen einen undefinierbaren Magenvirus ein und ist die meiste Zeit sterbenskrank. Karin und ich arbeiten an einem gemeinsamen Buchprojekt über Aussagen Jugendlicher vor der Wahrheitskommission und denken über die Gründung einer Stiftung für von Aids betroffene Kinder nach. Den Tafelberg, die wunderschönen Strände, die wilde Natur in unmittelbarer Nähe der Stadt – nichts hat er bei den wenigen Ausflügen wirklich genießen können. Am Ende seines ersten Urlaubs sagt Perry jedoch: „Ich will wiederkommen, es ist ein besonderes Land."

Er hält Wort. Hat seine Arbeitsstelle gekündigt und bleibt drei Monate. Wir besuchen gemeinsam verschiedene Townships, Robben Island, das Schwulenviertel in Green Point, den einzigen, aber dafür malerisch gelegenen Homostrand Sandy Bay, fahren eine Woche ins Naturschutzgebiet nach Wilderness, und am Ende bekennt er: „Willst du immer noch richtig umziehen? Ich komme mit!"

Im März 2001 lassen wir unsere Beziehung als „Lifetime Partnership" vor dem südafrikanischen Gesetz anerkennen – den Eid nimmt ein junger farbiger Polizeioffizier auf einem Revier ab und stempelt danach eifrig alle Dokumente. „*Good luck!*", meint er und schüttelt dabei jedem von uns die Hand, wie es kein Standesbeamter besser könnte. Die Dame vor uns in der Reihe hatte den Diebstahl ihres Autos angegeben. Wie es eben üblich ist auf einem Polizeireivier. Wer nach uns in der Warteschlange kam, habe ich vergessen. Ein paar Monate später erhält Perry als mein Lebenspartner ebenfalls eine Aufenthaltsgenehmigung für Südafrika. In den meisten afrikanischen Nachbarländern müssen wir froh sein, wenn Polizisten uns nicht anpöbeln oder einsperren. In Amsterdam kann die zuständige Behörde das südafrikanische „Lifetime-Partnership"-Dokument nicht anerkennen. „Ich wusste gar nicht, dass es so was überhaupt gibt in Afrika", meint der niederländische Beamte ratlos. Es gibt so viel, was wir in Europa nicht über Afrika wissen.

Afrika – über fünfzig Länder gibt es auf dem zweitgrößten Kontinent unseres Planeten. In einigen existiert noch immer die Todesstrafe für Schwule wie im Sudan, in vielen anderen von Ägypten bis Simbabwe werden wir weiter von Staats wegen erniedrigt und verfolgt.

In einem einzigen afrikanischen Land werden die Rechte aller sexuellen Minderheiten, so auch von Lesben und Schwulen, in der Verfassung geschützt und anerkannt – in Südafrika. Jenem Land, das als letztes die Fesseln weißer Kolonisation abschütteln konnte, die sich hier im Wahn der Apartheid, der „Rassentrennung" zwischen Weißen und Nicht-Weißen, manifestierte und erst 1994 mit den ersten demokratischen Wahlen endete.

Die Menschenrechte sind mühsam und lange erkämpft worden in Südafrika. Und sie gelten für alle Menschen. Als in der Nacht vom 5. auf den 6. November 1999 in der Blah-Bar im Kapstädter Schwulenviertel Green Point eine Bombe hochgeht, bei der neun junge Männer zum Teil schwer verletzt werden, gibt es bereits wenige Tage später eine große Demonstration, bei der nicht nur die Bürgermeisterin der Stadt, sondern auch der offen schwule Dekan der anglikanischen St.-George-Kathedrale spricht und die Rechte aller sexuellen Minderheiten bekräftigt. Bis heute ist es zu keiner Wiederholung eines derartigen Anschlags gekommen.

Das „Gay Quarter" in Green Point, zu Fuß erreichbar vom Hauptbahnhof, hat sich im Laufe der letzten Jahre zu einem ausgesprochen trendy gestalteten Ensemble von Bars, Tages-Cafés, Nightclubs, Designerläden, Restaurants und der schicken Hot House-Sauna entwickelt. Die Preise für Häuser und Wohnungen im Viertel sind in die Höhe geschossen, aber für Besucher aus Europa immer noch vergleichsweise günstig. Wenn es in Nordeuropa kalt wird, beginnt am Kap der guten Hoffnung der Frühling. Sommertemperaturen (selten glühend heiß, eher dem Mittelmeerraum mit beständiger Seebrise entsprechend) kann man hier von November bis Februar genießen, fraglos ein weiterer Anreiz, um der kalten Jahreszeit auf der Nordhalbkugel zu entfliehen. Um die Weihnachszeit sind im „Gay Quarter" Kapstadts bestimmt ebenso viele Touristen wie Einheimische, wobei es sich auch wegen der angezogenen Preise – bedauerlicherweise – überwiegend um wohlhabendere weiße Südafrikaner handelt. Mehr als vierzig Prozent aller Südafrikanerinnen und Südafrikaner leben nach wie vor unter dem Existenzminimum.

Und Lesben und Schwule in anderen Stadtteilen und den Townships? Die „Coloured Gay Community" Kapstadts blickt auf eine eigene Geschichte im von der Apartheidsregierung zerstörten District Six zurück, in dem über 55.000 Farbige mit Weißen in einem lebendigen Viertel von kleinen Kaufleuten und Handwerkern, aber auch vielen Künstlern zusammenlebten. Diese offene Provokation für alle Fanatiker der „Rassentrennung" wurde ab den späten 1960er Jahren mit Bulldozern plattgemacht und die Bewohner aus dem Zentrum der Stadt vertrieben. Ein Besuch im heutigen District Six Museum lohnt sich, in dem viele Zeitzeugen-Aussagen Einblick in damaliges Coming-out geben.

In einigen Townships gibt es private Treffpunkte für Schwule und Lesben. Im Kern herrscht jedoch nach wie vor viel Verdrängung, ja selbst Ächtung und Aggression, da es weiterhin nur wenig offen lebende Vorbilder gibt. Ende 2003 machte die südafrikanische Lesben-Organisation „Diese Rose hat Dornen" 33 Fälle bekannt, in denen lesbische schwarze Frauen in Townships Opfer von Gewalt geworden waren, weil sie versucht hatten, sich als Lesben nicht mehr zu verstecken. In der Öffentlichkeit werden bisher von keinem Politiker die Rechte von Lesben und Schwulen in Frage gestellt – im harten Alltag der Townships jedoch, in denen die Folgen von Armut und Kriminalität besonders spürbar sind, sieht es oft noch anders aus.

Perry und ich arbeiten seit mehr als einem Jahr in einem Township im Süden Kapstadts mit etwa 30.000 Bewohnern, das als besonders konservativ gilt. Bei einer HIV-Infektionsrate von etwa dreißig Prozent gibt es bis heute hier nicht einmal eine offizielle Vertretung der politischen Patientenorganisation Treatment Action Campaign (TAC), deren Begründer, der offen schwule Aktivist Zackie Achmat, kürzlich für den Friedensnobelpreis 2004 nominiert wurde. In unserem Township Masiphumelele gibt es keinen einzigen Treffpunkt für Lesben oder Schwule. Zum Glück haben bisher aber auch keine kriminellen Banden sich behaupten können. Diejenigen Lesben und Schwulen, die wir bisher persönlich kennen gelernt haben, weil sie Perry und mich als „Brüder" erkannt haben, sind oft in traditionellen Familien zu Hause und leben ihre wahre Sexualität nur in höchst privaten Einzelkontakten oder bei Ausflügen ins große anonyme Kapstadt aus.

Unter unseren Mitarbeiterinnen und Mitarbeitern im HOKISA Home, in dem Leute aus dem Township ausgebildet werden und in festen Stellen arbeiten, um sich professionell um von HIV/Aids betroffenene Kinder zu kümmern, weiß jeder, dass Perry und ich zusammenleben und ein Paar sind. Wir sind jeder auf eigene Weise geachtet für das, was wir in das Projekt einbringen. Im Team herrscht gegenseitiges Vertrauen und eine liebevolle Atmosphäre gegenüber den Kindern. Aber ob nicht doch noch einmal eine der mehr als fünfundzwanzig Kirchengemeinschaften unsere Homosexualität missbrauchen wird, um die Arbeit gegen Aids zu diskriminieren, ist nicht auszuschließen. Jedoch auch ohne Alternative. Denn nichts ist schlimmer als das Schweigen oder gar Lügen.

Bei einer Lesung aus meinem Buch *Township Blues* in der örtlichen High School, bei der etwa achthundert jugendliche Schülerinnen und Schüler anwesend waren, habe ich mir bereits vor einiger Zeit einen eigenwilligen Dialog mit einer christlichen Dame geliefert, die in ihrem Schlussgebet davon sprach, dass Aids gar nicht so schlecht sei, da Gott die Strafe geschickt habe, um die Sünder unter uns zu erkennen. In manch anderen Townships wäre sie wahrscheinlich ausgelacht worden, bei uns haben die Jugendlichen unsere Auseinandersetzung nur gespannt verfolgt. Der Schulleiter hat sich am Ende aber immerhin auf meine Seite geschlagen und noch ein weiteres, wesentlich menschenfreundlicheres Schlussgebet drangehängt.

Eine nationale Einrichtung der (nicht nur) sexuellen Befreiung ist der landesweit durch seine regelmäßigen Fernseh-Auftritte bekannte Kabarettist Pieter-Dirk Uys. Als konservative Burenfrau Evita Bezuidenhout, die „natürlich schon immer gegen Apartheid" gewesen ist, prangert er viele Einstellungen nicht nur der konservativen Weißen, sondern auch die bislang katastrophale Aids-Politik der ANC-Regierung des Mandela-Nachfolgers Thabo Mbeki in aller Schärfe, aber immer mit herrlichem Travestie-Humor an. Seit Mai 2000 tourt er auf eigene Kosten durch Schulen in Südafrika, um, ausgerüstet mit einem weiß-rosa und einem braun-schwarzen Dildo und ungeschminkt in Worten, aber hinter der Maske der sich stets vornehm gebenden Tante Bezuidenhout, die Message zu bringen: Kids, vertraut auf euch selbst, wenn es um HIV und Aids geht – und niemandem sonst! Angesichts von noch immer rund zweitausend Neuinfektionen pro Tag (!) vor allem unter jungen Leuten in Südafrika (bei einer Gesamtbevölkerung von etwas über vierzig Millionen Menschen) ein uneingeschränkt zu unterstützendes Anliegen. Wenn Pieter-Dirk Uys nicht unterwegs ist, kann man eine seiner Shows auch in seinem Heimatort mit dem treffenden Namen Darling anschauen, per Auto für einen Abend gut von Kapstadt aus zu erreichen.

Die eigene Vielfalt schwul-lesbischen Lebens am Kap der guten Hoffnung erschließt sich oft erst auf den zweiten Blick. Kapstadt ist in jedem Fall mehr als das Schwulenviertel in Green Point, die Bars in Sea Point und der Nacktstrand von Sandy Bay, aber dass es dies alles gibt, ist nicht zu verachten. Die schwul-lesbische Community tut gleichwohl gut daran, die Idee der „Regenbogen-Gesellschaft" auch in den eigenen Reihen nicht durch Überanpassung an den europäischen Touristenmarkt preiszugeben. Was ist denn schon so spannend daran, sagen zu können, dass dieses Restaurant oder jene Disco „den gleichen Standard" wie in New York, Amsterdam oder Köln aufweist?

Meiner Einschätzung nach besitzen die verschiedenen Szenen Kapstadts einen eigenen Charme gerade im permanenten Flirt mit dem Recht auf Verschiedenheit und der Attraktivität, die genau daraus erwächst.

Als Erzbischof Tutu zum Welt-Aidstag 2002 nach Masiphumelele kam, um unser erstes HOKISA Home zu eröffnen, sagte er zu den rund fünfhundert Gästen im Gemeindesaal: „Vergesst nicht, dass Jesus oft in Verkleidung kam. Wenn er heute zu euch nach Masiphumelele käme, wäre Jesus bestimmt HIV-positiv! Und wie würdet ihr ihn dann empfangen?“

Ein paar Monate vorher war er während einer Pressekonferenz lang und breit darauf eingegangen, warum er, dessen jahrzehntelange Liebe zu seiner Frau Lea doch so bekannt ist, sich so vehement für die Rechte von Schwulen und Lesben einsetzen würde. Da der Erzbischof bereits jede Menge guter Argumente vorgebracht hatte, lehnte er sich nun etwas erschöpft zurück und meinte nur noch verschmitzt: „Wissen Sie, so anders sind wir gar nicht. Ich trage doch auch überwiegend Kleider und schöne Ringe.“

Eine Anmerkung noch zur Sicherheit: Kapstadt ist nicht gefährlicher als London, Berlin oder Sydney, wo es auch Gegenden gibt, in die man nicht mit teurer Kamera oder losen Geldscheinen gehen sollte. Es gibt Townships, die man ohne jede Gefahr besuchen kann – wo im Gegenteil die Freundlichkeit und Offenheit der meisten Bewohner gegenüber weißen Touristen angesichts der Geschichte des Landes mehr als beeindruckend ist. Und es gibt Townships, wo man sich an bestimmten Kreuzungen nicht nach dem Weg erkundigen sollte. Mit ein bisschen Nachfragen und Zuhören hat man die notwendigen Informationen, wo es eher gefährlich ist und wo nicht, jedoch schnell heraus.

Ein eigenes Abenteuer bleibt der Linksverkehr im Lande kombiniert mit einem allgemeinen Fahrstil, der einiges in den Schatten stellt, was selbst manche Italiener oder Franzosen auf kurvenreichen Alpenstraßen an Tempo und Risiko vorführen. Da es noch immer nur unzureichende öffentliche Verkehrsmittel gibt, kommt man, will man wirklich Eigenes entdecken und nicht immer nur in Gruppen reisen, kaum um ein Mietauto herum.

Perry hat einen schweren Auto-Unfall vor mehreren Monaten überlebt. So richtig schuld war niemand der Beteiligten, die Straßenschilder waren schlicht so verblichen, dass sie kaum noch zu erkennen waren. Trotzdem ist er überzeugt, dass wir unbedingt länger in Südafrika bleiben sollen, vielleicht für immer. Die Kinder im HOKISA Home beginnen, uns ans Herz zu wachsen.

Sperriges Paradies

Tina Fritsche

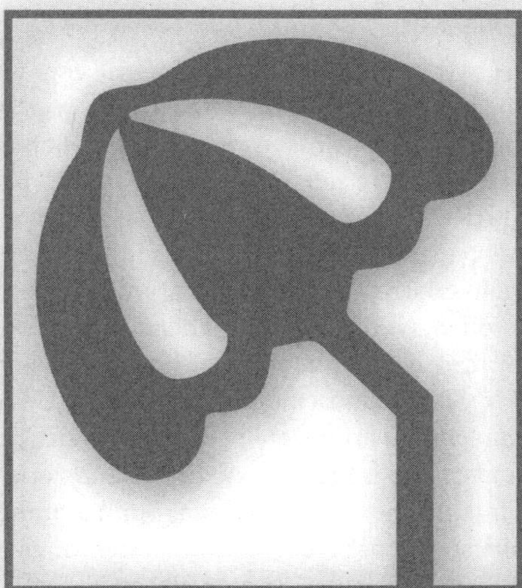

L E S B O S

Sperriges Paradies

Tina Fritsche

Der Ort liegt zu weit westlich. Zu weit entfernt von den Häfen, wo die Flieger landen und die Fähren einlaufen. Zu weit weg von den Hotels, in denen sich niederlässt, wer nach einer halben Tagesreise die den Magen erschütternde Berg- und Talfahrt über die Insel scheut; Busfahrer können nur selten höher als in den zweiten Gang schalten. Zu abgelegen für die, die mit Kind und Kegel, ohne zusätzliche, ferienverkürzende Strapazen, ankommen wollen. Die nicht warten wollen, endlich die Vielzahl an Blau zu bestaunen, die blassen Zehen in den Sand zu wühlen und, mit holpriger Zunge, durch ungeübte Sprachlandschaften zu stolpern. Urlaubsreisende, die in der Hauptstadt Mitilini bleiben, müssen sich nicht sorgen, dass ihr Durst nach den Ingredienzen, die Urlaub verfeinern, ungestillt bleibt. Tintenfische in der Taverne, Sonnenbrand am heißen Strand und überschaubare Ausgrabungsstätten direkt vor der Tür – warum also noch weiter gen Westen ziehen?

Ich erinnere mich an meine erste Reise nach Lesbos. Etwas Magisches, Unverwechselbares hatte ich erwartet, etwas, das über all das Griechische hinaus geht, mehr sein sollte als weiß gekalkte Häuser, blauer Himmel und silbrig schimmernde Olivenhaine. Was hatte ich nicht alles über Skala Eressos gehört: Was Mykonos oder Ibiza für Schwule sind, sei Skala Eressos für Lesben – ein Urlaubsort, der vibriere vor Flirt, Hitze, Sex, wild, verwegen, erotisch. Wie aufregend sei es damals hier in den achtziger Jahren gewesen, als Lesben nicht mehr nur vereinzelt, sondern als Gruppe im Westen der platanenblattförmigen Insel auftauchten, wild entschlossen, sich den Ort anzueignen, der einen wichtigen Platz einnimmt in der lesbischen Kulturgeschichte.

Jede von uns kennt eine, die schon mal hier war, und jede trägt ein zusätzliches Mosaiksteinchen nach Hause, um das Bild vom Eldorado der sapphischen Liebe auszuschmücken. „Passt auf, Eressos ist ein gefährliches Pflaster für Paare", hatten Freundinnen mich und meine Liebste vor der Abreise beschworen. In ihren Blicken lag eine merkwürdige Mischung aus Warnung und Verlockung. „Nur wenige kommen zusammen zurück." Die Reise schien uns wie eine *mission impossible* ins Wunderland zwischen Paradies und Babel. Als das Taxi um die letzte Kurve in die Maulbeerbaumallee gebogen war, die nach Skala Eressos führt, war ich hin- und hergerissen zwischen Enttäuschung ob der Unauffälligkeit des Ortes und Aufregung, weil eben doch etwas Magisches in der Luft zu liegen schien. Auf den ersten Blick ist Skala Eressos kaum anders als die unzähligen griechischen Fischerdörfer, deren Bevölkerung gemerkt hat, dass ihr Fleckchen Erde so schön ist, dass andere dafür nicht nur weit reisen, um hier Urlaub machen zu können, sondern bis zu ihrer Abreise Geld ausgeben, sei es für Delfinpostkarten, Muschelketten oder für ein Zimmerchen, durch dessen Rollos die Sonne filmreife Muster auf die Dielen zeichnet. Wer bei der ersten Ankunft in Eressos nur auf kurzbehoste Touristen im Schatten der Taverne, verstaubte Zweiräder beim Mofaverleih oder *„rooms to rent"*-Schilder achtet, verpasst das Wesentliche.

Braungedörrt und bergig liegt Lesbos, die drittgrößte Insel Griechenlands, im Osten des Ägäischen Meers, nur einen Katzensprung vor der türkischen Küste. Die Berghänge im Osten der Insel sind überdeckt von abertausenden von Olivenbäumen. Der Westen ist von den schroffen Spuren früherer vulkanischer Aktivität geprägt. Die beiden großen Meeresbuchten, der Golf von Kalloni und der Golf von Geras, ziehen sich weit ins Inselinnere und geben der Insel ihre charakteristische geografische Form. Sie hat Geschichte auf dem Buckel. Römische, persische, spartanische und türkische Besatzungen hinterließen in der Landschaft architektonische Überreste und bei den Einheimischen eine Haltung gegenüber Fremden, die sich euphemistisch als distanziert bezeichnen ließe. So wie hierzulande Bayern oder Berliner der Häme ausgesetzt sind, so bekommen die Bewohnerinnen und Bewohner von Lesbos bei ihren Landsleuten ihr Fett weg. Sie gelten als die unfreundlichsten aller Griechen, erzählt mir Eleni aus Athen breit grinsend bei einem

Früchtejoghurt in der Mariannabar. Sie fühlten sich stets schnell übervorteilt und immerzu ungerecht behandelt.

Vielleicht sind so die Erregungen des Bürgermeisters von Skala Eressos zu erklären. Es sei unfair, klagte Polydoros Abatzis, dass Lesbos immer gleichgesetzt werde mit „Lesbianismus". 1998 versuchte Abatzis, die Anreise von einhundert britischen Lesben nach Skala Eressos gerichtlich verhindern zu lassen. Die Reiseveranstalterinnen hatten mit einem einwöchigen Festival of Gay Love geworben. Die angekündigten Poolpartys waren dem schnurrbärtigen Bürgermeister allzu anzüglich. Seine Argumentation, die Moral der Insel werde schwer in Mitleidenschaft gezogen, überzeugte zwar nicht das kommunale Gericht, wohl aber sein Wahlvolk. Abatzis ist bereits zum zweiten Mal in Folge Bürgermeister von Eressos. Er trifft wohl den Ton seiner Wählerinnen und Wähler. Für ihren Geschmack sind es schlicht zu viele Frauen, die hierher kommen und die keinen Hehl daraus machen, dass sie Frauen lieben. Mühsam versucht der Volksmund nun, die Insel nicht mehr Lesbos, sondern Mitilini zu nennen. Hier will niemand als Lesbiote bezeichnet werden.

Eingebrockt hat es ihnen Sappho. Die bedeutendste Dichterin der Antike kam im siebten Jahrhundert vor unserer Zeitrechnung in Skala Eressos zur Welt und stürzte rund fünfzig Jahre später, so berichtet die Sage, vom Leukadischen Felsen in den Tod. Angeblich aus Liebeskummer. Jeden Abend geht die Sonne am Ende der geschwungenen Bucht von Eressos hinter eben jenem Felsen unter. Blutrot. Wie passend.

Was Sappho wirklich in den Stunden vor ihrem Tod bewegte, ist so unbekannt wie das Gros ihres Schaffens. Sicher ist, dass Plato sie als zehnte Muse rühmte. Adlig war sie und wohlhabend. Knapp zwanzigjährig musste sie aufgrund politischer Wirren mit ihrem Mann das Land verlassen. Nach Jahren der Verbannung auf Sizilien kehrte sie allein zurück und eröffnete eine Bildungsstätte für junge Frauen. Sie lehrte die Lebensformen des Adels, Musik, Dichtung und Tanz, und es heißt, sie sei ihren Schülerinnen nicht nur geistig zugeneigt gewesen. Was damals wohl kein Problem war: Pädagogischer Eros galt als akzeptierter Aspekt des Verhältnisses zwischen Lehrerin und Schülerin. Sapphos Lyrik rankt sich wieder und wieder um das Begehren, um Abschied, um die Vergänglichkeit von Begegnungen und Gefühlen. „Alles muss ertragen werden, wenn es so ist“, schrieb sie. Ihre Wortkunst begleitete sie auf der Lyra. Klein und dunkelhaarig muss sie gewesen sein; diesen Eindruck vermitteln die wenigen Abbildungen, die zwei Jahrtausende überstanden haben. Ich stelle mir vor, wie sie im Augenblick des Abschiednehmens ihren Rücken streckt und ernst, gefasst einer Geliebten nachsieht. Das Bild passt zu den Blicken der Frauen, wenn der Bus in aller Herrgottsfrühe oder in der Abenddämmerung von Skala Eressos aus zum Flughafen aufbricht. Das Ende einer Urlaubsliebe.

Sehr lange ist es her, da zeigte mir mein Vater einen handgeschriebenen Zettel, den er sorgfältig in seiner Brieftasche verstaut hatte. „Reiterheere, sagen die einen, Soldaten oder mächtige Flotten die anderen, seien auf der dunklen Erde das Schönste.“ Ich verstand nicht und war irritiert. Erst Jahre später stieß ich auf den Schlusssatz ihres Gedichtes: „Ich aber sage: Was man liebt – das ist es.“

Abenteuerlich klingende Geschichten ranken sich nicht nur um Sappho, sondern auch um die, die seit nahezu dreißig Jahren im Geburts- und Sterbeort der Dichterin die Wiege lesbischer Kultur vermuten. In den siebziger Jahren war Skala Eressos nichts weiter als ein paar zusammengewürfelte Häuser, die dem weiter im Landesinneren liegenden Hauptort Eressos vorgelagert waren, den Fischern als Sommerunterkunft dienten und sich um die St. Andreas Kirche an den Hang im Osten der Bucht gruppierten. Damals gab es die zahlreichen Tavernen noch nicht, die sich heute, wie aufgeschnürt an einer Perlenkette, am Strand entlang, und nur in der Dorfmitte von einem trockenen Flussbett unterbrochen, aneinander reihen. Und es gab noch keine pastellfarbene All-Inclusive-Bettenburg am westlichen Ende der Bucht. Vor diesem „Aeiolian village“, oder besser dem „Bonbondorf“, wie lesbischer Lästermund unkt, stehen merkwürdige Gebilde. Nach dem Motto „Unser Dorf soll schöner werden“ flossen europäische Mittel in die Anpflanzung stattlicher Palmen. Aber bei aller Liebe – dem Wetter sind sie kein bisschen gewachsen. Die ehemals prächtigen Gewächse mutierten zum armseligen Friedhof der Strünke. Die Reaktion der Einheimischen schwankt zwischen Schadenfreude und Mitleid. Aber auch ohne exotische Bäume ist der Strand von Skala Eressos himmlisch – ausgezeichnet mit europäischen Ehren, einer der saubersten Strände der Ägäis zu sein, vier Kilometer lang und an einigen Stellen bis zu vierhundert Meter breit. Schon die marodierenden Piraten schätzten die Bucht von Eressos und fuhren sie so häufig an, dass sich die damaligen Ortsansässigen im sechzehnten Jahrhundert sicherheitshalber weiter landeinwärts zurückzogen.

Anfang der achtziger Jahre war die weit ausladende, sichelförmige Bucht noch nicht vom Tourismus gezeichnet. Damals verbrachten englische, deutsche und griechische Lesben zum ersten Mal gemeinsam den Sommer in selbst gemachten Bambushütten am Strand. Die provisorischen Unterkünfte standen zwar in respektvoller Entfernung von den wenigen Häusern der Einheimischen. Aber in einem Land, in dem es auch unter jüngeren Leuten als anstößig gilt, sich auf offener Straße zu küssen, war die Freizügigkeit der Lesben reinste Provokation. „Hart drauf" seien sie gewesen, erzählen die, die damals mit von der Partie waren. Die Berichte über die Kabbeleien zwischen entschlossenen Kampflesben und aufgebrachten griechischen Männern zählen mittlerweile schon beinahe zum lesbischen Geschichtskanon. Wer heute von Skala Eressos am Strand entlang, vorbei an Surfschule und Sonnenliegen, Richtung Westen geht, kreuzt unweigerlich ein kleines Gewässer, das dem Meer entgegenstrebt, es aber nie erreicht. Dieser Teich, aus dem kleine Schildkröten ihre faltigen Hälse recken, gilt heute als Grenze zwischen dem FKK-Bereich und dem der bekleideten Badenden. Damals, vor zwanzig Jahren, begann an dieser Stelle die *No-go-Area* für Männer – zumindest in den Sommermonaten. Das offensive lesbische Selbstbewusstsein schreckte ab. In der Yellow Bar, einem kleinen Café an der parallel zum Strand verlaufenden Straße, gab es Tavli, Kaffee und Klo – und Ruhe vor lästigen Fragen und Blicken. Der Fußweg bis zum *periptero* auf dem Dorfplatz dauerte eine knappe halbe Stunde; die Distanz war gewahrt und wurde nur überwunden, um Notwendiges zu erledigen. In dem Büdchen neben dem *kafenion*, vor dem palavernde Männer den Tag und den Abend verbrachten, gab es Zigaretten und ein paar Lebensmittel zu kaufen. Mit Glück funktionierte sogar das Telefon. Für Ferngespräche nach Deutschland oder zum griechischen Festland wurde das Telefon durch das Fensterchen gezerrt, so weit die Strippe reichte. Mit der Zeit merkten die Dörfler, dass die fremden

Frauen nicht nur am Strand miteinander knutschten, sondern auch Geld im Dorf ausgaben. Die Zauberworte Arbeitsplätze und wirtschaftlicher Aufschwung wirken auch in Griechenland.

Es dauerte nur wenige Sommer, bis sich in dem Wäldchen am Schildkrötenteich, knapp einen Kilometer östlich von Skala Eressos, ein wilder Campingplatz etabliert hatte: Ein bisschen Schatten, ein Klohäuschen und ein Wasserschlauch, der, über einen Ast gehängt, als kalte Dusche diente. Abends heiß duschen konnten die Gewitzten, die ganze Batterien von Einliterplastikflaschen voller Wasser tagsüber von der Sonne hatten erhitzen lassen. Von Mai bis September tummelten sich hier alle, deren Geld gerade so eben für die Anreise gereicht hatte. Billigsturlaub am Mittelmeer. An Wochenenden und während der griechischen Schulferien kamen die Einheimischen und ertrugen stoisch unsere lesbische und meist nackte Präsenz.

Doch irgendwann wollten sich immer weniger Reiselesben ihre Schlafstatt mit Sandflöhen, Krebsen und Skorpionen teilen. In dem Maße, wie die Nachfrage nach Hotelzimmern stieg, erinnerten sich die Leute von Skala Eressos wieder daran, dass wildes Zelten in Griechenland eigentlich verboten ist. Lesbensolidarische Geschäftsleute, die in der Existenz eines kostenlosen Campingplatzes nie eine Konkurrenz für sich, sondern vielmehr eine Bereicherung für den Urlaubsort sahen, trafen sich mit der damaligen Bürgermeisterin von Eressos. In sie, die fünfzigjährige Hebamme, setzten viele ihre Hoffnungen. Lesbos galt jahrzehntelang als „rote Insel" mit fast durchgängiger linker Regionalverwaltung, bis Ende der neunziger Jahre der europäische Rechtsruck zu den Inseln im ägäischen Meer schwappte, Mehrheiten an sich zog und die Bürgermeisterin aus dem Amt kippte.

Der ihr nachfolgende Bürgermeister Abatzis jedenfalls hatte keinen Sinn für Gespräche und verfügte kurzerhand die polizeiliche Räumung des kleinen Zeltplatzes. Lesben, die aus alter Gewohnheit aus England, Italien, Deutschland oder dem griechischen Festland mit Sack und Pack anreisten, fanden plötzlich einen ungastlichen Ort vor, an dem jederzeit mit dem Besuch der Polizei und einer Anzeige wegen verbotenen Campens zu rechnen war. Während der griechischen Sommerferien hingegen drücken die Ordnungshüter ein Auge zu. Unter den Pinien wächst dann wieder das bunte Zeltdorf, das allerdings, so erzählt man sich, schon von weitem zu riechen ist – ein stinkender Tribut an die Rigorosität des Bürgermeisters, der die Sanitäranlagen verbarrikadieren ließ, um unwillkommene Gäste fern zu halten. Vor kurzem, so erzählt mir eine Freundin aus Berlin, habe Abatzis die Situation weiter verschärft und treibe den Ausbau der Verbindungsstraße zwischen Ost- und Westseite der Bucht von Skala Eressos mit aller Macht voran. Es sei abzusehen, dass der Schildkrötenfluss zerstört und das Campingwäldchen überbaut werde.

Ein unwirtlicher Ort, so scheint es, und doch: Mein Herz hängt an Skala Eressos. Es ist die besondere Verflechtung von jahrtausendalter Geschichte und der jährlich neu gefüllten Quelle von Anekdoten, die Lesben aus vielen verschiedenen Ländern mit diesem Ort und miteinander verbindet. Es ist die Offenheit, die Neugier, die spielerisch ausgetragene Konkurrenz. Es sind die romantischen Mythen, die sich um Skala Eressos, seine berühmte Dichterin und die immer wiederkehrenden Besucherinnen ranken.

Wie mitreißend und leidenschaftlich war das grandiose Fußballspiel „Lesben Nordeuropa“ gegen „Lesben Südeuropa“. Deutsche und Britinnen trainierten schon Tage vor dem großen Auftritt gemeinsam und besprachen heimlich in abgelegenen Tavernen ihre Taktik. Die unbändigen Italienerinnen und Griechinnen waren uns dennoch weit überlegen. Wir schimpften noch über die kniehohen Grasbüschel, an denen der Ball gemeinerweise hängen geblieben war, da hatten sie schon längst rasant gekontert. Wir Nordlesben meckerten noch über den knochentrockenen Boden auf dem Bolzplatz, da lagen die Südlerinnen sich bereits vor Freude über ihr drittes Tor in den Armen. Auf der Straße stoppte ein knittriger Mann seinen Esel, um uns allesamt mit krächzender Stimme anzufeuern.

Ansteckend war auch Cosettas Begeisterung. Die Italienerin hatte sich in den Kopf gesetzt, eine Disco für Lesben zu etablieren. Ein paar Sommer lang strömten Hunderte Frauen jeden Alters in das Silver Moon, um unter freiem Himmel zu den immer gleichen Hits zu zappeln. Wenn wir dabei aus dem Rhythmus kamen, lag es meist an den Heerscharen von blutgierigen Mücken. Wunderbar war auch das Lesbenfilmfestival auf dem Dach des Hotels Sappho. Oder die Nächte, in denen die britische Sängerin Jan Allain umjubelte Spontansessions am Lagerfeuer bot.

Im Sommer ist es nahezu unmöglich, ohne Voranmeldung eines der zweieinhalbtausend Gästebetten des Dorfes für sich zu ergattern. Deutsche Touristinnen wählen, nicht nur wegen des Namens, gerne das direkt am Strand gelegene kleine Hotel Sappho, das bereits vor der großen Lesbenreisewelle von einer griechischen Familie betrieben wurde, bis es vor einigen Jahren in die Hände zweier Frauen aus Gießen überging und seither als freundliches „Klein-Deutschland" mit hervorragender Küche gilt.

Das Frauenhotel Antiopi, das einen rund zehnminütigen Spaziergang entfernt von der *platia*, dem Dorfplatz, liegt, beherbergt seit vergangenem Jahr unter neuem Namen – The Gorgeous Goddess – vor allem englischsprachige Lesben. Die *„walking women"*, die wandernden Frauen aus Großbritannien, brechen von hier aus täglich zu ihren Fußmärschen in benachbarte Buchten oder ins vulkanische Hinterland von Eressos auf. Wer abends in der Taverne The Tenth Muse ihren Erzählungen von schweißtreibenden Aufstiegen zu entlegenen Klöstern, von Spontanbädern in natürlichen Felswannen oder von ihrer Rast unter Oliven- oder Feigenbäumen lauscht, kommt schnell auf den Geschmack, nicht nur den Horizont über dem Meer zu bewundern, sondern auch ein paar neugierige Blicke ins Landesinnere zu werfen. Bei Ornithologinnen gilt Lesbos übrigens als hervorragender Beobachtungsplatz unterschiedlichster Zugvögel, die hier ihre Zwischenstopps einlegen.

Ein rotes Mofa bringt mich knatternd ein paar Kilometer weiter, über die Berge, in Richtung Sigri. Hier wurde vor rund zwanzig Millionen Jahren ein Mammutbaumwald bei einem Vulkanausbruch unter Lavaströmen begraben und präsentiert sich heute als wohl größter versteinerter Wald, imposanter noch als das ähnliche Naturwunder in der Wüste von Arizona. Das gesamte Gebiet ist eingezäunt, aber über Fußwege sind einige der gigantischen Stämme erreichbar. Es ist erlaubt, die seltsamen Gebilde zu berühren; diesen merkwürdigen Stein, der in der Sonne farbliche Purzelbäume schlägt und dessen Holzstruktur an einigen Stellen sehr deutlich zu erkennen und zu ertasten ist. Ich weiß, dass es strengstens verboten ist, auch nur den winzigsten Brocken mitzunehmen, und widerstehe der Versuchung. Was mir leicht fällt, weil ich im letzten Jahr am Strand von Eressos einen kleinen Stein fand, so groß wie die Kuppe meines kleinen Fingers, der aussah wie versteinertes Holz und der mich seitdem als Talisman begleitet.

Dabei gibt es andere Fundstücke, die außer Landes geschleppt werden, vor denen ich mich glücklicherweise immer wieder, wenn auch im letzen Augenblick, schützen konnte. Unzählige der bunten Hunde von Eressos leben mittlerweile in London, Brindisi oder Buxtehude. Dort entpuppt sich das schnuckelige Hundebaby zu etwas Dackelartigem mit seltsamen Proportionen, das nun statt am sonnigen Strand an städtischen Straßengrüns entlanghoppelt. Langbeinigere Exemplare finden sich nur bei Ausflügen über die Berge am Rande staubiger Straßen. Dort kauern zottelige Wesen in backofenheißen Tonnen, um im Ernstfall lautstark etwas zu verteidigen, was sich dem Blick Durchreisender entzieht. Das Mitleid der Touristinnen ist ihnen meist sicher, und so mancher wurde schon heimlich von der rostigen Kette befreit, um dann verblüfft und stumm in die griechische Sonne und den davonbrausenden Befreierinnen hinterherzublinzeln. Die fahren nach vollendeter Tierschützerinnenaktivität vielleicht noch weiter zu den heißen Thermalquellen von Eftalou oder legen eine Stippvisite bei einer der hervorragenden Ouzodestillerien ein. Sie könnten eines der meist auf Hügeln gelegenen Mönchsklöster oder der in Tälern angesiedelten Nonnenklöster besuchen. Oder aber sich bei der Frauenkooperative der sozialistischen Pasok-Partei im Nordwesten der Insel in Petra nahe Molivos umsehen.

Einer meiner Lieblingsplätze ist das Freiluftkino Cine Sappho in Skala Eressos. Für ein paar Drachmen – oder heute Euro – erlebe ich nicht nur die Vorführung irgendeines Hollywoodfilms in englischer Originalfassung mit griechischen Untertiteln, sondern komme in den unbezahlbaren Genuss, von der steinernen Leinwand nach oben in die Sterne gucken zu können. Die Vorführung beginnt weit nach Sonnenuntergang. Der altertümliche, überdimensionierte Projektor surrt in seinem Unterstand. Ein Gefühl wie in dem Film *Cinema Paradiso*. Früher quetschte sich noch ein sehr dicker Mann im Unterhemd neben die monströse Maschine, um die neue Filmrolle einzufädeln. Der Mann hat gewechselt, der Projektor ist noch derselbe. Selten sind mehr als zehn oder zwanzig Gäste hier, in der ersten Reihe aber herrscht meist dichtes Gedränge. Griechische Kids im Vorschulalter bewerfen sich mit Popcorn oder starren gespannt auf den Film, dessen Sinn sich für sie aus der Bildersprache ergeben muss, da sie weder englisch sprechen noch griechisch lesen können. Nach dem Film sind die Kinogängerinnen leicht zu erkennen: Wer knapp zwei Stunden in Gartenstühlen hängt, deren angerostete Metallrahmen mit Wäscheleinen umwickelt sind, trägt anschließend unübersehbare Strippenspuren durch die Nacht.

Viele meiner Lieblingsorte kann allerdings nur ich besuchen. Sie liegen in meiner Erinnerung, sind verbunden mit einem Blick über das Feuer hinweg, einer kraftvollen Bewegung im Wasser, einem lauten Lachen abends im Friends, dem kakophonen Kreischen während der Fußballweltmeisterschaft (der Männer!), als wir zu Unzähligen die Fernseher vor den Tavernen umlagerten, und dem Schweigen angesichts der zarten Färbung des Himmels, wie sie vielleicht nie wieder kommt.

Unsere Insel

Mario Wirz

RÜGEN

Unsere Insel

Mario Wirz

Für André

Die weiße Stille dieses Wintertages. Leuchtend und magisch. Lichtjahre entfernt scheint Berlin, unsere Stadt, die wir im schläfrigen Dunkel des frühen Morgens hinter uns gelassen haben.

„Jetzt sind wir im Reich der Eiskönigin“, murmelst du und schaust auf die gefrorene See. Erschöpft von vier Stunden Autofahrt und hellwach vor Freude. Alles funkelt und glitzert unter der Wintersonne. Der Schnee auf den Dächern der Ferienhäuser. Der Schnee auf dem Winterschlaf der Segelyachten. In Erwartung des Frühlings träumen die aufgebockten Boote an Land vom Meer. Auch mein Skipper träumt. Vor seinen Augen verwandelt sich der rügische Bodden in den pazifischen Ozean. Ein Albatros lässt sich auf dem Mast unserer hochseetauglichen Segelyacht nieder, die mein kühner Captain sicher durch jeden Sturm navigiert.

Die Eiskönigin der Marina Lauterbach auf Rügen wird eifersüchtig. Gereizt pfeift sie einen frostigen Wind herbei. Wir kümmern uns nicht darum. Auch die Schwäne auf dem Eis trotzen der Kälte mit Anmut.

„Da drüben ist die Insel Vilm. Die werden wir im Sommer umsegeln“, sagst du und drückst meine Hand, als müsstest du deinen ängstlichen Vorschotmann präventiv beschwichtigen. An deiner Seite hat sich der furchtsame Dichter aus dem Elfenbeinturm in einen mutigen Seemann verwandelt. Überallhin werde ich dir folgen. In jeden Sturm. In jede Flaute. Die Wintersonne legt behutsam Glanz auf diesen Augenblick unserer Geschichte, die vor zwanzig Jahren begonnen hat. Der Abdruck unserer Reisetaschen und Provianttüten im Schnee.

„Du hast wieder viel zu viel eingepackt. Das ist keine sechswöchige Expedition im Urwald, sondern nur ein Wochenende an der Ostsee“, sagst du und lächelst lästerlich. Wir wissen beide, dass dein heldischer Vorschotmann auch ein tyrannisches Hausmütterchen ist.

„Bist du glücklich?“

Der Himmel über uns, eine schimmernde Eisfläche, auf der ein Engel Schlittschuh fährt.

Eine Wendeltreppe führt ins Büro der Marina Lauterbach, die an diesem Wintertag weiß und verwunschen vor sich hinträumt. Kai, zuständig für die Gäste, hockt langhaarig und etwas einsam hinter seinem Computer.

„Silvester waren alle Ferienhäuser besetzt“, sagt er und sucht unsere Namen im PC.

„Rügen ist eine tolle Insel. Das spricht sich langsam herum. Auch bei den Berlinern. Früher kannten die nur Sylt. Jetzt entdecken sie die Ostsee. Jedes Jahr kommen mehr. Nicht nur aus Berlin. Bayern. Schweizer. Alle wollen sie auf die Insel im Osten. In der Hauptsaison ist hier der Teufel los. Waren Sie schon mal auf Rügen? Ist auch ein großartiges Segelrevier. Das sagen alle.“ Kai lächelt sanft und spricht schnell. Seine schmalen Hände flattern aufgeregt in dem überheizten Büro.

„Haus Möwe. Nummer 2. Wenn Sie Fragen haben, wenden Sie sich bitte an mich“, sagt er, fast flehend, und überreicht dir den Schlüssel. Der Himmel über uns, weiß und wohlwollend. Wir tragen die Taschen und Tüten in unser Häuschen. Die Möwe, die ein Künstler an die Tür gemalt hat, beflügelt den Tag. Jedes Haus hat sein eigenes Wappen. Seeadler. Hering. Kranich. Forelle. Kormoran. Auch die Schwäne auf dem Eis sind ein Bild.

Ein winziges Schlafzimmer. Ein Puppenstuben-Klo mit Dusche und Bullauge. Ein kleines Wohnzimmer mit Kochnische. Alles zu zierlich und zu eng für zwei große Männer mit Übergewicht, doch unsere Freude schafft den Raum, in dem wir uns einrichten. Wir sehen nur die Terrasse und das im weißen Winterlicht funkelnde Eis auf dem Bodden.

„Das ist die Schmuckschatulle der Eiskönigin“, sage ich und umarme dich stürmisch.

Mit neuer Zuversicht fallen die Tage vom Kalender. Ich fülle die Thermoskanne mit Kaffee und wickele die belegten Brötchen in Alufolie, damit sie länger frisch bleiben. Jedes zweite Wochenende fahren wir auf unsere Insel. Mit dem Auto über den Rügendamm, dessen Staus erst in der Hauptsaison zum Alptraum für Ungeduldige werden. Mit dem Zug, morgens um 7.49 Uhr vom Bahnhof Zoo bis Bergen, und von dort mit einer gemütlichen Bummelbahn direkt bis zur Mole Lauterbach. Rechts der Stadthafen und links der Yachthafen unserer Marina. Nur wenige Schritte, und wir landen mit unseren schweren Rucksäcken in unserem Ostsee-Domizil.

Bald werden wir Sirius, unser gelbes Segelboot, auf die Insel trailern und mit Hilfe des Hafenmeisters und eines wuchtigen Krans zu Wasser lassen.

„Sirius wird die Insel lieben“, schwärmt mein Skipper kühn. Ich verschweige angesichts seiner leuchtenden blauen Augen meine Sorge, dass sich unsere binnenseeerfahrene alte Lady vom Temperament der Ostsee-Wellen überfordert fühlen könnte.

„Sirius ist absolut küstenseetauglich“, brummt Captain Blauauge, der die Gedanken seines Vorschotmannes lesen kann. Ob wir mit dem Zug auf die Insel rollen oder mit dem Auto, jedes Mal nimmt die Landschaft in unseren Augen eine neue Gestalt an. Der Wald. Die Felder. Die Wiesen. Die Alleen. Alles verwandelt sich. So viele Nuancen von Grün und Braun, dazwischen ein keckes Gelb und Blau. Noch blüht alles scheu und zögerlich, als wäre das Fest der Farben nicht längst beschlossen. Es ist Frühling.

Die schwimmenden Ferienhäuser der Marina Lauterbach erinnern an den Charme skandinavischer Hütten. Fest vertäut am Steg, der über das Wasser führt, wirken sie verlässlich und gleichzeitig übermütig und unberechenbar, als könnten sie sich im nächsten Augenblick von ihren Ketten losreißen. Der Boden unter den Füßen der Gäste verschwimmt in seltsamen Träumen. Was murmeln die Nixen von Rügen? Warum ist das Schweigen der Fische so schwatzhaft? Was gluckst und plappert so trunken unter dem Vollmond? Nachts, wenn die Gäste schlafen, treiben die schwimmenden Häuser vielleicht hinaus aufs offene Meer, um morgens wieder brav an ihren Platz zurückzukehren.

Die ersten Boote mit Segelohren auf dem Bodden. Aufgeregt kreischen die Möwen. Die Haubentaucher. Die Blesshühner. Die Enten. Die Schwäne. Die Wildgänse. Ein vom Frühling aufgewühlter Lärm weckt auch den letzten Igel aus seinem Winterschlaf. Trunken fliegt eine Blaumeise auf. Selbst einige Quallen treiben im Vollrausch an unserem Häuschen vorbei. Das Lied der Amsel klingt beschwipst. Die Spinnen verheddern sich verwirrt in ihren Netzen. Schmetterlinge gaukeln erheitert durch den Tag. Unter dem blauen Himmel bleibt nichts nüchtern. Du hast die Seekarten über dem Terrassentisch ausgebreitet und studierst das Revier. Kommenden Tages hisst du die Segel. Wie jung und unbeschwert du in diesem Augenblick wirkst.

„In Baabe könnten wir mit Sirius anlegen. Auch in Seedorf", murmelst du und schaust mich an. Warum klopft mein altes Herz so närrisch?

Verspielt schnappen die Wellen nach Sirius. Unser erster Törn auf dem Bodden. Der Wind meint es gut mit uns. Zügelt sein ungestümes Wesen, damit sich Sirius nicht fürchtet. Inmitten der großen Segelyachten wirkt unsere Kleine verletzbar. Wir sind mit ihr auf dem heimischen Wannsee gesegelt. Auf dem Müggelsee. Auf der Müritz. Auf dem Ijsselmeer in Holland. Unsere betagte Lady ist abenteuerlustig. Sie verjüngt sich mit jeder Seemeile. Bei Windstärken 2 bis 3 tanzt sie vergnügt mit den Wellen, die sie umbuhlen. Mein Skipper sitzt an der Pinne und achtet auf die Reusen der Fischer. Boote sind nicht der Fang, den sie sich wünschen.

„Segler von Backbord, einkommend!", rufe ich laut und bin stolz, dass ich inzwischen Backbord und Steuerbord unterscheiden kann. Captain Blauauge ändert leicht den Kurs. Wir müssen ausweichen. Noch immer kann ich nicht schnell genug beurteilen, welches Boot wann und warum ein anderes Boot zur Kursänderung zwingen kann. Berufsschifffahrt hat immer Vorfahrt. Das wenigstens habe ich begriffen. Ein dickes Schiff mit Touristen wuchtet sich träge und etwas gelangweilt durch das Wasser. Einige Kinder lachen und winken uns zu.

Du und ich in einem Boot. Skipper und Vorschotmann. Zwei alte Seebären. So viele Katastrophen haben wir beide in diesen zwanzig Jahren überstanden, manche gemeinsam, einige jeder für sich allein, aber immer noch sind wir zusammen. Zweisam trotzen wir den Schatten, die sich seit meinem HIV-positiv-Befund auf unsere Jahre legen. Du und ich. Ein verlässliches Team. Eine gute Mannschaft. Eine starke Crew. Der Wind soll sich noch lange auf die Seite unserer Geschichte drehen.

Wir haben uns in eine Insel verliebt.

Segelnd, radelnd, wandernd entdecken wir Rügen. Putbus, die weiße Stadt des Ostens, nicht weit von Lauterbach entfernt.

„Europas letzte planmäßig gebaute Residenzstadt", notiert der Merian-Reiseführer. Die ehrgeizigen Träume von Fürst Wilhelm Malte I. zu Putbus lassen sich jetzt von den Touristen besichtigen. Mit unseren Rädern umkreisen wir staunend den Circus, die „Torte aus Stein und Stuck". Die kleine Eisdiele daneben und große, bunte Eisbecher, die wir uns gönnen, zwei unbekümmerte Berliner im Kalorienrausch. Der Schlosspark mit den Fechterskulpturen am Eingang, die im Erdbeereis-Licht dieses Tages alle Gespenster vertreiben. Die Orangerie. Das Puppenmuseum. Die weißen Häuser wirken bleich und erschöpft von den Jahren. Viele graue Fassaden. Im sozialistischen Realismus gingen die fürstlichen Visionen unter. Nicht alle. Nicht überall siegt die Tristessa. Vor den Türen der Häuser blühen Rosen, als ginge sie diese Geschichte nichts an. Ich summe einen alten Knefsong. Du singst den Refrain. Flirrendes Frühlingslicht. Leuchtende Landschaft. Gierig nährt sich unser Glück von diesen hellen Tagen.

Von Lauterbach aus radeln wir am Badehaus Goor vorbei, einst prunkvoll, versteckt es sich nun grau und von der Zeit ramponiert hinter den Bäumen. Es wird auf der Insel gemunkelt, dass Investoren die ehemalige Luxusstätte zu neuer profitabler Pracht sanieren wollen. Wir biken durch den Wald, hinauf, hinab und wieder hinauf, ächzend und pfeifend, sechs Kilometer bis Groß Strelow, sechs Kilometer bis zur ersten Kaffeepause am Kiosk von Helga.

Wald und Wasser. Grün und Blau. Unter uns die im Sonnenlicht schwelgende See, über uns der sich in hemmungsloser Bläue ausbreitende Himmel. Die Erde. Die Bäume. Die Blumen. Gras und Moos. Alles duftet überschwänglich und wild drauflos, alles durcheinander, ein Fest für die Nase.

Immer wieder steigen wir von unseren Rädern, um aus luftiger Höhe auf die in alle vier Himmelsrichtungen ausschwärmenden Boote zu schauen. Die vom Wind geblähten Segel, weiße Schmetterlinge, die durch den Nachmittag treiben. Ein Postkartenidyll, die Angler in ihren friedlich ankernden Holzbooten. Ab und zu eine fette Motoryacht, die mit eitlem Getöse über die Wellen lärmt. Dann wieder Stille. Bildschön und verwegen, die Surfer.

„Guter Wind. Ist heute ein tolles Segelwetter“, sagst du und seufzt vernehmlich.

Ich weiß, dass du nur meinetwegen in diesen Tagen auch andere Möglichkeiten der Fortbewegung akzeptierst. Am liebsten wärest du rund um die Uhr mit Sirius unterwegs. Wolken und Wind und Wellen. Auf dem Boot leben und schlafen. Ab und zu in einem Hafen anlegen und dann weitersegeln. Meer und Möwen. In irgendeiner Bucht den Anker werfen und ein Süppchen kochen. Auf dem kleinen Gaskocher lassen sich sogar anspruchsvollere Mahlzeiten zubereiten. Wir können in unserer Koje übernachten, doch wir wissen beide, dass sie zu eng ist für zwei aus der Form geratene Seemänner. Sollte ich eines Tages einen Bestseller schreiben, werde ich dir eine zwölf Meter lange, hochseetaugliche Segelyacht schenken. Und einen schnuckeligen Matrosen dazu, der Captain Blauauge auch die heimlichsten Wünsche erfüllt. Dein ältlicher Vorschoter ist dir treu ergeben, aber er ist auch heikel und zimperlich. Ein bisschen verschroben und schwierig. Seine Thrombosenbeinchen, die Platz und Bewegung brauchen. Seine unerquickliche Befindlichkeitsoperette mit all den Lamento-Arien, die seit vielen Jahren *en suite* aufgeführt wird. Der repressive Terror der Maladie. Meinetwegen buchst du eine bequeme Unterkunft. Unsere Törns sind aufregend, doch nach fünf bis sechs Stunden auf dem Wasser sehne ich mich nach Land unter meinen Füßen.

„Macht es dir denn keinen Spaß, durch die Gegend zu biken?“, frage ich und weiche einer aufdringlichen Biene aus, die mich wahrscheinlich wegen meines lieblichen Aftershaves mit einer Blume verwechselt.

„Rad fahrend verschlanken wir beide uns von Wochenende zu Wochenende. Bald werden alle Spiegel applaudieren“, scherze ich und sattele den Drahtesel.

„Wollen wir morgen mit Sirius einen Nachttörn wagen?“

Du wartest meine Antwort nicht ab und radelst mir mit kessem Tempo voraus.

Das flammende Rot der Mohnblumen zündet diesen Sommer an. Ihre lodernde Schönheit ist ein verletzliches Feuer, das für kurze Zeit die ganze Insel in Besitz nimmt. Die Kronblätter des Klatschmohns fallen meist innerhalb eines Tages ab, doch jetzt verschwendet er sich unter der Sonne und lebt. Üppig wächst überall der Raps. Die wogenden Rapsfelder sind ein überschäumendes gelbes Meer, das erst später als Öl in Flaschen gegossen wird. Für die Bauern auf Rügen ist die Ölpflanze ein kostbarer Schatz, aber jetzt blüht alles festlich und feiert den Sommer. Die blaue Kornblume. Der Löwenzahn. Der rote Fingerhut. Die Tollkirsche. Margeriten und Gänseblümchen. Die wilde Malve. Der Wiesensauerampfer. Die Kartäusernelke. Die weiße Seerose. Die Wasserschwertlilie. Der Hopfenklee. Der Bärenklau. Der Waldstorchschnabel. Der kriechende Hahnenfuß.

Wir wandern durch die Landschaft und wetteifern kindisch mit unseren botanischen Kenntnissen, die wir dreist behaupten, darauf vertrauend, dass der andere noch weniger weiß. Schadenfrohes Gelächter vor der Gewöhnlichen Pechnelke. Grimassen mit Gänsehaut vor dem Blutweiderich. Hand in Hand laufen wir über die Wiesen und widmen uns Blumen, deren Namen wir erfinden. Die Seebärendistel. Das Skipperveilchen. Die Vorschoterdotterblume. Das Captain Blauaugekraut. Es ist Sommer. Es ist Urlaub. Wir sind drei Wochen auf unserer Insel.

Ich lasse mein widerspenstiges Manuskript und die störrischen Musen in Berlin. Die Angst vor dem weißen Blatt. Das klägliche Warten auf die richtigen Worte. Die Schreibblockaden und den trüben Frust. Ich vergesse den eitlen Literaturzirkus und seine Papiertiger. Das Gelächter der Möwen über jedem Größenwahn. Es ist Sommer. Es ist Urlaub. Du schüttelst deinen Psychologen-Alltag ab und alle Fallgeschichten und Bedrängnisse. Drei Wochen lang bist du nicht verfügbar für die Süchtigen und Essgestörten. Die Verwirrten und Depressiven. Die Maniker und Phobiker. Die Lebensmüden und von ihrem biografischen Gepäck Beladenen. Auf deinen Schultern trägst du nur das Leichtgewicht dieser blauen Tage. Drei Wochen lang tun wir so, als gäbe es keinen Schmerz unter der Sonne. Keine Angst und keine Verzweiflung.

„Auf Rügen gibt es viele Alkis. Jeder Zweite ist arbeitslos oder Sozialhilfeempfänger. Habt ihr die Kreuze an den Straßen gesehen? Fahren alle im Suff gegen den Baum“, sagt Kai, mit dem wir uns inzwischen duzen. Immer noch hockt er etwas verloren vor seinem PC und flattert mit den Händen. Acht Tage bewohnen wir ein schwimmendes Häuschen, das nachts unsere Träume auf das offene Meer hinaustreibt. Danach ziehen wir um in eines der preisgünstigeren und auch geräumigeren Apartments am Eingang der Marina. Gleich daneben das Restaurant Kormoran mit dem scheuen Kellner aus Sassnitz, bei dem wir fast immer Bratheringe bestellen. Die Namen der Dörfer und Orte klingen wie Beschwichtigungen. Tröstliche Oasen in einer anderen Welt. Geschichten aus einer anderen Zeit. Alt Reddevitz. Bietegast. Dornbusch. Engelswacht. Fernlüttkevitz. Gänsewerder. Hühnerberg. Juliusruh. Kap Arkona. Lohme. Mönchgut. Nonnensee. Poppelvitz. Ralswiek. Stubbenhörn. Tromper Wiek. Ummanz. Vilm. Wreechen. Zittvitz. Wir schwelgen im Insel-Alphabet der Tage. Harmlosigkeit und „heile Welt“.

Der Alkoholismus der Rügener verflüchtigt sich im Urlaubsrausch der Touristen. Armut verschwindet hinter Anmut. Im Glanz der skrupellosen Sonne blenden wir die vielen Kreuze am Rand der Straßen aus. Vergnügungssüchtig verfallen wir den Lügen der Lieblichkeit. Wir treiben uns auf der festlichen Oberfläche dieses Sommers herum und sehen nur, was uns begeistert. Wie viele Sehenswürdigkeiten hat die Woche? Der Nationalpark von Jasmund. Der im Sonnenlicht schneeweiß schimmernde Königsstuhl in 117 Meter Höhe und der von vielen Augen geteilte Blick auf die Kreideküste. Motiv der Maler seit zweihundert Jahren. Natürlich sind die Kreidefelsen in Wirklichkeit nicht so geheimnisvoll und schön wie auf den Bildern von Caspar David Friedrich. Die Viktoriasicht. Die zwei Leuchttürme am Kap Arkona. Die Seebrücke von Binz. Die Seebrücke von Sellin.

„Unerträglich, diese Touristenmeute“, murmelst du erschöpft. Auch ich bin benommen von der Hitze des Tages und der unausweichlichen Gegenwart der vielen Urlauber. Ich verzichte auf den Hinweis, dass auch wir beide mit unseren Sonnenbrillen und Basecaps in den Augen der anderen wie zwei komische Touristen aussehen.

„Was feixt du so anzüglich?“, fragst du und wischst dir mit der Hand den Schweiß von der Stirn.

„Lass uns für heute den Stein vor die Höhle rollen“, sage ich und denke an die Sektflaschen im Kühlschrank.

Der Spielplatz vor dem Fenster unserer Ferienwohnung füllt sich jeden Morgen gnadenlos pünktlich mit den quäkenden und johlenden Kindern der Gäste. Ihr tyrannisches Geschrei sabotiert unser Frühstücks-Idyll auf dem Balkon. Unter dem weißen Sonnenschirm, den du im Baumarkt von Bergen für diesen Urlaub gekauft hast, sitzen wir inmitten von gut gelaunten Wespen, die sich selbst eingeladen haben. Auch die Stechmücken summen fröhlich und scheinen allesamt resistent gegen Autanspray.

„Mama! Mamaaaaa! Mamaaaaaaaaa!“, schreit ein kleines Mädchen, kurz vor dem hohen C.

„Wir sollten uns eine Schrotflinte besorgen“, murre ich und merke, dass etwas Erdbeermarmelade vom Brötchen auf mein Hemd kleckst.

„Jetzt weißt du, warum die Marina mit dem Prädikat familienfreundlich wirbt“, sagst du und betrachtest versonnen meinen roten Fleck. Wir kichern albern und lästern uns zweisam in jene Gelassenheit, die alles wohltuend relativiert.

Nichts kann unsere Freude in diesen Tagen trüben.

Mit stoischem Gleichmut ertragen wir den despotischen Lärm der Kinder. Die Beulen und Schwellungen, mit denen die Stechmücken unser Erscheinungsbild kreativ verändern. Die tollwütige Hitze dieses Sommers. Die Abwesenheit des Windes und jede Flaute, vor der die Segel kapitulieren. Die besoffenen Jugendlichen, die nachts auf der Veranda der Segelschule den gelangweilten Mond vollgrölen. Wir entscheiden uns für Ohropax.

„Fehlt nur noch die Schlafmütze", brumme ich wohlig und schließe dich in meine Arme.

Unser zweisamer Schlaf. Du und ich. Ein großer, warmer Körper, vieräugig und vierhändig, hundertachtzig Kilo schwer, stark und schützend, verwundbar und hinfällig, aber jetzt unbesiegbar, zusammengerollt und gläubig, dass die Sterne es noch lange gut mit uns meinen. Ich bete heimlich zu meinem Kindergott. Ein dickes, sicheres Bärenfell wächst allnächtlich über jede Dünnhäutigkeit. Wächst über die Narben und Wunden dieser Jahre. Glücklicher Höhlenschlaf. Kein Unheil wird uns finden. Keine Angst. Dein Atem an meiner Seite. An keinem Alptraum wird der Schlaf dieser Nacht kentern. Du und ich in einem Boot. Das treibt uns hinaus in die Zeit. Immer wieder mitten hinein in unsere Geschichte.

Nächtlich murmelt die See. Brabbelnd, glucksend, flüsternd. Ich denke an Schamanengesänge und okkulte Beschwörungen. Sirius lauscht mit großen Segelohren. Vertrauensvoll wie mein Skipper, der sich diesen Nachttörn gewünscht hat.

„Wenn wir jetzt sinken, wird uns keiner retten", sage ich, um Leichtigkeit bemüht, aber meine Stimme klingt nur ängstlich. Alles irrlichtert konfus und unheimlich in der Nacht. Die nervösen Scheinwerfer der Autos in der Ferne, die jäh aufleuchten. Die blinkenden Seezeichen und Leuchtfeuer. Das richtungweisende Licht der Leuchttürme. Selbst die Sterne verwirren mich in diesem diffusen Lichtspektakel. Wären jetzt andere Boote und Schiffe unterwegs, ließen sich ihr Vorhandensein und ihr Kurs nur an den rotgrünweißen Bug- und Hecklichtern bestimmen. Doch kein anderes Boot außer Sirius treibt sich in dieser Nacht auf dem Wasser herum.

Unsere alte Lady scheint das nächtliche Gespräch mit Wind und Wellen zu genießen. Sie weiß, dass sie sich auf den Skipper verlassen kann. Auch ich vertraue Captain Blauauge und seiner Fähigkeit, die Seezeichen richtig zu deuten. Meine Furcht ist älter und tiefer als diese Nacht und das Wasser unter uns.

Ich habe gelernt, Schwindel erregende Krängungen ohne Nervenzusammenbruch zu überstehen, wenn es so aussieht, als wollte sich Sirius auf die Seite legen und die Mannschaft auskippen, bleibe ich seemännisch-cool und ziehe brav an den Schoten. Windstärken 5 bis 6 und hoher Wellengang mit Böen strapazieren mein dünnes und von den Jahren angerissenes Nervenkostüm, aber ich bleibe ein wackerer Vorschoter und tue, was die Situation erfordert. Meine Freunde und Kollegen wundern sich über meine neue Passion. Sie entspricht nicht dem Bild, das ich seit langem aufrichtig verkörpere. Kettenrauchend und desinteressiert an jedem Sport. Auch ich hätte es nie für möglich gehalten, dass ich auf einem Segelboot eine so allumfassende Daseinsfreude empfinden könnte. Die Segelbegeisterung meines Skippers hat unserer Zweisamkeit eine neue und aufregende Leidenschaft geschenkt. Allzu friedlich und bekannt waren die Rituale und Schrullen, die wir in unserer zwanzigjährigen Geschichte gezüchtet hatten. Manchmal auch mit ermüdender Beharrlichkeit. Zu viel Gemütlichkeit und Ruhe. Wiederholungen und Routine. Sirius, unser altes Mädchen, hat uns beide inmitten unserer Macken und Verschrobenheiten verjüngt und ganz buchstäblich zu neuen Ufern gelockt.

„Als wären wir in der Schatzkammer der Eiskönigin gelandet", murmele ich und wundere mich, dass ich mich nicht mehr fürchte.

„Lass uns eine rauchen", sagst du, und deine Stimme ist weich und zärtlich wie der Wind dieser Nacht. Alles verbündet sich mit uns und diesem Augenblick. Die Sterne. Die flackernden Lichter. Der nächtliche Singsang der Wellen. Der Sehnsuchtsruf der Möwen. Hörbar auch das quäkende Traumkauderwelsch der Enten und Erpel.

„Was treibt die Eiskönigin von Rügen im Sommer?", frage ich und stecke dir vorsichtig die angezündete Zigarette in den Mund.

„Sie schläft auf dem Grund der Ostsee und träumt den nächsten Winter“, flüsterst du und bläst den Rauch deines Glimmstängels zum blauen Dunst dieser Nacht.

Erschöpft vom Radau der Touristen verschwindet der Sommer von der Insel. Die Musiker der Kurpromenade in Binz packen ihre Instrumente ein. Auch in Göhren und Sellin wird es still. Der Herbst vertreibt die schamlosen Exhibitionisten der Strände. Zu lange ertrug die Sonne auch dieses Jahr schaukelnde Fleischmassen und expandierendes Fett über grotesk-kurzen Badehosen. Wogende Bäuche und Brüste, wabbernde Wülste und Wampen, unverhüllt und sich dreist jeder Himmelsrichtung zumutend. Ein sommerliches Horror-Szenarium für Satiriker und Comiczeichner. Manchmal stieg ein junger nackter Gott aus dem Meer, der kein Gebet erhörte. Apoll surfte auf den Wellen. Adonis schwamm mit Eros. Ganymed ließ einen Drachen steigen. Amor lag erwartungsvoll auf seinem großen Handtuch. Wann haben wir beide im Strandkorb gesessen und begehrliche Blicke auf die Ball spielende Jugend geworfen? Der Sommer ist vorbei.

Es ist Herbst. Unser dreiwöchiger Urlaub auf der Insel liegt verstreut in einem Fotokarton. Lauter Schnappschüsse, die wir uns wahrscheinlich erst im Altenheim anschauen werden.

Jetzt fahren wir wieder jedes zweite Wochenende nach Rügen. Wir besuchen Boris in Schweikvitz und bestaunen sein schönes reetgedecktes Haus. Sein Pferd Lucy, das sich vorurteilslos mit einem Schaf angefreundet hat. Die Katze, die Tüte heißt, weil sie den Geruch von Joints mag. Der große Garten mit den Sonnenblumen und den möblierten, bunt angestrichenen Bauwagen, in denen Gäste und Freunde übernachten. Die kleine Holzbank vor dem Haus. Eine poetische Landschaft, die Boris sich mit wenig Geld und viel Fantasie geschaffen hat. Vor fünf Jahren hat Boris Berlin verlassen und ist auf die Insel gezogen. Schweikvitz, eine Ansammlung baufälliger, alter Häuser, die von den Bewohnern gemeinsam saniert und renoviert werden. Lothar, der schweigsame Riese. Aussteiger und Philosoph. Roger, Fotograf aus Marseille, der schon einen Bildband über Rügen veröffentlicht hat. Seine Kunstpostkarten verkauft er in der Hochsaison auf der Kurpromenade von Binz an die Touristen. Boris, Schriftsteller und Bauer. Romantiker und Lebenskünstler. Mit Gelegenheitsjobs zaubert er sich und seine animalische Familie durch die Monate. Lucy und eine Kutsche sollen die Urlauber künftig zu Ausflugsfahrten über die Insel animieren. Anne, die auf dem Käsemarkt in Gingst arbeitet. Joe, der als Segellehrer in der Marina Lauterbach seinen Unterhalt verdient.

„Schweikvitz, das ist das Worpswede des Ostens. Die reinste Künstlerkolonie. Landkommune und experimentelle Lebensform. Jetzt fehlen nur noch ein Lyriker und ein Psychologe“, sagt Boris und lacht.

„Und die Männer? Der Sex? *L'amour?* Das alles?“, frage ich und streichele Tüte, die nachdenklich schnurrt.

„Für so was habe ich gar keine Zeit. Ich bin mit dem Haus verheiratet. Nächstes Jahr will ich das Dachgeschoss ausbauen“, sagt Boris und zeigt stolz die Schwielen an seinen Händen.

Die Eiskönigin von Rügen ist aus ihrem Schlaf erwacht. Sie probt Kälte und Sturm. Noch ist das Bühnenbild des Winters nicht vollkommen. Unter den Schutzplanen zittern die Boote und träumen vom Schnee, der bald fallen wird. Der Hafenmeister hat Sirius an diesem Vormittag aus dem Wasser gekrant. Wir trailern unser Boot nicht zurück nach Berlin. Unsere kesse Lady bleibt auf der Insel.

„Nächsten Sommer segeln wir bis Hiddensee“, sagst du und blickst verliebt auf Sirius, die sich jetzt in der Bootshalle der Marina auf ihren Winterschlaf vorbereitet.

„Captain Blauauge kann sich auf seinen Vorschotmann verlassen“, antworte ich leise und lege meinen Arm um deine Schultern. Zweisam schauen wir auf kommende Tage.

Die Vision vom Lesbenland

Ilona Bubeck

TERRADILEI

Die Vision vom Lesbenland

Ilona Bubeck

Vor vielen Jahren verbrachte ich den schönsten Sommer meines Lebens auf dem Frauenferienland Terradilei. Der Name „Terradilei" – zu Deutsch: „ihr Land" – geht auf die Erzählung *Herland* von Charlotte Perkins Gilman zurück, in der Frauen nach ihren eigenen Gesetzen ohne Männer miteinander leben. Es waren die Visionen der siebziger und achtziger Jahre und die Idee vom „Lesbenland" und von kollektiven Strukturen. Und für vier ganze Monate durfte ich zusammen mit sieben anderen Frauen und zwischen dreißig und sechzig Urlauberinnen einen Vorgeschmack gelebter Utopie auskosten. Heute kann ich darüber schmunzeln – über meine Naivität, meinen Idealismus, meine Träume, aber auch über die Fehler, die auch wir gemacht haben.

Terradilei existiert noch immer. Auf einem bewaldeten Hügel in Umbrien – dem grünen Herzen Italiens – an der Grenze zur Toskana, eine gute Autostunde vor Rom. Terradilei, das sind circa sechzehn Hektar Eichenwald, Olivenhain und Wiesen, angelegt als wilder, romantischer Frauencampingplatz. Als ich 1985 zum ersten Mal die verschiedenen Zelte erblickte, die inmitten der vielen Bäume verstreut standen, glaubte ich, zurück in die Zeit in eine andere Welt gereist zu sein.

Gleich nach meiner Ankunft entschied ich mich, meinen Schlafplatz auf einem ungefähr fünf Quadratmeter großen Flecken einer terrassenförmig angelegten Wiese aufzuschlagen, mit einem atemberaubenden Blick über das ganze ausgedehnte Tal mit seinen unzähligen kleinen Ortschaften. Das schien meiner Sehnsucht nach Weite und Grenzenlosigkeit am nächsten zu kommen. An manchen Tagen konnte ich einfach nur diese herrliche Aussicht genießen: in den ersten Morgenstunden mit glitzerndem Tau und dem gelegentlichen aufsteigenden Nebel oder in der Abenddämmerung, wenn die untergehende Sonne die Landschaft in die typisch umbrischen Rotbraun-Töne hüllte. Das sind Erinnerungen, die heute zu meinem Repertoire an Tagträumen gehören, vor allem dann, wenn die Sehnsucht nach einem anderen Leben am größten wird.

Terradilei besteht aber nicht nur aus dichtem Mischwald und bunten Wiesen voller Wildkräuter und blühenden Sträuchern. Da steht vor allem ein wunderschönes altes Landhaus, in dem die Besitzerin mit ihrer Tochter lebt. Im unteren Geschoss befindet sich eine Bar, die ins Freie führt, in der morgens ein italienisches Frühstück geboten wird – also für gewöhnlich *caffè latte* und Süßes –, und nach der langen Mittagspause werden Getränke und Snacks verkauft. Neben der Bar gibt es ein Restaurant, wo die Frauen abends essen können, allerdings nur auf Vorbestellung. Dafür kocht die Besitzerin selbst mit den Produkten aus dem eigenen Garten, vegetarisch und rein biologisch und so köstlich, wie wir uns italienisches Essen nur erträumen. Und die Verpflegung ist sogar bezahlbar, denn Terradilei wurde gegründet für Frauen, die an einem der schönsten Flecken der Welt Urlaub machen wollen, ohne dafür große Summen auszugeben. Doch wenn man lieber selber kochen will, gibt es im Freien eine große überdachte Gemeinschaftsküche mit mehreren Kühlschränken und Kochstellen.

Im Sommer 1987 war es meine Aufgabe, morgens die vier Gemeinschaftsduschen und -WCs sauber zu halten. Nicht dass ich die Arbeit toll fand, aber es war für mich ein erhebendes Gefühl, zwischen sechs und sieben Uhr früh als Erste wach zu sein und für alle Frauen das Camp schönzumachen. Ich hatte immer meine Freude daran, zu sehen, wie die vielen verschlafenen, manchmal liebestrunkenen und allzu häufig vom schweren Rotwein verkaterten Frauen nach und nach aus ihren Zelten und Schlafsäcken krochen. Spannend war es auch, wer aus welchem Zelt kam – was ich bei dem weitläufigen Gelände leider nicht immer so genau erkennen konnte. Doch wer mit wem am Frühstückstisch saß, war auch schon sehr aufschlussreich, ganz abgesehen von den morgendlichen Dramen und Tränen, die selbstverständlich auch stattfanden. Unter den circa fünfzig Frauen wurde viel gelacht, gescherzt, geflirtet und geküsst; es versteht sich daher von selbst, dass fast genauso viel geweint, gelitten und gestritten wurde.

Außer während der Mittagsruhe lief natürlich ständig Musik in der Bar und beschallte die langen Bänke und großen Tische auf dem Vorplatz. Wenn ich heute bestimmte Lieder von Mercedes Sosa, Nina Simone und Mina höre, dann meine ich, die Gaggia-Kaffeemaschine im Hintergrund zu vernehmen, rieche den satt süßen Jasmin, der an der Balustrade rankt, und sehe die Frauen – nackte und halb-nackte – vor meinem geistigen Auge, wie sie in der Sonne sitzen, Milchkaffee trinken, lesen, Briefe oder Tagebuch schreiben, schwatzen, sich küssen oder einfach Spaß miteinander haben.

So viele nackte Frauen waren für die meisten Neuankömmlinge erst einmal ein Schock. Wer rechnete schon im katholischen Italien mit einem FKK-Frauencamp, zumal die Betreiberin damit nicht werben konnte, denn erstens war Nacktbaden in der Öffentlichkeit verboten und zweitens war so ein großes Gelände mit lauter barbusigen Frauen nicht unproblematisch gegenüber der zum Glück weit entfernten Ortschaft und Gemeinde. Nun, in einem erzkatholischen Land existiert neben der Moral genauso selbstverständlich die Sünde. Und sündig waren wir alle leidenschaftlich gerne.

Schon innerhalb eines Tages verloren die Frauen die Scheu davor, sich nackt zu zeigen; es stand zwar nirgends, dass es sich bei Terradilei um ein FKK-Camp handelte, und niemand machte Kleidungsvorschriften oder -verbote, aber die Einheitstracht entstand quasi von selbst, denn wer tagsüber Klamotten trug, war sozusagen Einzelgängerin und fiel auf. Trotzdem konnte ich schon nach wenigen Tagen die Kleidungsvorlieben in zwei Hauptgruppen einteilen: Die meisten Frauen bevorzugten an der Bar ein einziges Kleidungsstück zu tragen. Entweder hatten sie nur oben ein sehr kurzes T-Shirt an und zeigten ihre sonnengeröteten Pobacken, oder sie trugen unten wahlweise einen Slip, eine Bikinihose oder Shorts, um dafür oben ohne zu sein, was natürlich die Augen aller auf die braun gebrannten Brüste lenkte. Ich gehörte zur zweiten Gruppe, da ich – meiner großen Tierliebe zum Trotz – immer panische Angst vor den unzähligen Ameisen hatte.

Apropos Tiere: In den ersten Nächten hatte ich immer Alpträume von den vielen Skorpionen und Schlangen, die in dieser Gegend

Italiens reichlich vorhanden sind und folglich nachts über meinen Schlafsack kriechen könnten. Aber sobald ich mich völlig auf meine Umgebung eingestellt hatte, schlief ich göttlich vor meinem kleinen Zelt unter dem stets klaren Sternenhimmel.

Manchmal nahm ich meinen Schlafsack und legte mich ganz nah an die große Feuerstelle, die in der Mitte eines achteckigen betonierten Platzes angebracht war. Dieser vielfältig genutzte Festplatz befand sich hinter dem Haus vor der Liegewiese und war eingerahmt von blühenden Oleandern und duftenden Rosensträuchern. Abends wirkte dieses Lagerfeuer wie ein magischer Anziehungspunkt auf die Frauen. Dass wir Partys feierten und zu lauter Musik tanzten, gehörte natürlich dazu. Aber es wäre nicht Italien gewesen, wenn wir nicht viele Nächte ums lodernde Feuer gesessen und stundenlang Lieder gesungen hätten. Genau genommen stimmt diese Beschreibung nicht so ganz. Denn nicht wir haben gesungen, sondern in erster Linie die Italienerinnen. Damals hatte ich ja keine Ahnung, wie gerne sie singen und wie groß ihr Repertoire an Liedern war – und wie verkorkst dagegen mein Verhältnis zum deutschen Liedgut. Zum Glück kannten einige von uns Deutschen ein paar Protestlieder aus dem „Student für Europa“, dann war es nicht ganz so peinlich. Immerhin konnten wir zumindest *Bella Ciao* mitschmettern. Meine ersten Italienischkenntnisse habe ich übrigens bei diesen nächtlichen Runden erworben. Nein, nicht von den Flirts am romantischen Lagerfeuer, sondern von den Liedtexten. Schon der Klang der italienischen Sprache ist für meine Ohren wie Musik. Mit der Zeit konnte ich einige italienische Lieder mitsingen, obwohl ich nicht wusste, was ich da sang, aber es klang für mich immer melancholisch nach Liebe und Leid.

Neben dem Festplatz steht noch immer, nach so vielen Jahren, ein wunderschöner, viele Früchte tragender Feigenbaum mit seinen ausladenden Ästen, die tagsüber Ruhe Suchenden Schatten spenden und nachts so manchen Liebespaaren Schutz vor neugierigen Augen bieten. Heute scheint die Anlage noch schöner geworden zu sein, denn es stehen viel mehr farbenprächtige Blumenbeete, fantasievolle Steingärten und blühende Rosensträucher. Und inzwischen gibt es sogar einen Swimmingpool mit einer Umrandung aus Natursteinen und mit bequemen Liegen, die zum Sonnenbaden einladen.

Die schönste Ecke in Terradilei liegt für mich jedoch gleich am Eingang. Von dem kleinen Ort Santa Maria führt eine enge Straße bergauf und dann ein schmaler Weg durch den Wald bis zu einer Schranke, dem Anfang des Camps. Die folgenden Meter durch den dichten Wald bis zu den Parkplätzen und einige Meter weiter bergauf bis zu dem Haus gehören bereits zum Frauenferienland. In diesem Waldstück, kurz vor der Schranke, findet man eine kaum sichtbare Abzweigung, die auf eine verborgene Lichtung führt. Der sich nun bietende Anblick wirkt geradezu märchenhaft: Eine sprudelnde Quelle in einem kleinen, betonierten Becken, das jedoch groß genug ist, um gerade zwei Schwimmzüge zu wagen. Mehr als zwei Schwimmzüge habe ich es in dem eiskalten Wasser auch nicht ausgehalten – denn von der Temperatur her kommt es dem Tauchbecken in einer Sauna sehr nahe. Aber für mich gab es in dem Sommer kaum etwas Schöneres, als nackt in der Sonne auf dem breiten Beckenrand zu liegen und die Füße im kalten glasklaren Wasser baumeln zu lassen.

Um das Becken herum wächst weiches Gras, das sich dank des Wassers immer frisch anfühlt und hellgrün leuchtet. Da die meterhohen Bäume nicht dicht am Becken stehen, dringen stets ein paar Sonnenstrahlen durch. Wer die heißen, trockenen Sommer in Umbrien kennt, weiß, dass so eine kleine Oase nicht zu unterschätzen ist. Oft lag ich da ganz alleine, blickte zu den Baumwipfeln hinauf und träumte vor mich hin. Genuss und Sinnlichkeit pur für Körper, Geist und Seele. An diesem Ort herrschte eine Stille, als würden die riesigen Bäume zur Ruhe ermahnen. Nur aus der Ferne konnte ich manchmal das Stimmen- und Sprachengewirr der Frauen hören.

Doch woher kamen sie alle, die Besucherinnen? Im August waren eindeutig die Italienerinnen in der Mehrzahl, die meisten entweder aus Rom oder aus norditalienischen Großstädten. Aber den ganzen Sommer über kamen sie überwiegend aus England, Frankreich, Skandinavien, Österreich, Deutschland, den Beneluxländern und aus der Schweiz angereist.

1985 und 1986 habe ich in Terradilei Urlaub gemacht und half hier und da bei anfallenden Ausbesserungsarbeiten gegen ein kostenfreies Abendessen. So kam es, dass mir für den Sommer 1987 ein viermonatiger Arbeitsaufenthalt angeboten wurde. In dem

Sommer wurde Terradilei nämlich von einer Gruppe von Frauen übernommen – fünf Italienerinnen und drei Deutsche. Terradilei ist inzwischen ein eingetragener Verein, und für alle Besucherinnen ist die Mitfrauenschaft obligatorisch. Der geringe Vereinsbeitrag sichert den Erhalt des Projekts und ermöglicht billige Übernachtungspreise.

Wir acht Frauen im Kollektiv entschieden gleichberechtigt, arbeiteten gleich viel und verdienten gleich wenig Taschengeld für unsere geringe Freizeit. Jede hatte einen festen Arbeitsbereich, nur abends nach dem Abendessen für die Gäste kam jede mal abwechselnd beim ungeliebten Spülen und Abtrocknen dran. Und ansprechbar für die Urlauberinnen war natürlich auch jede von uns – vorausgesetzt, man konnte uns auf dem riesigen Gelände erreichen. Nur eins war tabu: die italienische Siesta, das heißt zwischen dreizehn und sechzehn Uhr lag über dem Camp eine schläfrige Stille, und wir Arbeitsfrauen tauchten an abgelegenen Plätzen unter – immerhin, das Gelände war ja auch groß genug. Eine der langjährigen Vereinsfrauen hat jeden Tag für uns eine leckere Pasta als Mittagessen gekocht, also konnten wir uns einmal am Tag als Gruppe treffen. Das war auch wichtig, denn die Arbeitsbereiche waren sehr unterschiedlich und so zeitintensiv, dass sich nicht allzu viele Gelegenheiten anboten. So konnten wir uns austauschen, besser kennen lernen, den Einkauf planen, Probleme gemeinsam lösen sowie das Programm für die Abende und die langen Nächte vorbereiten. Ab und zu gab es für uns im Kollektiv Arbeitende und einige Helferinnen eine Art Plenum, wobei das italienische Wort *riunione* nicht ganz so abschreckend klingt. Der Ablauf war dann auch sehr italienisch und sehr frauenbewegt, das heißt anarchistisch, durcheinander und ohne wirkliches Ergebnis, und dazu noch dreisprachig. Aber es hat unendlich viel Spaß gemacht. Ich kann mich nicht erinnern, jemals mit so viel Begeisterung in einer Gruppe gearbeitet zu haben. Im Laufe des Sommers wurden wir natürlich gute Freundinnen und manche sogar Geliebte.

Noch immer kehre ich zu Freundinnen nach Umbrien und in die Toskana zurück. Nicht mehr nach Terradilei, außer auf ein ausgiebiges Abendessen, denn jener Sommer, er lässt sich nicht wiederholen. Doch auf Terradilei herrscht inzwischen wieder die alte Besitzerin aus Rom mit ihrer Tochter und einigen Mitarbeiterinnen. Das Frauencamp ist aber auch moderner, schöner und komfortabler geworden, zum Beispiel mit edlen und gut ausgestatteten Holzhütten. Es ist nach wie vor einen lustvollen Aufenthalt wert, schon allein, um die unterschiedlichsten Frauen aus aller Welt zu treffen und Erholung pur zu genießen in traumhaft idyllischer Umgebung.

Wer weiß? Vielleicht spukt der kollektive Geist von uns noch immer in den dichten Wäldern, auf den satten Wiesen, auf dem schönen, grünen Hügel in Umbrien, auf *Herland*, auf unserem Frauenland.

Prost Lappland!

Karen-Susan Fessel

L A P P L A N D

Prost Lappland!

Karen-Susan Fessel

„Na, der Bär tobt hier ja nicht gerade", murmelte Nina und hauchte gegen die beschlagene Scheibe des Busses.

„Vielleicht doch. Hier gibt es wirklich noch Bären." Berit beugte sich an ihr vorbei. Draußen senkte sich tiefblaue Dunkelheit über eine endlose Schneelandschaft. In der Ferne waren die Lichter des Flughafens von Kiruna noch schwach zu erkennen.

„Ogottogott!" Nina schauderte. „Bären!" Einen Moment lang starrte sie weiter in die lappländische Einöde hinaus, dann wandte sie sich mit glänzenden Augen Berit zu. „Aber im Eishotel bestimmt nicht! Da haben sie bestimmt Wachposten oder so. Und außerdem ist da bestimmt tierisch viel los, so berühmt, wie das ist! Oh Mann, bin ich dadrauf gespannt!"

Vor ihnen stellte der Busfahrer das Heizgebläse höher und trat aufs Gaspedal. Stotternd schlitterte der Kleinbus über die vereiste Straße und legte sich scharf in eine Kurve. Draußen zogen ein paar verschneite Birken vorbei, bläulich schimmernd in der hereinbrechenden Polarnacht.

„Ich bin auch total gespannt." Berit nickte. „Vielleicht sehen wir Elche! Oder ein Rentier! Oder ..."

„Eine heiße Braut an der Hotelbar", sagte Nina hoffnungsvoll.

„Na ja", meinte Berit. „Mir reicht auch ein Schneehuhn. Hauptsache, wir sind bald da. Ich muss nämlich mal."

Einmal nach Lappland, das war schon immer Berits Traum gewesen. Seit Jahren hatte sie allen möglichen Leuten damit in den Ohren gelegen, aber erst jetzt, zu ihrem siebenunddreißigsten Geburtstag, war ihr Lebenstraum in Erfüllung gegangen. Nina, ihre beste Freundin, hatte sich endlich bereit erklärt, sie zu begleiten, aber nur unter der Bedingung, dass sie Berits Geburtstag im berühmten Eishotel feiern würden. Auf Prospekten hatte die kälteste Herberge der Welt wahrlich faszinierend gewirkt. Viertausend Quadratmeter groß und aus dreißigtausend Tonnen Schnee gebaut sollte sie sein, mit einer Bar, einer Sauna, einer Kapelle und entsprechenden Preisen. Eine Nacht wollten Nina und Berit bleiben und dann noch zwei in Kiruna, der nahe gelegenen Hauptstadt von Schwedisch-Lappland.

Der Bus brauste an einer lang gezogenen Reihe von Bäumen vorbei, deren Äste unter der schweren Schneelast fast den Boden berührten, legte sich in eine weitere Kurve und bremste dann ruckartig ab. Neben einer hohen Stange, an der eine grüne Fahne schlaff herabhing, kamen sie zum Stehen.

„Wieso halten wir denn hier?", fragte Nina verwundert und rieb an der Scheibe. Draußen hatte sich die Dunkelheit jetzt gänzlich über die karge Winterlandschaft gelegt, außer der Fahnenstange war nichts weiter zu sehen.

Der Busfahrer drehte sich um. *„Ice-Hotel!"*, rief er und wies lächelnd schräg nach vorn, wo ein schwaches Licht zu erkennen war.

Mit Berit und Nina stiegen auch die anderen Fahrgäste aus, die der Fahrer ebenfalls am Flughafen abgeholt hatte, ein japanisches Ehepaar mit einer gelangweilt dreinblickenden Tochter im Teenageralter. Schweigend standen alle fünf einen Moment da, während der Bus wieder anfuhr und rasch in der Dunkelheit verschwand. Dann eilte das japanische Ehepaar munter plappernd los, gefolgt von ihrer mürrischen Tochter, die mit schleppenden Schritten in ihre Fußspuren trat.

Das schwache Licht entpuppte sich als die Außenbeleuchtung eines modernen, halb hinter einer Schneewehe verborgenen Empfangsgebäudes. *Ice-Hotel – Reception* stand über dem Eingang. Die japanische Kleinfamilie verschwand zügig im Innern, aber Nina und Berit blieben stehen und sahen sich um.

Von der leichten Anhöhe, auf der sie sich befanden, führte ein breiter, vereister Weg in sanftem Schwung abwärts zu einer großen Ansammlung von Blockhütten, die dort in dichten Reihen hintereinander aufgebaut waren. In einigen schimmerte Licht, dahinter war schemenhaft ein niedriges, weißliches Gebilde zu erkennen, von vereinzelt stehenden Flutlichtern gespenstisch erhellt. Kleine Gestalten liefen dort unten emsig umher, durch die klare Winterluft drangen Motorengeräusch, Hämmern und Rufe zu Berit und Nina herauf.

Nina runzelte die Stirn. „Wo ist denn nun das Hotel?", fragte sie und rieb ihre Hände aneinander, die in dicken Wollhandschuhen steckten. „Ich dachte, das sei so riesig? Warum seh ich es dann nicht?"

„Komm", sagte Berit und zog ihre Wollmütze tiefer ins Gesicht. „Wir gucken mal nach. Einchecken können wir schließlich auch hinterher noch."

„Ich dachte, du musst mal?"

„Ein bisschen halte ich noch aus", sagte Berit. „Erst mal will ich das Eishotel sehen."

Nina hob ihre Tasche auf. „Mann, ist diese beschissene Tasche schwer!"

„Versteh ich gar nicht. Wir haben doch nur Zeug für eine Nacht mit, der Rest ist doch im Schließfach am Flughafen!"

„Ja ja", sagte Nina und warf Berit einen unergründlichen Blick zu. „Schon gut. Ich meine ja nur." Und schon rutschte sie breitbeinig den vereisten Abhang hinunter. Berit beeilte sich, ihr zu folgen. Eisige Winterluft blies ihnen entgegen, und Nina japste nach Luft, als sie ihren langen blonden Pferdeschwanz nach hinten warf.

„Meine Güte, ist das kalt hier!"

„Setz doch mal deine Mütze auf. Die schicke neue mit dem Bommel und den Ohrenklappen." Berit konnte sich ein hämisches Grinsen nicht verkneifen. Nina hatte die Mütze im Folklore-Look heute Morgen am Stockholmer Flughafen erstanden, ohne sie anzuprobieren, und schon im Flugzeug, als sie sich in ihrem Schminkspiegel sah, hatte sie ihren fatalen Fehlkauf erkannt. Mit der Mütze wirkte sie wie eine Elfjährige.

Nina warf Berit einen gnädigen Blick zu. „Sehr wohl, Frau Oberschlau."

„Gern geschehen, Frau Neunmalklug."

Nina kramte mit stoischem Gesichtsausdruck die Mütze aus ihrer Tasche, setzte sie auf und zog den Reißverschluss ihrer dicken Daunenjacke bis obenhin zu. Jetzt wirkte sie wie eine pummelige Elfjährige.

„Zufrieden?“, fragte sie trocken.
„Oh ja“, sagte Berit. „Sehr zufrieden. Du siehst toll aus.“
„Dumme Pute.“
„Selber.“
„Ich weiß eigentlich nicht, warum ich überhaupt seit fünfzehn Jahren mit dir befreundet bin. Und dann auch noch so eng“, murrte Nina und stapfte mit hocherhobenem Haupt und wippendem Pferdeschwanz voran.
„Weil ich so toll bin“, sagte Berit und schloss zu ihr auf.
„Ach ja, richtig. Das hatte ich ganz vergessen.“
Unten, im flachen Gelände, schlitterte ein Mann in einem gefütterten Overall quer vor ihnen auf einer Art Tretschlitten über den Weg. Unter der dicken Fellkapuze war sein Gesicht kaum zu erkennen, nur sein vereister Schnurrbart ragte daraus hervor. Konzentriert sah er auf seine Hände, die in dicken Fäustlingen steckten und fest die Lenkstange umkrampften.
„Guck mal, ein Seehund auf Kufen!“ Berit lachte, aber dann verzog sie das Gesicht. Ihr Atem schien in der Luft zu gefrieren, und ihre Blase begann langsam sehr heftig zu drücken. Lange würde sie es nicht mehr aushalten.
Nina betrachtete neugierig die dicht an dicht aufgestellten Holzhütten zu beiden Seiten des Weges. „Sieht aus wie eine FDGB-Ferienanlage, findest du nicht?“, sagte sie und schulterte ihre Reisetasche neu.
Berit musterte die bauwagengroßen Hütten, deren dunkle Holzwände hastig zusammengezimmert wirkten. Seitlich aus den Wänden ragten Ofenrohre heraus, aus einigen von ihnen kräuselten sich schmale Rauchfahnen in die kalte Nachtluft empor. Ein Stück weit entfernt, im schwachen Licht einer der Flutlampen, die in unregelmäßigen Abständen aufgestellt worden waren, sah sie eine dick vermummte Gestalt in der engen Gasse zwischen den Holzhütten entlangstolpern. „Auf jeden Fall sieht es irgendwie merkwürdig aus hier“, sagte sie und bückte sich leicht nach vorn, um den Druck auf ihre schmerzende Blase zu verringern.
Hinter der letzten Reihe von Holzhütten verbreiterte sich der Weg. Links standen zwei größere Hallen, in denen mehrere Arbeiter mit einer großen Säge Eisblöcke zurechtschnitten, rechts duckte sich, von grellen Scheinwerfern erhellt, das weißliche Gebilde, das

Berit und Nina von der Anhöhe aus gesehen hatten. Es war ein lang gestreckter Bau aus gepresstem Schnee, soweit Berit erkennen konnte, vielleicht drei Meter hoch und fünfzig Meter lang. An der Vorderfront befand sich ein weiterer, mannshoher Schneebau.

Hektische Betriebsamkeit herrschte rund um die igluartigen Gebäude. Kleine Schaufelbagger, die gepresste Schneequader transportierten, bretterten vor Berit und Nina über den Weg, ein Gabelstapler fuhr schimmernde Eisblöcke vorbei, und dazwischen eilten geschäftig wirkende Arbeiter herum. Manche standen auch nur so da und sahen sich um, und wieder andere bewegten sich auf diesen seltsamen Tretschlitten unbeholfen durch die Gegend. Berit sah eine Frau, die angestrengt auf den Boden sah, während sie ihr Gefährt ratternd über den unebenen Boden schob. Alle, auch diese Frau, trugen dieselben beigefarbenen Overalls mit den fellgefütterten Kapuzen und dazu dicke Fellhandschuhe. Bei einigen pappten runde rote Sticker auf der Brust, aber Berit konnte nicht erkennen, was darauf abgebildet war.

Die Szenerie hatte etwas Unwirkliches, aber vielleicht, dachte Berit, lag das auch an der unglaublich trockenen, kristallklaren Luft, in der die Geräusche ewig weit zu tragen schienen und die von der Kälte geröteten Gesichter der Leute wie in Eis geritzt wirkten.

„Ja, aber wo ist denn nun das Eishotel?“, fragte Nina aufgeregt. „Es muss doch hier irgendwo sein?“

Berit tippte einem Mann in fellgefüttertem Overall, der eben vorbeihastete, auf den Arm. *„Sorry? Where is the Ice-Hotel, please?“*

Der Mann blieb stehen und sah sie durchdringend an. *„Here“*, sagte er dann und deutete über die Schulter mit dem Daumen auf das weißliche Gebäude.

„Wie?“, fragte Nina entsetzt. „Dieses mickrige Teil da soll das berühmte Eishotel sein? Das Riesending, das jeden Winter im Fernsehen gezeigt wird? *Die* Attraktion Lapplands?“

Der Arbeiter musterte unwillig ihren ungläubigen Gesichtsausdruck. *„And this is the chapel“*, sagte er und klopfte mit der Hand auf die mannshohe Schneemauer hinter ihm. Dann eilte er kopfschüttelnd weiter.

„Chapel?“, wiederholte Nina ungläubig und betrachtete irritiert die schmucklose Wand, die aus schuhkartongroßen Schneequadern bestand.

„Die Eiskapelle meint er wahrscheinlich“, sagte Berit, die es nie gut aushalten konnte, wenn Nina enttäuscht war. „Die war doch im Prospekt abgebildet, erinnerst du dich?“

„Aber da sah sie ganz anders aus! Da war ein Altar und Bänke und überhaupt ...“ Nina ging um die Schneewand herum und blieb stehen. „Das sind doch nur drei Mäuerchen aus Schnee!“

Tatsächlich bestand die Kapelle nur aus drei nackten, u-förmig angeordneten Schneewänden, wie Berit sah, als sie zu Nina hinüberging. „Die ist bestimmt noch nicht ganz fertig“, sagte sie tröstend und wich einem Gabelstapler aus, der dicht hinter ihr vorbeiratterte. „Ist doch nicht so schlimm, du wolltest doch sowieso nicht da drin beten, oder?“

Nina warf ihr einen blitzenden Blick aus ihren grünen Augen zu. Wortlos drehte sie sich um und lief zielstrebig weiter. Berit folgte ihr dicht auf dem Fuß, was gar nicht so einfach war. Die Flutlichter erhellten nur einen Teil der Anlage. Überall waren Arbeiter dabei, Schneewände hochzuziehen, Eisblöcke und Geräte lagen verstreut herum, und dazwischen schlängelten sich Unmengen von Kabeln über den vereisten Boden.

„Hier lang“, sagte Nina und lotste Berit zwischen zwei mannshohen Schneemauern hindurch. Berit stolperte über ein herumliegendes Kabel und stützte sich an einer der Wände ab. Ihre Blase schmerzte jetzt nahezu unerträglich.

„Nina, ich muss jetzt aber ganz dringend ...“

Nina hörte nicht zu. Mit grimmigem Gesichtsausdruck zwängte sie sich zwischen zwei Arbeitern in Overalls hindurch, stieß ruckartig eine Plane beiseite, die eine türgroße Öffnung in der Schneemauer vor ihnen verdeckte, und dann standen sie auf einmal in einem schmalen Gang, an dessen Ende ein bläuliches Licht schien. Als die Plane hinter ihnen wieder herabfiel, drangen die Rufe der Arbeiter und die Geräusche der Maschinen nur noch gedämpft zu ihnen herein.

„So“, sagte Nina abenteuerlustig, „dann wollen wir mal!“ Mit vorgeschobenem Kinn strebte sie dem Licht zu. Rechts und links befanden sich mannshohe Löcher in den Wänden. Neugierig spähte Berit hinein, aber es war zu dunkel, um etwas zu erkennen.

Je näher sie dem Licht kamen, desto lauter wurde das metallische Hämmern, das von dort zu ihnen herüberklang. Als sie durch die Öffnung am Ende des Ganges traten, fanden sie sich in einer kleinen Halle wieder, deren gewölbte Decke sich weiter vorne zu einer halbfertigen Kuppel erweiterte. Eine Gruppe von Arbeitern war gerade dabei, mittels eines hydraulischen Kranes gepresste Schneeplatten an das Metallgerüst zu pappen, das die Deckenkonstruktion halten sollte. Ein paar andere rückten Eisblöcke umher, wieder andere waren dabei, elektrische Leitungen zu verlegen und Lampen in den Schneewänden zu befestigen.

„Mein Gott, wie klein das hier ist! Im Prospekt sah das alles irgendwie ganz anders aus!" Nina zog die Nase kraus. „Groß und strahlend und so. Auf jeden Fall nicht so – unspektakulär."

„Es ist eben anscheinend noch in Bau."

„Aber davon haben sie im Reisebüro gar nichts gesagt. Warum kann man denn dann schon buchen, wenn hier noch nichts fertig ist?"

„Ich weiß nicht", sagte Berit achselzuckend. „Vielleicht sind die Zimmer ja schon bezugsbereit." Sie betrachtete interessiert einen Mann mit wettergegerbten Gesichtszügen, der mit einem Wasserschlauch über einen aus Eis gehauenen Tisch spritzte und sich dann einer Reihe von meterhohen Eisblöcken zuwandte. Neugierig ging sie zu dem Tisch hinüber.

„Ha!", rief sie und klopfte mit der flachen Hand auf die wie poliert wirkende Tischfläche. „Das erkenne ich aus dem Prospekt wieder! Dies hier ist die Eisbar! Jedenfalls wird sie es!" Als sie ihre Hand wieder herunternehmen wollte, stellte sie fest, dass ihr Handschuh an der Oberfläche festgefroren war. Es gab ein knirschendes Geräusch, als sie ihn losriss. Lauter schwarze Wollfussel blieben an der Tischfläche kleben. Berit sah schnell zu dem Mann mit dem Wasserschlauch hinüber, aber er hatte ihr Missgeschick glücklicherweise nicht bemerkt.

Nina stand bereits ein Stück weiter an zwei hüfthohen Eisblöcken, die vermutlich den Tresen darstellen sollten. „Im Prospekt waren doch lauter hübsche Frauen abgebildet, die lässig hier an der Bar stehen, nicht wahr?", sagte sie mit gerunzelter Stirn. „Wo sind die denn alle?" Dann verengten sich ihre Augen, und ein unwillkürliches Grinsen zog über ihr Gesicht. „Berit! Sieh dir das an!"

Berit sah auf. Hinter dem halb fertigen Tresen stand tatsächlich ein Kühlschrank. Als sie anfing zu lachen, spürte sie ein heftiges

Ziehen in der Blase. Mit schmerzverzerrtem Gesicht wankte sie hinter Nina her, die kichernd weiter nach vorn schlenderte, um den Arbeiten an der Kuppel besser zusehen zu können. An der Ecke stießen sie auf drei Bauarbeiter in Overalls, die mit dem Rücken zu ihnen dastanden und zu dem Kran hinaufsahen. Ihre Köpfe mit den fellumsäumten Kapuzen warfen drei riesenhafte Schatten an die Wand dahinter.

„*Excuse me, the toilet, please?*“, fragte Berit und tippte einem von ihnen auf die Schulter. Als er sich umdrehte, blickte sie direkt in das angeödete Gesicht des japanischen Teenagers aus dem Bus. Die Eltern daneben lächelten freundlich und hoben bedauernd die Hände.

„*Don't know toilet, sorry!*“, sagte der Mann und lächelte noch breiter.

Berit betrachtete verdutzt den roten Sticker auf seiner Brust aus der Nähe. *I slept in the Ice-Hotel* stand drauf. Seine Frau und die Tochter trugen ebenfalls einen.

„Das sind Touristen, Nina! Die mit den roten Stickern sind Touristen!“, flüsterte Berit und drehte sich um.

Aber Nina stand nicht mehr hinter ihr. Berit blickte sich suchend um, aber ihre Blase tat jetzt so weh, dass ihr keine Wahl mehr blieb. Sie beschloss, Nina später zu suchen, ließ die Japaner stehen, hastete gebückt unter der halb fertigen Kuppel hindurch ins Freie und stolperte hastig über eine freie Fläche bis zum Rand der beleuchteten Zone. Knapp außerhalb des Lichtkreises der letzten Lampe zog sie ihre Handschuhe aus, streifte ihre Hose mitsamt Thermounterhose und Slip herunter und pinkelte seufzend einen dampfenden Strahl in den Schnee. Beim Abwischen hatte sie für einen Moment das Besorgnis erregende Gefühl, an ihrem empfindlichsten Körperteil leichte Erfrierungen davongetragen zu haben. Aber als sie die Hose rasch wieder hochzog, spürte sie, dass alles in Ordnung war.

Aufatmend sah Berit sich um. Hinter ihr verlor sich die flache Schneelandschaft in der Dunkelheit. Vor ihr, ein Stück weit entfernt, stand ein herrenloser Tretschlitten an der Mauer des Eishotels. Kurz entschlossen trat Berit darauf zu, schwang ihre Reisetasche nach hinten und stellte den linken Fuß auf die lange, schmale Kufe. Mit dem rechten stieß sie sich schwungvoll ab, und augenblicklich setzte sich der Schlitten in Bewegung und nahm an Fahrt auf. Berit wurde nach vorne gerissen, als die Kufen mühelos durch den tiefen Schnee pflügten. In einer lang gestreckten Kurve setzte sie über ein paar herumliegende Kabel und schleuderte dann die leicht abschüssige Strecke hinunter, vom Eishotel weg und auf die Dunkelheit zu.

Berit schrie ängstlich auf, stieß sich reflexartig erneut ab und versuchte gegenzulenken, aber als der Schlitten sich ruckartig in die Gegenrichtung legte, verlor sie das Gleichgewicht. Krampfhaft über die Lenkstange geklammert, schlitterte sie auf ihrem schwankenden Gefährt in einem großen Bogen einmal um die nächste Lampe herum und dann direkt auf den Eingang unter der Kuppel zu. Ein paar erschrockene Arbeiter sprangen eilig zur Seite, als Berit zwischen ihnen hindurchsauste, rumpelnd über ein paar Eisbrocken setzte und schließlich gegen einen Stapel Schneequader krachte. Mit einem Knirschen bohrten die Kufen sich in den Schnee, und der Schlitten kam ruckartig zum Stehen.

„Ups!“, sagte Berit, atmete tief durch und sprang ab. Ihre ganze Vorderseite war schneegesprenkelt, und während sie sich den Schnee abklopfte, lächelte sie achselzuckend den umstehenden Arbeitern zu, die alle mitten in ihrer Tätigkeit aufgehört hatten und sie mit großen Augen anstarrten. Dann drückte sie sich schnell an der verdutzten japanischen Kleinfamilie vorbei und verschwand im nächstbesten Gang. Erst, als sie um eine Kurve gebogen war, ging ihr auf, dass das japanische Teenager-Mädchen wahrhaftig gelächelt hatte.

Hinter der nächsten Kurve stand Nina, die mit verkniffenem Gesichtsausdruck in einen kleinen Raum hineinstarrte. „Hier kann ich unmöglich schlafen“, sagte sie und wies anklagend mit dem Finger nach vorn. „Das ist ja winzig!“

Berit lugte in den kleinen Raum, der von einer schwachen Wandlampe erhellt war. Ein großer quadratischer Eisblock, der mit Rentierfellen bedeckt war, füllte ihn fast vollkommen aus. Am Kopfende lagen zwei Kissen, daneben zwei zusammengerollte Thermoschlafsäcke. Berit drängte sich an Nina vorbei, ließ ihre Tasche fallen und setzte sich auf das Bett. Als sie sich auf den Rücken rollte und zur niedrigen Decke aufsah, spürte sie fast augenblicklich, wie die Kälte ihr von unten in die Knochen drang. „Hier kriege ich Platzangst“, sagte sie und betrachtete argwöhnisch die niedrige Decke, die sich mit jedem Atemzug weiter auf sie herabzusenken schien.

Nina kroch neben sie und streckte sich neben ihr aus. „Ogottogott", sagte sie. „Berit, du bist meine allerbeste Freundin, und ich tue fast alles für dich, aber das kann ich nicht. Es geht einfach nicht!"

Berit musste grinsen. „Du tust ja geradezu so, als hätte ich darauf bestanden. Du wolltest doch unbedingt hierher ins Eishotel!"

„Aber Lappland war deine Idee! Wir hätten in Stockholm bleiben sollen. Da war es schön. Und hübsche Frauen gab es da auch."

„Aber hier ist es auch schön." Berit schlang die Arme um den Oberkörper und betrachtete die Dampfwölkchen, die aus ihrem Mund kamen.

„Wann denn?", fragte Nina

„Morgen", sagte Berit entschlossen. „Morgen ist es hier schön."

Nina drehte ihr den Kopf zu und musterte sie nachsichtig. „Ist schon okay, Püppchen", sagte sie und knuffte Berit aufmunternd in die Seite. „Du weißt doch, für dich mach ich doch alles. Sogar nach Lappland fahren, mitten im Winter, nur um deinen blöden Geburtstag zu feiern." Sie lächelte verschmitzt, und nach einem Moment lächelte Berit erleichtert zurück.

„Und was machen wir jetzt?", fragte Nina und setzte sich auf.

„Wir können ja in eine dieser komischen kleinen Holzhütten ziehen", sagte Berit und setzte sich ebenfalls auf. Sie sahen sich an.

„Vielleicht finden wir was anderes", sagte Nina mit gerunzelter Stirn.

„Oder ein Taxi. Kiruna ist gar nicht so weit entfernt."

Gleichzeitig standen sie auf.

„Und hier soll also der schwedische König auch schon übernachtet haben?", fragte Nina skeptisch, als sie auf dem Weg zum Ausgang an weiteren, winzigen Zimmern vorbeikamen. Manche hatten Verzierungen an den Wänden, einige ein Guckloch nach draußen aus blau leuchtendem Eis, aber in jedem stand eine gefrorene Bettstatt mit Fellen, Kissen und Schlafsäcken darauf.

„Nee, glaube ich nicht", sagte Berit. „Der hat in der Eisbar bestimmt nur dekorativ einen Drink in die Höhe gehalten. Man soll doch nicht alles glauben, was in der Presse steht, Nina, das weißt du doch, oder?"

„Im Fernsehen war das", sagte Nina. „Im Fernsehen, Frau Oberschlau."

„Aha, Frau Neunmalklug. Im Fernsehen, sehr wohl."

Vor dem Ausgang stolperten sie fast über einen Stapel Rentierfelle, und Berit musste eine ganze Weile warten, bis Nina ihr durch den Vorhang nach draußen gefolgt war.

„Was hast du denn noch so lange da drinnen gemacht?"

„Abschied genommen", sagte Nina und ächzte, als sie ihre Reisetasche erneut über die Schulter schwang. „So was kann manchmal dauern."

Vorsichtig manövrierten sie sich zwischen einem Trupp Arbeiter hindurch, die einen Eisblock an der halb fertigen Kapelle vorbei bugsierten, wichen einem heranbrummenden Gabelstapler aus und stapften keuchend die Anhöhe hinauf. Als sie an einer der Blockhütten vorbeikamen, öffnete sich die Tür, und ein dicklicher Mittfünfziger in Badelatschen kam heraus, ein Frotteehandtuch nachlässig um die Hüfte gewickelt.

„*Hello!*", rief er munter und stellte sich breitbeinig vor die offene Tür, aus der dichter Dampf quoll. „*You don't want to come into the sauna? It's great, girls!*" Er lachte dröhnend und zwinkerte Nina zu, die mit angeekelter Miene auf die langen schwarzen Haare starrte, die sich auf seiner speckigen Brust und den schlaffen Oberarmen kräuselten.

„Heißer Typ, was?", flüsterte Berit vergnügt, als sie an ihm vorbei waren. „Werde doch einfach hetero. Da hättest du hier genug Auswahl!"

„Du hast gut reden!", sagte Nina mit grimmiger Miene. „Schließlich hast du ja auch eine feste Freundin zu Hause und ich nicht."

„Ach, hättest du auch gerne eine? Wusste ich ja gar nicht!"

Nina schwieg beleidigt. Berit marschierte grinsend an einer Gruppe Touristen in fellgefütterten Overalls vorbei, die ratlos versuchten, ihre Tretschlitten zu besteigen, und trat auf die vereiste Schneedecke der Straße. Befreit sog sie die eiskalte Winterluft ein. Beim Anblick der endlosen, wie ausgestorben daliegenden Dorfstraße, die sich schnurgerade in die Ferne zog und in der Dunkelheit weit hinten verlor, fing ihr Herz an höher zu schlagen. Das hier war Lappland; endlich war sie hier!

„Komm, wir gehen bis zu dem Licht da hinten", sagte sie und zeigte nach vorn. „Scheint eine Tankstelle zu sein. Dort rufen wir uns ein Taxi."

„Wieso bin ich eigentlich nicht mit irgend'ner flotten Schnalle verreist, sondern mit dir?“, fragte Nina neben ihr.

Berit wandte den Kopf und sah ihre Busenfreundin liebevoll an. „Weil du nun mal meine beste Freundin bist und mir keinen Wunsch abschlagen kannst.“

Nina starrte auf die schimmernde Schneelandschaft jenseits der Straße hinaus. „Ha“, sagte sie. „Ha, ha.“

Ein älteres Touristenpärchen in Overalls schwankte unbeholfen auf ihren Tretschlitten vorbei und schlitterte die glatte Fahrbahn hinunter. Der Mann trieb seine Frau mit barschen Befehlen an, während er selbst nur mühsam vorankam.

„Treten!“, rief er auf Deutsch. „Du musst treten! Gleichmäßig, Helga, immer im Takt! Das Entscheidende ist die Gleichmäßigkeit!“

Helga antwortete nicht, sie war schon viel zu weit fort.

Berit und Nina sahen sich an, dann setzten sie sich in Bewegung. Nach ein paar Metern hatten sie die schützende Baumreihe hinter sich gelassen, und eisiger Wind von der offenen Schneelandschaft jenseits der Straße umpfiff sie. Berit sah mitfühlend zu Nina hinüber, die sich unter der Last ihrer Tasche zu krümmen schien. Ihre bunte Folklore-Mütze hing ihr tief ins Gesicht.

„Sollen wir mal tauschen?“

„Nein, nein“, sagte Nina und starrte stoisch auf die dunkle Schneewüste jenseits der Dorfstraße hinaus, während sie tapfer voranstapfte. „Es geht schon, danke. Sehr freundlich.“

„Gern geschehen.“ Berit betrachtete das Touristenpaar, das sich zusehends von ihnen entfernte. Helga war nur noch ein kleiner Punkt in der Ferne, ihr Mann mühte sich ab, ihr zu folgen. Als er sich schwungvoll abstieß, schwankte sein Schlitten zur Seite, stand einen Moment schräg in der Luft und kippte dann um. Berit sah kichernd zur Seite, als der Fahrer sich fluchend aufrappelte und sein Glück von neuem versuchte. Abrupt blieb sie stehen.

„He, guck mal, Nina!“, sagte sie und zeigte auf das Schild, auf dem mit ungelenken Buchstaben *„Room“* gemalt war. „Wie wär's denn damit?“

Eine uralte, schweigsame Lappenfrau führte sie nach kurzer Verhandlung in eine kleine Holzhütte im Vorgarten direkt an der Straße. Mit ausdruckslosem Gesicht schaltete sie einen altertümlich anmutenden Heizkörper ein, stieß die Tür zum winzigen Bad auf und verließ mit einem freundlichen Nicken die Hütte.

Nina ließ ihre Reisetasche auf eins der beiden schmalen Betten sinken, setzte sich daneben und stöhnte erleichert auf. „Und jetzt brauch ich einen Schnaps!"

„Leider stehen die Chancen echt schlecht, dass wir hier einen kriegen", sagte Berit achselzuckend und setzte sich ihr gegenüber. Fasziniert betrachtete sie die Aussicht durch das einzige Fenster der Hütte. „Vielleicht sehen wir doch noch einen Bären! Und guck mal, man sieht sogar das Eishotel drüben!"

Nina drehte sich um und starrte auf den hellen Schemen unten am Fuße des Hügels jenseits der Straße. „Darauf stoßen wir an!"

„Schön wär's", sagte Berit und zog ihre Jacke aus. Die Heizkörper mochten zwar alt sein, aber sie funktionierten perfekt.

„Prost!", sagte Nina und machte den Reißverschluss ihrer Reisetasche auf. Breit grinsend zog sie eine Flasche Tequila heraus und danach noch zwei Orangen. „Siehst du, was ich alles für dich tu!"

Berit lachte erfreut. „Mensch", sagte sie glücklich. „Das ist ja toll!"

„Und hier, mein Geschenk!" Nina machte ihre Tasche noch weiter auf und zog einen zusammengerollten Gegenstand heraus, den sie zu Berit hinüberwarf. Erst nach einem Moment erkannte Berit, was sie da im Schoß hielt.

„Ein Rentierfell!" Verdutzt strich sie über die weiche, leicht struppige Oberfläche. „Mensch, Nina! Wo hast du denn das her?" Dann erst sah sie Ninas verschmitztes Grinsen.

„Patsch", sagte Nina, beugte sich vor und klebte Berit einen roten Sticker auf die Brust. „Aber die Jahreszeit, das musst du zugeben, war eine bekloppte Idee. Nur zweieinhalb Stunden Helligkeit! Wo gibt es denn so was?"

„In Lappland!", sagte Berit und lachte. „Aber ich gebe es zu. Nur, ich hab nun mal im Dezember Geburtstag. Was soll ich da machen?"

„Anstoßen!", sagte Nina und hob die Flasche. „Prost Lappland! Prost Berit! Auf deine 37! Und auf unsere Freundschaft!"

Verpassen Sie Rom!

Bernhard Bieniek

ROM

Verpassen Sie Rom!

Bernhard Bieniek

Nach meiner ersten Reise nach Rom, im VW-Käfer vor zwanzig Jahren, schrieb ich – nach München zurückgekehrt – meine Eindrücke so zusammen:

„Von meiner Lieblingsklappe Schelling-, Ecke Türkenstraße ist es nicht weit nach Italien:

Man fährt bis zur Ludwigstraße, vorbei an Florentinischen Palästen zum Mittleren Ring, über die Alpen durch den Geruch verbrannten Feuerholzes, der über den Tälern der italienischen Alpen liegt, durch dunkle Tunnel, durch die dampfende Po-Ebene, lässt das Original-Florenz links liegen, wird geblendet vom heißen Licht des Südens – wenn man es schafft, sich vom klebrig geschwitzten Sitz zu lösen, um den ersten Espresso im „Autogrill“ zu genießen –, fasst sich ein Herz und übergibt sich dem lauten, staubigen Verkehr der brüllenden Schönen: Rom, endlich Rom!“

Damals war ich so alt wie die jungen Götter, die die Stadt bevölkern mit ihren eng anliegenden Jeans und der unübersehbaren Beule zwischen den Beinen – die Mode wiederholt sich heute.

Ich war aber zu unerfahren, um mit ihnen in Kontakt zu treten, heute sind sie es.

Rom fasziniert immer durch das, was man in Rom nicht erlebt hat, wofür man zu spät oder zu früh dran war. So bleibt man immer auf der Suche nach Rom, obwohl doch alle Wege hinführen.

Satyricon, Caligula, das Gastmahl des Petronius, die Blütenregen im Goldenen Haus des Nero habe ich um glatte zweitausend Jahre verpasst. Elizabeth Taylor und Richard Burton auf der Via Veneto um zwanzig Jahre. Das schwule Labyrinth der Sträucher auf den Rängen des Circus maximus um zwei Jahre. Von den Erlebnissen eines Freundes, als Mussolini für eine Party am Lido di Ostia Perserteppiche am Strand ausrollen ließ, will ich an dieser Stelle besser schweigen, denn die Melancholie über die verpassten Abenteuer soll nicht durch die Gnade, sie verpasst zu haben, erhellt werden.

Eine andere Geschichte aber, zehn Jahre nach Mussolini, will ich erzählen:

Ein Freund ging ins Colosseo, das damals nach allen Seiten hin offen war und den Schwulen als mehrstöckiger, riesiger Dunkelraum diente. Nach kurzer Zeit schon verfingen sich seine Blicke in denen eines jungen Mannes. Langsam kam jener auf ihn zu. Gewahr werdend, dass kein Fluchtweg offen stand, und im letzten Moment Angst bekommend, ob er nicht doch Opfer eines Raubüberfalls werden würde, statt Objekt der Begierde zu sein, rief er – in Ermangelung des italienischen Wortes für „Hilfe" – den lateinischen Ausdruck „Auxilium, Auxilium!" ins Rund des dunklen Theaters. Doch das Lateinische meint damit Hilfe im Sinne der „Wohltat". Schallendes Gelächter aus allen Gewölben war die Antwort. Heute fällt mir ein, dass er nie erzählt hat, ob es zum Äußersten kam. Jedenfalls konnte er die Geschichte noch in den siebziger Jahren zum Besten geben, was Pasolini nach dem Besuch der gleichen Szene auf der Via Appia Antica leider nicht mehr vergönnt war.

Manchmal ist es nützlicher, eine tote Sprache schlecht zu sprechen als eine lebende gut. Aber das nur nebenbei.

Heute sitze ich am liebsten auf dem Campo dei Fiori im Herzen der Altstadt. Dort ist morgens Markt, die Stände sind durch Leinendächer vor der Sonne geschützt, ein affengeiler Fischverkäufer macht seine Waren mit beherztem Schnitt zum baldigen Verzehr bereit; das Wasser, mit dem er die Eingeweide wegschwemmt, durchnässt seine Hosen, die Schuppen der Fische glitzern auf dem Asphalt; daneben türmen sich Blumen und Gemüse, und über allem steht schwarz und düster Giordano Bruno, weil er nicht wahrhaben wollte, dass die Sonne sich um die Erde dreht, und deshalb von einem der Vorgänger von Ratte Ratzinger hier verbrannt wurde. Nachmittags riecht man noch den Fisch, wenn die Stände und der Fischverkäufer längst verschwunden sind. Dann brennt die Sonne die Reste der Menschen, der Tiere und der Blumen ins Pflaster, einzeln herumliegende Früchte werden zu Trockenobst; die Stadt heizt sich bis zur Unerträglichkeit auf, und wer ein Hotelzimmer hat, das größer ist als sein Bett, legt sich zur Mittagsruhe.

Von draußen dringt nur das unvermeidliche Mofa-Geknatter ans Ohr. Die Altstadt ist heute – anders als zu Totos und Anna Magnanis Zeiten – für Autos gesperrt. Aber bald schon regt sich das Gefühl wieder, etwas zu verpassen, wenn man nicht aufsteht und rausgeht, durch die Gassen schlendert, die jetzt nachglühen und die Hitze des Tages als muffigen Geruch wieder abgeben wollen. Also schnell noch mal den Gay Guide gezückt und die letzten Adressen in den schon durchschwitzten Stadtplan eingetragen, geduscht und raus auf die Straße.

Die Läden öffnen nachmittags wieder. Die Stadt schmückt sich üppig für den Abend. Mit einem Auge auf den Spuren der alten, mit dem anderen auf denen der jungen Römer unterwegs, eine Münze in den Fontana di Trevi geworfen – wo man Anita Eckberg und Marcello Mastroianni verpasst –, damit man wiederkommt. Wer sich mit dem römischen Chauvi verbrüdert, wirft zwei Münzen: „Wirft man eine, lernt man eine schöne Römerin kennen, wirft man eine zweite, wird man sie auch wieder los."

Ein Maronen-Eis wird nicht schaden, schmilzt aber auf dem Weg bis zur Piazza Navona schneller, als man es lutschen kann. Die Serviette, die um den Waffelkegel gerollt ist, ist immer zu klein und immer zu dünn, um das herunterlaufende Eis aufzunehmen. Bald hat man einen guten Grund, sich ein neues T-Shirt zu kaufen. Die feschen Uniformierten stehen Tag und Nacht am Palazzo Madama, obwohl Berlusconi meistens in einer seiner Villen außerhalb weilt: in der Nähe von Mailand, wo man Geld macht, oder an der Costa Smeralda, wo man es ausgibt.

Im rosafarbenen Oval der Piazza Navona, wo man das Wagenrennen aus „Quo vadis" verpasst, kann man für viel Geld einen Averna auf Eis schlürfen oder noch ein Gelato Tartufo nero genießen, bevor man sich besinnt, dass es für die einschlägigen Lokale noch zu früh ist, man den Sonnenuntergang vom Pincio aus aber noch schaffen könnte. Also schnell am Il Messaggero vorbei, die Spanischen Treppen rechts, das Café Greco, in dem man alle Geistesgrößen der letzten hundertfünfzig Jahre verpassen kann, links, über den Piazza del Popolo hinauf in den Park gestiegen:

Rom, endlich Rom!

Still – ausnahmsweise – liegt es vor einem. Das Abendlicht taucht die Türme und Dächer in rotes Licht. Nur die Kuppel des Petersdoms wölbt sich schon so früh am Abend weiß-silbern in den Himmel. Viel weiter links das gespenstische Grinsen des „Gebisses von Rom", der „Schreibmaschine", des Altares des Vaterlandes, auf dem Häusermeer breitbeinig sitzend. Umstritten seit je, aber doch die Dimensionen des antiken Roms trefflich nachahmend. Wie sagte Kaiser Nero so schön bei der Eröffnung seines Goldenen Hauses, in dessen Innenhöfen Seen und Wälder Platz fanden: „Endlich kann auch ich menschenwürdig wohnen."

Alles verpasst!

Wenn man sich umdreht, sieht man in den Park hinein, der Ende der sechziger Jahre nachts gesperrt wurde, weil hier zu viele Raubmorde an Schwulen verübt wurden. Heute ist er wieder offen, aber ich trau mich dennoch nicht hinein ins Halbdunkel. Weiß man, ob „Auxilium, Auxilium!" heute noch verstanden wird?

Langsam verlasse ich die verpasste Chance in Richtung Spanische Treppen, stelze zwischen den jungen Leuten auf den Stufen, die sich wie Kätzchen aneinander schmiegen, hindurch oder über sie hinweg, ärgere mich über den McDonalds rechter Hand und schaue mir die Juwelen im Schaufenster an, Abendessen bei Bulgari – das hat nun endlich mal Audrey Hepburn verpasst. Vielleicht aber auch nicht – als sie *Una Vacanza a Roma* drehte und mit wehendem Pferdeschwanz auf dem Rücksitz von Cary Grants Motorroller durch die Gassen düste.

Jetzt wird es langsam Zeit, ins Hangar zu gehen. Dort ist schon früher als anderswo was los, die haben einen Dunkelraum, und der Türsteher kann einem sehr gut auf Deutsch erklären, wie das mit der „Uno Club Card" ist, die einem, je nachdem wie viel man investiert, für einen Monat oder für ein ganzes Jahr in allen schwulen Clubs Italiens Einlass gewährt. Ich entscheide mich für die Jahres-Club-Card. Zusammen mit der Münze im Trevi-Brunnen müsste das Garantie genug sein, wiederzukehren. Zur Sicherheit vielleicht morgen noch eine Automatenkerze im Vatikan – man weiß ja nie, vielleicht wissen die Katholiken doch etwas.

Drinnen ist es wie in Berlin oder Amsterdam, New York oder London. Coole Typen, geile Ärsche, junge Mode – die allerdings erst in einem Jahr auch dort getragen werden wird –, ältere Herren („Jeansboy, 58"), Mann trinkt Bier, nicht Wein, wie am Campo dei Fiori zu dieser Zeit. Der Dunkelraum ist zu dunkel, der Typ, den man abkriegt, meist aus Chicago – wie sich allerdings erst später rausstellen wird, was aber die sprachliche und kulturelle Verständigung über Mies Van der Rohe wesentlich vereinfacht. *„Ho comprato un casale vicino a Viterbo. Conosci le Bulicame sul Lago di Bolsena?" „I'm sorry. I don't speak Italian." „What luck, me either."*

Die Bulicame sind natürliche Tümpel mit heißem Schwefelwasser auf freiem Feld, achtzig Kilometer nördlich von Rom. Dort hat man gute Chancen, unter dem Sternenhimmel im Schwefeldampf mit einem echten Italiener in genitalen Kontakt zu kommen, bevor er sich auf seine familiäre Bestimmung besinnt und eine Italienerin schwängert. Auch Römer kommen nachts hier raus, Mailänder machen auf dem Weg nach Rom hier halt, und sogar der Bootsverleiher vom See, an dem „das Wunder der blutenden Hostie" geschah, das zum Fronleichnam-Feste führte, leiht mir in der heißen Pfütze seinen offenen Schoß. Das milchig schimmernde Nass vertuscht gnädig den Erguss. Am Horizont funkeln die Lichter von Viterbo, und die riesigen zweirotorigen Hubschrauber aus der Luftwaffenkaserne, deren Insassen man am besten beim „menu militare" in den Pizzerien der Provinzhauptstadt von Alto Latio aus der Nähe betrachten kann, brummen tief wie Hummeln und leuchten dabei wie Glühwürmchen auf der Suche nach Geschlechtsverkehrspartnern in der milden Nachtluft. Rom ist weit, und man kann sich fühlen wie Cicero beim Bade im Garten seines geliebten Tusculum.

Die Nacht in der Nähe von Rom und den Römern ist so köstlich, wie sie es seit tausenden Jahren immer war.

Doch nichts verpasst?

Auf jeden Fall das Heute:

Es ist schwer als Nicht-Römer, an der Stadt von heute teilzunehmen. Überall ist das Heute aufs Bezauberndste verstellt von der Erinnerung an Rom. An die Iden des März, an die Gänse des Kapitols, an den Einzug der Kleopatra, an die Gladiatorenkämpfe, an den Renaissance-Fürsten, der nach dem Abend-Diner die goldenen Teller aus dem Fenster in den Tiber werfen ließ (wo allerdings für die Gäste unsichtbar im Wasser ein Netz gespannt war), an *„Ceterum censeo Carthaginem esse delendam!“*

Selbst im alltäglichen Stau auf dem Grande Raccordo Anulare kann man nicht stehen, ohne sich im Vorspann von Fellinis *Roma* zu wähnen, dem Papst kann man nicht zuhören, ohne an den greisen Augustus zu denken. Flieht man nach Capri, war Kaiser Tiberius schon vor einem da und hat Jünglinge zur Nachspeise verschlungen.

Nur wenn man sich verfährt, ist man ganz im Hier und Jetzt, weil genervt – spätestens dann, wenn der Taxifahrer, den man engagiert hat, einen zur Piazza Orazio Marucchi zu lotsen, nach einer halben Stunde Irrfahrt aussteigt und stolz verkündet: „Voila: Piazza Winkelmann!“

„Arrivederci Roma“, krächzt der Bänkelsänger vor dem Carbonara und erinnert dabei stark an eine Kreuzung aus Jukebox und der Nachtigall von Ramersdorf, denn die Titel seiner Lieder sind auf einer kleinen Tafel aufgeführt, und wirft man eine Münze in sein Säckel, darf man eine Darbietung mit einem Fingertippen auf die gewünschte Spalte seines Repertoires starten. Dabei steht er stocksteif und hager auf der Piazza und macht mit seiner steinernen Miene Giordano Bruno hinter ihm Konkurrenz.

Die jungen Leute bevölkern den Campo bis tief in die Nacht. Wie gerne hätte ich Anschluss an sie gefunden – damals, vor zwanzig Jahren, als ich in ihrem Alter war. Aber ich wusste damals nichts von dem nächtlichen Treiben um Giordanos Scheiterhaufen.

Was von Rom bleibt, ist das Gefühl, niemals wirklich dort zu sein, niemals wirklich an ihr teilzuhaben; dabei ist die Sehnsucht doch so groß, von der brüllenden Schönen umarmt zu werden.

Man schaut und erinnert sich und küsst ihr die Füße und fällt durch die Zeit – in Rom, der ewigen Stadt.

Und das ist wunderbar.

Die Autoren und Autorinnen

Bernhard Bieniek
Geboren 1960 in Weißenhorn, Landkreis Neu-Ulm, lebt in Berlin. Nach dem Studium der Medizin und Jahren als Assistenzarzt am Berliner Auguste-Viktoria-Krankenhaus und der Universitätsklinik Benjamin-Franklin eröffnete er 2000 eine Praxis (Internist) in Berlin-Friedrichshain. Er war viele Jahre im Vorstand der Berliner Aids-Hilfe tätig und ist einer der Mit-Autoren des schwulen Gesundheitsbuchs *Bodycheck* (Querverlag 1999). Er macht daneben kabarettistische Auftritte und satirische Texte. Fährt mehrmals im Jahr nach Italien.

Ilona Bubeck
Geboren 1951 in Süddeutschland, Ausbildung zur Bankkauffrau, Studium der Sozialpädagogik. Mitbegründerin des Frauenbuchladens Nürnberg. Von 1989 bis 1995 Mitarbeit beim Orlanda Frauenverlag. Von 1995 bis 2003 Mitinhaberin des Querverlags. Mitherausgeberin von *Ein letztes Mal, Marie,* Short Stories (1995) und *Entfernte Verbindungen. Rassismus, Antisemitismus, Klassenunterdrückung* (2. Auflage 1999). Herausgeberin von *Unser Stück vom Kuchen? Zehn Positionen gegen die Homo-Ehe* (Querverlag 2000).

Peter Busse
Geboren 1968 in Köln, studierte Keltologie und Archäologie in Bonn. Er arbeitete von 1999 bis 2001 als Lektor an der Universität von Wales und zog anschließend nach Berlin, wo er heute als freier Autor und Übersetzer lebt. Während seiner Zeit in Wales besuchte

er regelmäßig Manchester, das ihm durch walisische Freunde sehr ans Herz gelegt worden war. Das letzte Mal war er im August 2003 anlässlich des Europride dort.

Lutz van Dijk
Dr. phil., geboren 1955 in Berlin, arbeitete als Lehrer in Hamburg, später am Anne-Frank-Haus in Amsterdam. Mitbegründer der Stiftung HOKISA (www.hokisa.co.za). Für sein Engagement erhielt er zahlreiche Preise, u.a. *Gustav-Heinemann-Friedenspreis* 2001 und *Rosa-Courage-Preis* 2004. Seine Bücher wurden in zahlreiche Sprachen übersetzt (u.a. in Englisch, Xhosa und Afrikaans).

Jugendromane zum Thema Afrika: *Von Skinheads keine Spur* (Neuausgabe 2002); *Township Blues* (Neuausgabe 2003); *Die Geschichte Afrikas* (2004). Im Querverlag erschienen: *Überall auf der Welt. Coming-out-Geschichten* (2002) und *Einsam war ich nie. Schwule unter dem Hakenkreuz 1933-45* (2003).

Nikolas Feireiß
Geboren in Westafrika, aufgewachsen in Berlin, studierte Geschichte, Psychologie und Publizistik. Er lebt in Berlin, wo er als Fernsehredakteur mit dem Schwerpunkt Lifestyle arbeitet. Im Querverlag erschien 2002 sein Debütroman *Hauptstadtaffären.*

Karen-Susan Fessel
Geboren 1964 in Lübeck, aufgewachsen in Meppen/Ems, Studium der Theaterwissenschaft, Germanistik, Romanistik. Lebt als Schriftstellerin und freie Journalistin in Berlin. Zahlreiche Romane, Erzählbände und Jugendbücher. Im Querverlag bislang erschienen: *Bilder von ihr*, Roman (1996); *Was ich Moira nicht sage*, Erzählungen (1998); *Bis ich sie finde*, Roman (2002); *Danke! Ich schaff's alleine. Kleine Masturbierfibel* (2003) und *Unter meinen Händen,* Roman (2004).

Tina Fritsche
40, freie Journalistin für diverse Print- und Onlinemedien, langjährige Redakteurin des lesbischen TV-Magazins LIS, leidenschaftliche Hamburgerin mit ausgeprägter Reiselust. Hat kurze und lange Zeiten in diversen europäischen, asiatischen und amerikanischen

Staaten verbracht. Zwischen 1990 und 1999 zahlreiche Aufenthalte in Skala Eressos, am liebsten campend, und immer mit einem neugierigen Ohr am Erzählstrom heimkehrender Lesbos-Liebhaberinnen. Mehr unter: www.txte.de

Carsten Heider
Diplom-Psychologe und Journalist, arbeitet seit 2001 frei für *ZDF*, *F.A.Z.*, *Sächsische* und *Berliner Zeitung*, war zuvor Chefredakteur des Magazins *sergej* und leitender Redakteur beim Berliner Verlag. Betreut für das Magazin *Mate* die Reiseseiten.

Marion Hölczl
Geboren 1964 im schwäbischen Eislingen, lebt seit 1983 in München. Studium der Germanistik, Politik und Literaturkritik; freie Tätigkeiten als PR-Frau für Kino und TV, Journalistin sowie Lektorin. Vielfältige schwul-lesbische Community-Erfahrung, u.a. als Pressesprecherin des Christopher Street Day und der Rosa-Liste. Wohnt mit Freundin im Münchner Stadtteil Lehel, wo zwar nicht die Szene tobt, dafür der Englische Garten vor der Haustür lockt.

Egbert Hörmann
49, lebt in Berlin, arbeitet freiberuflich als Autor und Übersetzer. Seine Liebe zu Russland wurde Anfang der neunziger Jahre mit der Lektüre von Lermontovs *Ein Held unserer Zeit* und mit der Entdeckung der unvergleichlichen russischen Poesie geboren. Seither besucht er regelmäßig St. Petersburg. Letzte Buch-Veröffentlichung: die Essaysammlung *Hurra ein Junge! (Bruno Gmünder Verlag 1997).*

Susanne Kaiser
69'erin, ist nach einigen Jahren als Redakteurin und Chefin vom Dienst bei der *tageszeitung (taz)* nun Medien-Freelancerin, Reise-Reporterin und vor allem Reiseveranstalterin für Frauenreisen – unkonventionell, hochgradig lesbenkompatibel und immer mit Frischluftfaktor (www.nordventure.de). Und als Scout würde sie sich immer zwischen ihre Gruppe und die wilden Tiere werfen.

Axel Krämer
Geboren 1966, hat in Berlin Stadt- und Regionalplanung studiert. Er war im Jahr 2000 Herausgeber von zwölf Ausgaben des schwullesbischen Lifestyle-Magazins *outline*, bevor er zwei Jahre lang für die *taz* Reportagen und Essays verfasste. Nach Hongkong reiste er im August 1997, also genau einen Monat nach der Rückgabe der ehemals britischen Kronkolonie an China.

Aly Machalicky
Geboren 1975 in Wien; arbeitet seit mehreren Jahren beim österreichischen Szenemagazin *XTRA!* Dort erscheinen seit fünf Jahren monatlich ihre Stadtgeschichten *Sisters in Motion.* Zahlreiche Buchveröffentlichungen und Beiträge in Anthologien. Im Internet unter: www.machalicky.com

Baby Neumann
Legendärer Erforscher und Chronist des schwulen Alltags; dokumentiert hat er seine Erlebnisse und Erkenntnisse in den Werken *Das erste Mal. Schöne neue schwule Welt* (1995) und *Ganz was anderes!* (1996), sowie in zahlreichen Anthologien, u.a. „Bei Anruf Beziehung" in *Vorerst für immer. Lesbisch-schwule Paargeschichten* (Querverlag 2003).

Stephan Niederwieser
Schriftsteller, lebt in Berlin und reiste in den letzten Jahren regelmäßig nach Florida. Zahlreiche Veröffentlichungen, im Querverlag erschien zuletzt der Roman *Denn ich wache über deinen Schlaf* (2003). Mehr: www.stephan-niederwieser.de.

Karin Rick
Geboren 1955 in Wien, Schriftstellerin und Übersetzerin, 5 Jahre Lehrauftrag an der Universität Nancy; Konzept und Organisation mehrerer feministischer Symposien zu den Themen weibliche Ästhetik, Sexualität, Pornographie, Selbstmanagement von Künstlerinnen; Französische Literaturtage im Wiener Schauspielhaus; Kulturberatung für die Stadt Wien. Veröffentlichungen (Auswahl): *Böse Spiele*, Roman (1991); *Der Rückfall*, Erzählung (1996), *Sex ist die Antwort,* Roman (1999), *Hingabe,* Erotische Erzählungen

(2003) und *Furien in Ferien. Ein Lesbos-Abenteuer* (Querverlag 2004).

Ariane Rüdiger

Geboren 1958, absolvierte viele Ausbildungen, z.B. als Beinahe-Juristin (abgebrochenes Studium), Dolmetscherin, Journalistin, Umweltberaterin und Webdesignerin, ehe sie Belletristik zu schreiben begann. Bisher sind die Romane *Frosch, Aszendent Tausendfüßler* (Querverlag 1998) , *Frau sucht Frau, nur für das Eine* (Querverlag 2002) sowie *Annas Farben* (Books on Demand 2003) erschienen. Dazu kommen Beiträge in diversen Anthologien und Szene-Zeitschriften. Außerdem betreibt Ariane Rüdiger die Website „Arianes Literaturwerkstatt": http://pweb.uunet.de/pr-ruediger.m. Ihre Brötchen verdient sie als freiberufliche Fachjournalistin für Informationstechnik. Die letzte Tageswanderung führte die Autorin auf den Wank, einen rund 2.000 Meter hohen Berg bei Garmisch-Partenkirchen, der letzte Auslands-Wanderurlaub ins Norfolk County an der englischen Westküste.

Ursula Steck

Jahrgang 1964, wuchs in Deutschland und den USA auf, studierte Anglistik und Philosophie, arbeitete in der Landwirtschaft, als Parkhauswächterin, Sängerin und Sprach-, Literatur- und Computer-Dozentin. Bei Grafit erschienen ihre Kriminalromane *Alles im Fluss* (1999), *Feuerzeichen* (2000) und *Fass!* (2004)

Corinna Waffender

Geboren 1964 in Mainz. Seit 1983 Veröffentlichung von Lyrik und Prosatexten in verschiedenen Anthologien. Preisträgerin des „Rheinsberger Autorinnenforums 2000". Romandebüt mit *Zwischen den Zeilen* (Querverlag 2002). Lebt nach mehrjährigen Spanienaufenthalten als Autorin, Übersetzerin und Ausdenkerin in Berlin.

Martina Weigel

Geboren 1966 in Sachsen; aufgewachsen in einer erzgebirgischen Kleinstadt, Studium der Deutschen Sprache, Literatur und Geschichte in Leipzig; Coming-out etwa 1988, Mitinhaberin einer

Leipziger Agentur für Marketingkommunikation, dort zuständig für Kontakt, Konzept und Text; Hobbys: Motorrad fahren (Suzuki GSX 750), das Hündchen Bärbel, Soljanka kochen. Letzte WIMA-Rallye im Sommer 2002 in Tschechien.

Leonie Wild

Geboren 1975 in Koblenz/Mittelrhein. Studium Neuere Literatur, Politische Wissenschaft und Spanisch in Heidelberg, Monterrey/Mexiko und Berlin. Lebt und arbeitet als freie Journalistin in Berlin. Urlaubstyp: Rucksackreisen mit Sockenmangel.

Mario Wirz

Geboren 1956, ist freier Schriftsteller in Berlin; 1991 erhielt er den *Ersten Preis des PEN-Clubs Liechtenstein*, 1997 den *Förderpreis des Landes Brandenburg.* Veröffentlichungen (Auswahl): *Sieben Leben hat die Woche* (2003); *Umarmungen am Ende der Nacht* (als TB Herbst 2004)

Herausgeberin und Herausgeber

Rainer Hörmann

Geboren 1964 in Stuttgart, lebt seit 1989 in Berlin, Redakteur, freier Journalist, regelmäßige Veröffentlichungen im Hamburger Schwulenmagazin *Hinnerk.* Seit Dezember 2002 Presse- und Öffentlichkeitsarbeit für den Querverlag.

Melanie Kopp

Geboren 1972 in Berlin; staatlich anerkannte Sozialarbeiterin und frisch gebackene Verlagskauffrau; seit zweieinhalb Jahren Mitarbeiterin (Vertrieb, Lektorat) im Querverlag.

Querverlag